중봉重峯 조헌趙憲

義에 살고 義에 죽다

중봉重峯 조헌趙憲

義에 살고 義에 죽다

조종영 지음

문경출판사

책을 내면서

『임진란 전에는 조헌이요, 임진란 후에는 이순신이다.(亂前趙憲 亂後李舜臣)』

중봉 조헌을 연구하는 학자들의 일성이다. 성웅으로 추앙하는 이순신을 모르는 사람은 없다. 그런데 무슨 까닭으로 임진란 전에는 조헌이라고 했을까?

일찍이 일본의 침략 의도를 간파한 예지력, 이에 대비를 주장하며 조정을 일깨우려는 5년간의 끈질긴 노력, 목숨을 건 지부상소(持斧上疏), 일본의 침공을 저지할 조선 방어계획 "비왜지책(備倭之策)" 등, 전란에 앞서 위기의 조선을 구하고자 몸부림치는 중봉 조헌의 혜안과 애국충정을 정면으로 바라본 것이다.

결국 그의 예견대로 임진왜란이 일어나자, 선비의 신분으로 의병을 일으켜 청주성을 탈환하고, 호남을 엿보는 왜적과의 일전에서 7백 의병이 하나같이 선생과 더불어 최후를 함께했다. 민족의 성지 금산 칠백의총(七百義塚)이 그 역사의 현장이다.

조헌 선생은 조선 중기의 문신으로 성리학자이며 문묘(文廟)에 배향된 동국18현(東國十八賢)이다. 율곡의 학문을 계승하여 스스로가 후율(後栗)이라고 했다. 학문에 대한 열정이 남달랐던 그는 정치·사회 개혁을 주장하고, 선현의 가르침을 몸소 실천하며 흔들림 없는 불굴의 절의 정신으로 일생을 마쳤다. 49년의 파란만장한 일생은 불의와 타협을 모르고, 오로지 의로운 일에 한 치의 물러섬도 주저함도 없었다. 백성에게는 자애롭고, 부정한 권력자들을 서슴없이 질타하던 그는, 평생을 미움과 공격의 대상이 되는 것을 피하려 하지 않았다. 당대의 평가는 인색했고, 지금도 여전히 역사의 뒤안길에서 제자리를 찾지 못해 서성이고 있다.

역사에 묻혀있는 위인 중봉(重峯) 조헌(趙憲), 선생의 숭고한 정신과 업적이 잊혀가는 안타까움에 몇 년 전에 옥천 향수신문에 연재한 선생의 일대기 원고를 한 권의 책으로 엮었다. 단순히 의병장으로 더 잘 알려진 조헌이란 인물의 올바른 이해에 작은 밀알이 되기를 바라면서, 모자란 식견과 졸필이 감히 두렵고 조심스럽다.

2024년 가을

차례

■ 책을 내면서 · 8

제1부 세상에 남아를 낸 것이 어찌 우연이리오

1. 위인의 탄생 —————————————————— 17
2. 학구열에 불타는 효성 지극한 소년 ——————— 20
3. 성균관 진학과 과거급제 ——————————— 27
4. 벼슬길에서 최고의 스승을 모시다 ——————— 30

제2부 선진 개혁을 주장하는 젊은 관리

1. 왕후의 명을 거절하고 삭탈관직되다 —————— 36
2. 선조를 분노하게 한 논향축소(論香祝疏) ———— 39
3. 사신으로 명나라를 다녀오다 ————————— 41
4. 8조소(八條疏)와 16조소(十六條疏) —————— 44
5. 주자대전(朱子大全)을 교정하다 ———————— 57
6. 통진현감 부임과 율곡 선생의 당부 —————— 60
7. 소고기를 보면 흘리는 눈물 —————————— 63
8. 해주 석담(石潭)에서 율곡 선생과 보낸 가을 —— 65
9. 도사 조헌과 관찰사 정철 —————————— 68
10. 보은 현감 자청과 파직 ——————————— 73
11. 관직을 버리고 옥천 산골에 은거하다 ————— 80
12. 용촌리에 남은 선생의 흔적들 ———————— 83
13. 율원구곡가(栗原九曲歌) —————————— 86

14. 앉은 자리를 칼로 베고 이발(李潑)과 절교 ──────── 94
15. 공주 제독 제수와 만언소(萬言疏) ──────────── 100

제3부 칼로 죽이나 정사(政事)로 죽이나 살인은 같습니다

1. 일본의 전국 통일과 조선 침략야욕 ──────────── 108
2. 왜국의 사신을 배척하소서! ───────────────── 111
3. 상소문을 들고 한양으로 가는 조헌 ─────────── 113
3. 조헌의 소장을 불태워 버린 선조 ──────────── 117
5. 고향으로 향하는 발길 ──────────────────── 119
6. 조헌은 성인(聖人)이다 ──────────────────── 122
7. 공의 후덕한 말 한마디가 형벌보다 낫다 ────────── 125
8. 도끼를 메고 한양으로 향하다 ────────────── 127
9. <論時弊疏> 사북령((徙北令)과 북방 이주민의 참상 ──── 131
10. <論時弊疏> 칼로 죽이나 정사(政事)로
    죽이나 살인은 같습니다 ──────────────── 133
11. <論時弊疏> 국운(國運)이 위태로운 지경에 이르렀다 ── 136
12. 상소문에 가득한 말은 모두가 충담(忠膽)이로다 ───── 141
13. 조헌을 함경도 길주 영동역에 유배하라 ─────────── 144
14. 임금의 명(命)을 집에서 묵힐 수는 없다 ──────────── 146
15. 금부 이졸(吏卒)이 지성을 다하다 ──────────────── 149

차 례

16. 고난의 2천 리 귀양길 ─── 152
17. 운천(雲天)의 기러기에 편지를 부칠 수 있다면 ─── 155

제4부 왜란의 경고와 비왜지책(備倭之策)

1. 귀양지에서 쓰는 상소 ─── 159
2. 정여립 모반사건과 귀양에서 풀려나다 ─── 167
3. 이발에 대한 변함없는 우정 ─── 173
4. 영남지방을 유람하다 ─── 176
5. 어린 시절의 스승을 뵙다 ─── 179
6. 영남의 명사들과 시(詩)로 교우하다 ─── 182
7. 경상 감영에서 맞이한 새해 ─── 187
8. 추풍령을 넘어 옥천으로 돌아오다 ─── 189
9. 가도입명(假道入明)을 요구한 일본 ─── 192
10. 전하, 왜국사신의 목을 베소서! ─── 195
11. 대궐 주춧돌에 머리를 들이 받다 ─── 203
12. 조선 방어계획 『영호남비왜지책』 ─── 207
13. 상소를 받은 조정의 태도 ─── 219
14. 나라가 어찌 망하지 않을 수 있겠는가 ─── 221
15. 명년의 병화(兵禍)에 대비하라 ─── 224
16. 아들 완도를 평안도로 보내다 ─── 226

17. 지당에 비 뿌리고 ——————————— 230
18. 천문을 보고 왜적의 움직임을 예언 ——————— 233
19. 임진년(壬辰年)이 밝았다 ————————— 236
20. 부모님 묘소에 마지막 하직 인사를 올리다 ———— 239

제5부 오직 한 번의 죽음이 있을 뿐이다

1. 임진왜란, 비극의 전쟁이 시작되다 ——————— 244
2. 부인 신 씨의 장례와 구국의 각오 ——————— 249
3. 1차 기병의 실패와 보은 차령 전투 ——————— 251
4. 공주에서 다시 격문을 띄우다 ———————— 256
5. 의병의 호응과 관군의 방해 ————————— 260
6. 적을 치지 않는 순찰사를 책망하다 ——————— 264
7. 문인들과 충청우도로 향하다 ————————— 266
8. 충청우도에서 올린 충의(忠義)의 깃발 —————— 269
9. 군량과 무기 지원을 호소하다 ————————— 278
10 충청우도에서 순무(巡撫)활동 전개 ——————— 283
11. 청주성으로 진군 —————————————— 285
12. 양산숙이 조헌의 기병 사실을 아뢰다 —————— 288
13. 청주성을 탈환하라 ————————————— 291
14. 청주전투 승전 후 선조에게 올린 장계 —————— 299

차례

중봉重峯 조헌趙憲
義에 살고 義에 죽다

15. 기병 후 올린 소(起兵後疏) ─────────── 301
16. 청주성을 회복하다 ──────────────── 305
17. 통유석도문(通諭釋徒文) ─────────── 308
18. 의주 행재소로 북상을 준비하다 ─────── 311
19. 의리를 배반한 순찰사 ───────────── 316
20. 1차 금산 전투와 고경명 의병의 와해 ──── 319
21. 금산성 공격을 준비하는 중봉 의병 ───── 321
22. 조헌에게 내린 선조의 교서 ────────── 324
23. 금산으로 향하는 중봉 의병 ────────── 329
24. 연곤평과 와여평을 점령하라 ───────── 332
25. 장부는 오직 한 번의 죽음이 있을 뿐이다 ── 335
26. 아! 중봉 선생이시여! ─────────────── 341
27. 위대한 역사의 흔적 금산 칠백의총(七百義塚) ─── 344

■ 부록
- 연보(年譜) ─────────────────── 349
- 순절 후 연표(殉節後年表) ─────────── 363

중봉(重峯) 조헌(趙憲)
(1544년~1592년)

문열공(諡文烈公), 조선 중기 문신(朝鮮中期文臣), 성리학자(性理學者),
증 영의정(贈領議政), 임진 의병장(壬辰義兵將), 문묘배향(文廟配享)

제1부

세상에 남아를 낸 것이 어찌 우연이리오

1. 위인의 탄생

경기도 김포현 감정리 중봉산 아래 고즈넉한 곳에 초가들이 평화롭게 자리 잡고 있었다. 한강이 눈 앞에 내려다보이고, 강을 따라서 너른 김포평야가 한눈에 들어온다. 1544년(중종 39년) 6월 28일, 가난한 선비 조응지(趙應祉)의 집에 새로운 생명이 태어나는 우렁찬 울음소리가 중봉산을 메아리쳐 한강 변으로 울려 퍼졌다. 그가 바로 우리나라 18현(東國十八賢)이요, 임진 4충신(壬辰四忠臣)의 한 분인 중봉(重峯) 조헌(趙憲) 선생이다.

본향은 황해도 배천(白川)이요, 자(字)는 여식(汝式), 호(号)는 도원(陶原) 또는 후율(後栗)이라고도 했다. 지금 널리 알려진 중봉(重峯)이라는 호는 말년부터 쓰인 것이다.

부친은 계현공 응지(趙應祉)이고 어머니는 용성 차(車)씨이다. 부친께서는 청송(聽訟) 성수침(成守琛)의 문하에서 공부했으나 벼슬길에는 나서지 않았다. 조부 세우(世佑) 역시 정암(靜庵) 조광조(趙光祖)의 문인이었으나 벼슬에는 뜻을 두지 않았다. 선대가 모두 벼슬길에 나가지 않았기 때문에 권세도 없었고 가진 것이라고는 초가삼간에 입에 풀칠할 정도의 땅밖에 없었다. 그러나 집안은 비록 가난하여도 대대로 내려오는 명문의 혈통인 가문에 대한 자부심은 대단했다.

배천(白川) 조 씨(趙氏)는 고려조에 현 부총리 격인 참지정사(參知政事)를 지낸 지린(之遴)을 시조로 한다. 그는 송나라 태조 조광윤(趙光胤)의 손자인데, 황실의 정란을 피해 고려 경종 때에 황해도 배천군(白川郡) 도태리로 들어와 성종, 목종, 현종 3대에 걸쳐 벼슬을 했다.

그의 후손들도 대대로 관직에 나아가 벼슬을 하였는데, 아들 양유(良裕)는 덕종 때에 도첨의평리(都僉議評理)를 지냈고 문하시중(門下侍中) 배천군(白川君)에 추봉 되면서 본향을 배천(白川)으로 삼았다. 그의 아들 문정공(文靖公) 선정(先正)은 문종 원년에 장원급제하여 금자광록대부 태자태사(金紫光祿大夫太子太師)에 올랐고, 선정의 자손들도 문장으로 당대에 이름을 떨치고 중서문하평장사(中書門下平章事), 대제학(大提學) 등의 중직을 지냈다.

고종 때에 원나라가 침입하여 전 국토가 유린되고 조정이 강화도로 피난하게 되었다. 조헌의 12대조인 충무공 문주(文柱)는 병부상서(兵部尙書)로 있을 때 원나라에 사신으로 가서 고려에 주둔하고 있는 원나라 군대가 온갖 살상과 약탈을 저지르는 등 만행과 폐단의 실상을 간곡하게 아뢰어 군대를 철수시키는 공을 세웠다.

8대조인 충현공 천주(天柱)는 3형제가 과거에 동시 급제하였다. 그가 판사 농사(判事農事)로 있던 공민왕 10년에 홍건적이 고려를 침범하는 난이 일어났다. 천주는 상장군(上將軍)으로 도원수(都元帥)가 되어 이방실(李芳実)과 출전하여 그는 박천 전투에서 두 차례나 적을 무찔렀으나 안타깝게도 안주를 습격한 적과의 전투에서 장렬하게 순국하고 말았다.

7대조인 천주의 아들 공(珙)은 영삼사사(領三司事)로 나라의 재정을 담당하는 수장으로 있었다. 그는 망해가는 고려를 구하기 위해 정몽주(鄭夢周), 이색(李穡) 등과 함께 구국 활동을 전개했다. 결국 조선이 개국하자 조정에 나가지 않고 개성 치악산에 들어가 은거하다가 죽으니, 고려명류십열(高麗名流十烈)로 일컬으며 두문동 서원(杜門洞書院) 정정실(靖節室)에 배향되었다.

고려조에 영예를 누리며 충성하던 조헌의 선대는 조선조에 들어서는 선대의 영향을 받아서인지 벼슬하는 사람이 없었다. 5대조인 환(環)이 세종의 부름을 받아 강화부사(江華府使), 나주목사(羅州牧使), 상호군(上護軍)을 지냈을 뿐이다.

조헌은 어려서부터 이러한 가계의 내력과 전통을 부친에게 듣고 배우며 지금은 비록 집안이 한미 해지고 가난하지만, 훌륭한 선조들의 후손이라는 사실을 매우 자랑스럽게 생각하고 장차 자신이 나아갈 바를 일찍부터 깨닫게 되었다.

2. 학구열에 불타는 효성 지극한 소년

　사람들이 소년 조헌을 일러 말하기를 기저귀를 면 하면서부터 부모를 섬기는 예절을 알았으며, 부모의 분부가 있으면 반드시 꿇어앉아 대답하는 등 타고난 효자라고 했다. 그는 어려서부터 부모의 뜻을 거스르는 일이 없었다. 불과 다섯 살밖에 되지 않은 어린 나이에 서당에 나아가 천자문을 배우고, 밤이 이슥하도록 배운 것을 복습하고, 새로운 것이 있으면 늘 아버지에게 서슴없이 물었다. 그의 행동거지는 용모 단정하고 엄격했으며, 한눈을 팔지 않아 친구들도 함부로 대하지 못했다고 한다.

　그가 나이 다섯 살이 되는 해이다. 집에서 가까운 임정(林亭)에서 친구들과 천자문을 배우고 있을 때였다. 갑자기 나팔 소리가 요란하게 들리며 밖이 소란 해졌다. 어느 고관(高官)의 행차에 마을 사람들이 모두 구경을 나왔고, 임정에서 함께 공부하던 친구들도 호기심에 모두 뛰쳐나갔다. 그러나 조헌은 텅 빈 정자에 홀로 앉아서 조금도 흐트러지지 않고 글 읽기를 멈추지 않았다.

　그 앞을 지나던 고관(高官)이 밖의 소란에도 개의치 않고 천자문을 읽는 낭랑한 소년의 목소리에 행차를 멈추고 정자를 올려다보니 4~5세 밖에 되지 않은 어린아이가 단정히 앉아서 천자문을 줄줄이 외우는 것이 아닌가. 고관이 임정에 올라가 아이에게 구경을 나가지 않은 까닭을 물었다.

　"친구들은 모두 나의 행차를 보러 나갔는데 너는 어찌 혼자 남아서 글만 읽고 있느냐?"

라고 물으니, 어린 조헌이 공손히 꿇어앉아서 대답하기를

"진심으로 글을 읽는 것은 아버지의 분부 때문입니다."

라고 대답하였다. 고관은 소년의 태도에 감탄하여 여러 가지를 질문하였다. 그의 대답은 보통이 아니었다. 기특한 마음이 들어서 고관이 가지고 있던 부채를 그에게 선물로 주려고 했다. 그러나 조헌은 이를 거절하며 지체 높으신 분의 물건을 함부로 받을 수 없다며 한사코 사양하는 것이었다.

이러한 조헌을 지켜본 그는 마침내 부친을 찾아가 인사를 하게 되었다. 그 고관이 부친에게 말하기를

"댁의 자제분은 지금은 비록 어리지만, 훗날 반드시 큰 학자가 되어 세상에 도(道)를 심을 것이니 축하할 일이오."

라고 칭찬을 아끼지 않았으며 부친에게 공경의 예까지 표하고 돌아갔다.

공부하기를 좋아하는 조헌은 추운 겨울에 신발과 옷이 다 떨어졌는데도, 바람과 눈보라를 피하지 않고 멀리 떨어져 있는 글방에 나아가 열심히 공부했다. 곡식이 익을 때면 어버이의 분부로 들을 지키며 밤을 새웠다. 하지만 책 읽기를 그치지 않았고, 잠깐 눈을 붙였다가 닭이 울면 다시 일어나 혼자서 책을 읽었다. 조헌의 책 읽는 소리에 놀라 깨어난 아이들은 그의 정진하는 모습을 보고는 그에 이르지 못하는 것을 늘 한스럽게 여겼다. 모두가 그를 따르려고 열심히 노력했으나 끝내 따라잡지를 못했다.

들에서 소를 먹일 때도 반드시 책을 가지고 다녔으며, 비가 오면 삿

갓 밑에 책을 두고 읽었다. 글 읽기에 정신이 팔려 소가 간 곳을 몰라 찾아 헤매기도 했다. 들에 나가면 두렁에 나무를 이용해 서가를 만들어 두고 책을 읽었다. 매일 나무를 하여 어버이의 방을 덥히고, 그 불빛에 비춰 글을 읽었다.

조헌은 늘 격앙하여 말하기를 "하늘이 사내를 낸 뜻이 어찌 우연이리오."라고 하면서 스스로 자신이 할 바를 깊이 깨달았다.

조헌이 열 살이 되던 해에 어머니를 여의었다. 뜻밖에 어머니를 잃은 슬픔은 하늘이 무너지고 땅이 꺼지는 것만 같았다. 그러나 그는 당황하지 않았고, 행동하는 것이 마치 어른과 같았다.

얼마 후에 계모를 맞이하게 된다. 새로 들어온 계모 김 씨는 성격이 엄하였고, 어린 조헌에게 매우 까다롭게 대했다. 그러나 그는 조금도 서운한 기색이 없이 오히려 새어머니를 항상 웃는 낯으로 대하고, 부름이 있으면 부드러운 음성으로 대답했다. 계모 김 씨는 자기 비위에 맞지 않으면 몹시 나무라고 꾸짖는 것이 예사였다. 하지만 조헌은 자신의 정성과 효성이 부족한 탓으로 여기고, 오히려 두려운 마음으로 대했다.

하루는 그가 외할머니댁을 가게 되었다. 어미를 잃은 어린 손자를 보는 외할머니의 마음은 한없이 가엾고 안쓰러웠다. 더구나 새로 들어온 계모의 성품을 잘 알고 있기에 더욱 마음이 아프고 걱정이 되었다. 외할머니가 그에게 계모의 행실을 들어 울면서 말하기를

"너의 어미가 너를 대하는 것이 이러하니 장차 어떻게 살아가겠느냐?"

라고 하시며 크게 근심을 하시는 것이었다. 그러나 조헌은 고개를 숙이고 아무런 대답도 하지 않고 곧바로 집으로 돌아와 버렸다.

그 뒤로는 한동안 외가를 가지 않았고 몇 달이 지나서야 외할머니를 뵈러 갔다. 외할머니가 반갑게 맞이하면서 어찌 오랫동안 오지 않았느냐고 물었다. 이에 조헌은 이렇게 대답한다.

"전에 왔을 적에 할머니께서 제 어머니의 잘못을 들어 말씀하시니, 자식으로서 그 말씀을 차마 들을 수 없어 오지 않았습니다."

외할머니는 이 말을 듣고 손자의 어진 마음에 크게 감복하고, 다시는 계모 김 씨의 잘못을 말하지 않았다고 한다.

우저서원(牛渚書院)

조헌이 통진 현감으로 있을 때 부친을 여의게 되는데, 그 뒤로도 계모 김 씨는 더욱더 엄하게 대해서 조그만 잘못에도 준엄하게 꾸짖었다. 그러나 그는 지극한 효도로 마음을 편하게 해 드리려고 조심하기를 조금도 게을리하지 않았다. 계모가 혹 몸이 불편하기라도 하면 의관이나 신발을 제대로 갖추지 못한 채 바삐 돌아다니며 시중을 들었고, 밤낮으로 내실 문 앞에 엎드려 있기도 했다.

계모 김 씨는 조헌이 나라를 위해 목숨을 바친 뒤에야 그가 진정한 효자임을 깨닫고, 친자식을 잃은 것과 같은 슬픔에 싸여 밤낮으로 울부짖으며 이렇게 탄식했다고 한다.

"이렇게 훌륭한 인물이 세상에 어찌 다시 있으리오. 슬프도다! 이 자식이 진정 내 아들이다. 생모는 단지 낳아 주었을 뿐이다."

계모 김 씨는 조헌이 순절한 8년 후에 세상을 떠났는데, 죽을 때까지 조헌을 애도하기를 자기 일처럼 했다고 한다.

조헌은 대개 평일에는 묵묵하며 마치 깊은 생각에 잠겨있는 것 같아서 보는 사람이 두려워했다. 그러나 부모 곁에 있을 때는 상냥하게 대해 화기가 넘쳐흘렀다. 계모 김 씨는 세 명의 아들을 두었음에도 하루도 조헌에게 의탁하지 않는 날이 없었다.

이와 같이 정성을 다하는 조헌의 행실은 주위 사람들을 감동시켰다.

조헌은 태어날 때부터 바탕과 성품이 남다르고 몸가짐과 예절이 훌륭했다. 큰 키에 큰 귀를 가졌으며 눈빛은 별과 같이 빛났다. 집안이 가난한 그는 겨울에도 다 떨어진 옷과 신을 신고 숲이 우거진 으슥한 산길의 고개를 넘어서 추위를 무릅 쓰고 서당에 다녔다. 그가 다니던 여우고개에는 지금도 조헌에 관한 전설이 전해온다.

그 고개에는 백년 묵은 여우 한 마리가 살고 있었다. 조헌이 이곳을 지날 때면 예쁜 처녀로 변신하여 "지나가는 어린 선비 양반님, 나를 떼어 놓고 가시면 어떻게 하시오리까." 하며 유혹했다. 처녀가 매일 같이 조헌을 꾀자, 한편으로는 호기심도 발동했으나 이래서는 안 되겠다 싶어 스승에게 이 사실을 여쭈었다. 이 말을 들은 스승은 이렇게 일렀다.

"그 미녀의 입안에는 틀림없이 구슬이 들어 있을 것이니, 그녀가 너를 꾈 때 주저하지 말고 그 구슬을 빼앗아 삼켜라. 그러면 훗날에 너는 반드시 성공할 것이다."

조헌은 스승이 일러준 대로 그 미녀의 입안에 있는 구슬을 삼켜 버렸다. 그러자 미녀는 갑자기 여우로 돌변하여 울며 달아났다고 한다. 지금은 그 고개가 넓은 길이 되어서 옛 모습을 찾을 수가 없으나 여전히 여우고개로 불리며 조헌 선생을 추억하는 장소로 남아 있다.

그는 일을 시작하면 끝을 보는 성품이었다. 하루는 동리 아이들과 개울에서 낚시질을 하고 있었다. 다른 아이들은 고기를 많이 잡는 것에만 뜻이 있어서 자주 자리를 바꾸었다. 그러나 조헌은 한곳에 오래 머물며 고기를 낚았다. 그러나 저녁 무렵에 잡은 고기를 비교해 보면 늘 조헌이 많았다.

동리에서 가까운 곳에는 조그만 연못이 하나 있었다. 깊이가 한 길은 넘었고, 물고기가 매우 많았다. 어느 날 아이들과 놀러 갔다가 그 연못의 물을 퍼내고 고기를 잡기로 하였다. 서로 교대를 하며 물을 푸기 시작했다. 해 질 무렵이 되었으나 아직도 물은 많이 남아 있었다. 아이들은 힘도 들고 싫증도 나서 포기하고 집으로 돌아가자고 했다.

그러나 조헌은 조금도 변하지 않는 모습으로

"산도 평탄하게 할 수 있고 하천도 막을 수 있거늘, 이 일도 벌서 반은 이루었는데 어찌 포기할 수 있겠는가."

하고는 물 푸기를 계속하였다. 대부분에 아이들은 그의 말을 듣지 않고 집으로 돌아갔고 남은 아이들도 오늘은 그만하고 내일 다시 하자고 했다. 그러나 조헌은

"그렇지 않다. 이것을 중지하면, 오늘 밤에 이 물이 다시 흘러들어서 지금까지 한 것은 모두가 헛된 결과가 되고 만다."

라고 하며 남은 아이들을 강제로 권하여 기어이 밤을 새워 물을 퍼내고 고기를 잡아서 돌아갔다. 이처럼 그는 어려서부터 한 번 마음먹으면 끝을 내고야 마는 성품이었다.

이러한 기질은 공부에도 그대로 발휘되었다. 그가 열두 살이 되던 1555년에 비로소 시서(詩書)를 배운다. 어촌(漁村) 김황(金滉, 1524~1593)이 명종 때 과거에 급제하여 김포에 거주할 때, 그가 조헌에게 시서를 가르쳐 주었다.

조헌은 나이가 들어감에 따라 더욱 학문에 정진했고, 어버이에 대한 효성도 지극했다. 경서(經書)를 읽고 또 읽으며 그 책에 담긴 진리를 하나하나 깨닫는 것을 참으로 즐겁게 생각했다. 매일 밤늦도록 『중용(中庸)』, 『대학(大學)』, 『이소경(離騷経)』, 『출사표(出師表)』 등을 읊고 외웠으며, 새벽닭이 울면 다시 일어나서 공부를 계속했다. 그는 『주자대전(朱子大全)』을 가장 좋아해서 이를 모두 암송했다. 먼 길을 여행할 때도 그 목록만을 뽑아서 가지고 다니며 외웠다. 그가 평생

을 손에서 책을 놓지 않고 공부하는 습관은 어려서부터 몸에 밴 것이었다.

3. 성균관 진학과 과거급제

조헌은 18세에 영월 신(辛)씨 가문에 영성부원군(靈城府院君) 덕재(德齋)의 후손인 신세성(辛世誠)의 딸과 혼인하였다. 그는 장가든 후에도 학문에 힘쓰는 일은 조금도 게을리하지 않았다. 집안이 가난했던 그에게는 어릴 적에는 학문을 지도해줄 스승이 없었다. 그는 인근에 선비나 학덕 있는 분이 있다는 소문을 들으면, 먼 길을 마다하지 않고 어른들을 찾아가서 토론하고 가르침을 받았다. 그의 마음속에서는 늘 학문의 경지에 도달하고 싶은 욕망으로 불타오르고 있었다. 하지만, 그에게 새로운 진리와 학문을 가르칠 만한 스승이나 선비를 만나기란 쉽지 않았다. 이때부터 조헌은 학문을 좀 더 체계적으로 공부하고 싶은 욕심에 성균관(成均館) 진학을 꿈꾸게 된다.

그날도 이름난 선비를 찾아 서울을 다녀오는 길에 나룻배를 타고 강을 건너고 있었다. 서울을 오가려면 반드시 양화진(楊花津) 나루를 건너야 한다. 한강 북안에 있는 지금의 마포 합정동으로 강화와 김포로 가는 나루터인 양화진은 중요한 교통의 요지였다. 당시에는 이 일대를 양천강(陽川江)이라고도 불리었다.

작은 나룻배에는 많은 사람들이 타고 있었다. 사공이 노를 저어 강 가운데에 이르렀을 무렵이었다. 갑자기 광풍이 불고 파도가 일며 배가 뒤집힐 지경에 이르게 되었다. 배에 탄 사람들은 놀라서 아우성을 치고 소리를 지르며 어찌할 바를 몰랐다. 그러나 뱃머리에 앉아 있던 조헌은 꼼짝도 하지 않고 태연히 두 눈을 감고 있었다.

잠시 후에 세차게 불던 바람이 멈추고, 배 안의 분위기도 진정되었다. 배가 뒤집힐 위기에도 전혀 동요하지 않는 조헌의 행동이 다른 사람들의 눈에는 몹시 못마땅했던 모양이었다. 사람들은 조헌을 향해

"한배에 탄 사람들이 모두 물에 빠져 죽을 지경에 이르렀는데, 너는 무엇을 하는 인간이기에 꼼짝도 하지 않고 태연하게 앉아 있느냐."

하고 화를 내며 손찌검까지 하려고 들었다. 이에 조헌이 웃으면서 말하기를

"삶과 죽음은 하늘에 달려있거늘, 어찌 사람이 울고불고 아우성을 친다고 위험을 모면할 수 있겠는가."

하고 의연한 태도로 대답했다. 이에 더 흥분한 사람들은 한바탕 싸움을 할 험한 기세였다. 그때였다. 그 배에는 김후재(金厚載)라는 선비가 타고 있었다. 조헌의 말에 감복한 그가 이분은 보통 분이 아닌 것 같으니 함부로 행동하지 말라고 만류해서 간신히 사람들을 진정시켰다. 그는 전혀 알지 못하는 선비였다. 배가 나루에 도착하자 그 선비는 조헌에게 다가와 공손히 절을 하고 자기 갈 길을 가는 것이었다.

이처럼 조헌의 대범함과 의연함을 알 수 있듯이, 그는 젊어서부터 장엄 정중하며 엄숙하고 굳세어서 사람들이 감히 농을 하지 못하였다고 한다.

중봉 조헌 동상(김포)

　1565년(명종 20년), 22세가 되는 해에 그동안 생각했던 성균관 유학의 꿈을 이룬다. 성균관(成均館)은 조선시대 최고 학문의 전당으로 지금의 대학과 같은 곳이었다. 성균관에 유학한 지 얼마 안 되어서이다. 성균관 유생들이 중 보우(僧普雨)를 배척하는 상소를 올리고, 몇 달째 대궐 문 앞에 엎드려 임금의 대답을 기다리고 있었다. 당시 보우는 명종의 어머니 문정왕후(文定王后)가 섭정을 할 때에 그 위세를 업고 불교를 부흥시킨 사람이다. 이는 불교를 억제하고 유교를 숭상하던 조선의 기본정책에 어긋나는 것이었다. 마침내 문정왕후가 세상을 떠나자, 유생들이 들고 일어선 것이었다.

　그런데 몇 달이 지나도 임금의 대답이 내려오지 않자 유생들은 힘도 들고 싫증도 나서 분위기가 흐트러지기 시작했다. 숙소에서 쉬기도

하고 집에서 왕래하는 사람도 있었다. 그러나 조헌만은 처음부터 끝까지 대궐 문 앞에 꿇어앉아 임금의 대답을 기다렸다. 이를 지켜보던 유생들과 군중들로부터 크게 주목을 받게 되었다. 결국 보우는 제주도로 귀양을 갔다가 이듬해에 피살된다. 이처럼 조헌은 매사에 의연하고 옳은 일에는 굽히지 않는 태도를 보였다.

4. 벼슬길에서 최고의 스승을 모시다

조헌이 성균관에 진학한 지 1년 만에 함경도 최북단에 위치한 온성도호부(穩城都護府) 향교에서 교육을 담당하는 훈도(訓導)에 제수되었다.

그리고 다음 해인 1567년(명종 22년) 24세 때 과거에 응시한다. 그는 대과를 보기 위한 초시인 감시(監試)에서 동당 3장(東堂三場)에 모두 합격하고, 그해 11월에 3년마다 치르는 정규 과거시험인 식년시(式年試) 문과에 응시해서 병과(丙科) 아홉 번째로 급제하였다. 그가 과거에 급제하여 처음 받은 직책이 교서관 부정자(校書館副正字)로 경서와 서적의 인쇄 등을 맡아보는 일이었다.

다음 해(1568년)는 선조가 등극한 원년이다. 12세에 왕위에 오른 명종이 재위 22년, 34세의 젊은 나이에 승하한 것이다. 이 무렵에 조헌은 평안도 서남해안에 있는 정주목(定州牧) 교수(教授)에 임명된다. 정주는 역사적으로 여진족들이 섞여 살던 곳이었는데, 지역적 특성으로 북쪽 오랑캐의 난이 있을 때마다 많은 수난을 겪어온 고장이었다. 고려가 북진정책을 시행하면서 북방에 많은 성을 축조하고 우리

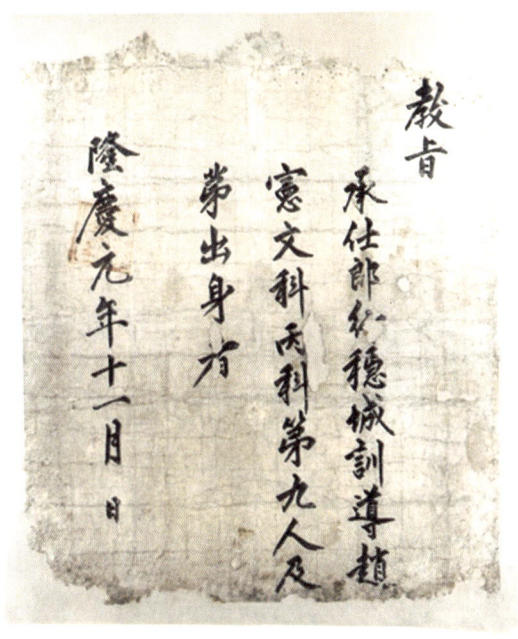

문과 급제 교지

영토로 편입하였다. 그러다 보니 학문을 배우는 풍습이 소홀해지고 선비의 기풍을 찾아보기가 어려웠다. 조헌이 교수로 부임해서 2년 동안 교육에 힘을 쓰니 선비의 기풍과 교육에 대한 열의가 되살아났다.

그가 26세 되던 다음 해에는 서애(西厓) 유성룡(柳成龍)이 정주 땅을 방문했다. 그의 부친인 유중영(柳仲郢)이 정주 목사로 있어서 문안하러 온 것이다. 유성룡은 조헌보다 두 살이 위였다. 정주에서 만난 유성룡과 시를 주고받았는데, 유성룡을 보낼 때 쓴 "공강정에서 이별에 임하여 정자 유성룡의 시에 차운하다(控江亭臨別次柳正字而見成龍韻)"라는 조헌의 시가 남아있다.

秋風蕭瑟動纖波　가을바람 쓸쓸하고 물결은 일렁이는데
擧目東南道路賒　동남쪽 바라보니 멀기도 하다
悵望仙舟追不得　슬프게도 님이 탄 배 쫓을 수 없는데
關山孤客意如何　변방의 외로운 나그네 마음이 어떠할까

젊은 나이에 머나먼 변방에서의 생활은 부모님과 가족들, 그리고 정다운 친구 모두가 그리움이었다. 어느 날 밤 꿈에 이웃에 살던 친한 친구 심택중(沈澤仲)이 보였다. 조헌은 홀연히 일어나 친구를 그리는 시 한 수를 남긴다.

黌堂淸曉剪孤灯　맑은 새벽 학당에서 외등불 심지 자르며
對越前賢學戰兢　선현을 마주하듯 삼가 두려워함을 배우네
倦睡也知頗不惡　게을리 잠든 것도 자못 나쁘지 않으니
夢來猶幸見親朋　꿈에서나마 다행히 친구를 만나 보네

심택중(沈澤仲)의 부친은 정언(正言) 심세림(沈世霖)인데 젊은 나이에 세상을 뜨고 말았다. 그의 어머니 홍 씨(洪氏)는 남편을 일찍 잃고, 그의 벗들이 재앙을 당하는 것을 보고는 아들이 과거에 응시하는 것을 허락하지 않았다. 결국 글을 읽는 것에만 뜻을 두게 되었으며, 옛사람의 글귀나 흉내 내고 시문을 짓는 따위의 학문은 하지 않았다. 뒤에 임진왜란이 일어났을 때 김천일(金千鎰)의병에 가담하여 군량을 담당하였다가, 의병이 남쪽으로 이동할 때 병으로 따라가지 못하고 죽었다. 어린 시절 중봉과는 마음이 통하는 가장 가까운 친구였다.

고향을 떠나오니 친구가 몹시도 그리운 마음에 꿈에서 만난 것이다.

정주목 교수로 2년을 재직한 조헌은 1570년(선조 3년)에 다시 파주목(坡州牧) 교수(教授)로 자리를 옮긴다. 이때 당대의 큰 학자인 우계(牛溪) 성혼(成渾, 1535~1598) 선생을 찾아뵙고 가르침을 청하여 제자가 된다. 성혼의 학덕과 학문의 깊이는 이미 경지에 이르러 당시에 있어서 율곡(栗谷)과 비길만한 대학자였다. 그는 조헌에게 역경(易経) 속에 담긴 하나하나의 진리를 자상하게 가르쳐주었다. 그러나 성혼은 조헌의 학문에 성취도가 매우 높다는 것을 알고는, 자기를 스승으로 대하는 것을 사양하고 아끼고 존경하는 벗으로 생각했으나, 조헌은 끝내 그를 스승으로 섬겼다.

그가 파주목 교수로 1년 정도를 지낸 다음 해 1571년(선조 4년)에 다시 홍주목(洪州牧) 교수로 자리를 옮기게 되었다. 이때 토정(土亭) 이지함(李之菡, 1517~1578) 선생을 만나게 된다. 조헌은 이지함 선생의 높은 학문을 익히 알고 있었다. 홍주목 교수로 부임한 그는 인근에 계신 토정 선생을 찾아가서 사제의 연을 맺고자 가르침을 청하였다. 그는 역학, 의학, 수학, 천문 지리 등에 해박하고 진보적이며 개방적인 사상의 학자였다. 보령현(保寧縣)에서 태어난 그는 출사를 하지 않고 초야에 묻혀 살다가 말년에 포천 현감으로 나갔다. 다시 아산 현감에 제수되어 걸인청(乞人廳)을 세우는 등 백성을 구휼하는 일에 힘썼다.

조헌을 만난 토정은 여러 차례 학문을 토론하고는 그의 학식에 크게 놀라며

"그대의 덕기(德器)는 하도 높고 깊어서 나로서는 가르칠 만한 사람이 아니다."
라고 하며, 제자로 맞는 것을 극구 사양했다. 그리고 조헌에게 이렇게 일렀다.

"우리의 무리 중에는 율곡(栗谷)과 우계(牛溪), 구봉(龜峯), 세 사람이 있는데 이들 모두가 학문이 고명하고 행실이 지극히 모범이 되네. 그리고 우리 조카 이산보(李山甫)와 우리 문하생 서기(徐起) 두 사람은 충신이 기댈 만하고 지성이 금석(金石)을 관통할 만하니, 만약에 이 다섯 사람과 더불어 스승과 벗을 맺는다면 성현의 지위에 오르는 것은 걱정하지 않아도 될 것이네."

하고 당대 최고의 인물들과 교류 할 것을 당부하면서, 율곡 선생을 꼭 찾아뵙도록 권했다.

그해 가을에 조헌은 토정의 권유대로 파주에 있는 율곡(栗谷) 이이(李珥, 1536~1584) 선생을 찾아뵙고 가르침을 청했다. 이때 율곡 선생을 모시고 한동안 송도(松都-개성)에 머물면서 학문을 배우고, 함께 시를 읊고 풍류를 즐기다가 돌아온다. 당시 율곡은 이미 조선시대를 통하여 성리학(性理學)의 최고봉을 이룬 대학자였다. 이러한 율곡에게서 직접 학문의 깊고 그윽한 경지를 배우니 이보다 더한 기쁨이 없었다.

그 후 집으로 돌아온 조헌은 율곡과 토정, 우계 선생으로부터 배운 것을 읽고 음미하며, 이 모든 것을 행동으로 실천하는데 조금도 게을리하지 않았다. 이때부터 율곡(栗谷) 이이(李珥), 우계(牛溪) 성혼

(成渾), 토정(土亭) 이지함(李之菡) 세 분을 스승으로 모시고 학문을 성취하였으며, 구봉(龜峯) 송익필(宋翼弼), 고청(孤靑) 서기(徐起)와도 반드시 찾아뵙고 교제하였다. 그의 학문은 날로 발전해서 놀랄 만한 경지에 이르게 된다.

이와 같이 그는 관직에 있으면서도 훌륭한 스승을 찾아 배우기를 자청하고 학문에 심취하여 실력은 날로 깊어져서, 후에는 점(占)을 치거나 예언(予言)하는 일까지도 거의 어긋남이 없을 정도로 통달하여 사물을 보는 혜안이 있었다.

제2부
선진 개혁을 주장하는 젊은 관리

1. 왕후의 명을 거절하고 삭탈관직되다

1572년(선조 5년), 조헌이 29세 되던 해에 외직에서 조정으로 들어와 교서관 정자(校書館正字)에 임명되고 관례에 따라 궁중 향실(香室)의 일을 맡아보게 되었다. 당시에는 위에서 불사(佛事)에 향을 내릴 때 교서관 관원이 이를 확인하고 봉인 하도록 돼 있었다.

당시에 자수궁(慈壽宮)과 성수청(星宿廳)을 두고 국가에서 관리하고 있었다. 자수궁은 본래 태조 이성계의 아들 무안군의 집이었으나 자손이 없는 그가 죽은 뒤에는 선대 왕의 후궁들의 거처로 사용했다. 그 후에 다시 자수궁을 새로 지으면서 부처를 모셔 왕가의 복을 비는 곳이 되었다. 성수청은 국무당(國巫堂)을 두고 왕가의 복을 비는 행사를 전담하는 곳이다. 아직도 민간은 물론 궁중에도 무속의 전통이 계속되고 있었다. 이는 모두가 유교의 국책 이념과는 배치되는 것으로 교서관 정자에 임명된 조헌은 이러한 자수궁과 성수청에 향을 올리는 것을 반대하는 상소를 올렸다.

조헌이 향실에 숙직을 하는 날이었다. 인순왕후(仁順王后)는 승하하신 명종의 비(妃)이다. 그가 불공을 드리기 위해 사람을 보내서 향(香)을 드리라고 명했다. 이에 조헌은

"이 향실의 향은 종묘(宗廟)와 사직(社稷), 그리고 제사를 지내는 사전(祀典)에 기재된 경우에만 쓸 수 있는 것입니다. 신은 비록 일백 번 죽는다 해도 드릴 수가 없습니다."

하고 이를 거절하였다.

말단 관리가 왕후의 명을 거역하자 궁중에서는 소란이 일고 사람들이 여러 차례 오고 가며 그를 설득하려고 했다. 그러나 조헌은 끝끝내 왕후의 명을 거절했다. 이 일로 크게 노한 임금은 조헌을 극형으로 다스리고자 했다. 다행히 신하들이 나서서 적극 구제함으로써 사건은 그의 벼슬을 빼앗고 관원명부에서 빼내는 삭탈관직으로 끝이 났다.

이때부터 조헌의 강직한 성품과 의리에 행동은 중신과 유생들의 눈길을 끌었으며, 흠모하는 사람들이 생겨나기 시작했다.

관직에서 물러난 조헌은 부여에서 토정(土亭) 선생과 강사(江寺)에서 풍류를 즐기며 학문과 시세(時世)를 논하며 지낸다. 어느 날, 토정 선생과 그의 제자 유복흥(柳復興) 등 여러 명의 일행이 함께 공주 공암에 있는 고청(孤靑) 서기(徐起)를 찾아가게 되었다. 이때 토정이 그의 제자들에게 말하기를

"그대들은 나 때문에 금세의 일등 인물인 여식(汝式-조헌의 字)을 보게 되었으니 어찌 다행한 일이 아니겠는가."

하며 조헌의 사람됨을 칭찬했다. 조헌은 옛 역사는 물론 현세의 돌아가는 모든 일에 통달했고, 무슨 일이건 명료하고 과단성 있게 처리했다. 타고난 성품이 질박하여 겉치레를 하지 않기 때문에 세상에서 그를 알아보는 사람이 없어서, 세상에 인재가 누구냐를 논하게 되면 그를 거론하지는 않았다. 그러나 토정 이지함 선생만은 중봉을 알아보았다. 사람들이 토정 선생에게 지금 초야(草野)에 묻힌 인물이 있다면 어떤 분이 있겠습니까? 하고 질문한 적이 있었다. 이때 토정은

"우리와 함께하는 사람 중에 조여식(趙汝式)이란 사람이 있는데, 가난하기는 하나 스스로 분수를 지키며 명예나 사리를 추구하지 않고, 임금을 아끼고 나라를 걱정하는 마음이 지성에서 우러나오니, 이와 같은 사람을 옛사람들 가운데에서 찾고자 하여도 짝이 될 만한 사람은 드물 것이네. 내 생각에 쓸 만한 인재로는 이밖에 아는 바가 없다."

라고 말했다. 이에 사람들이

"인재라고 하는 것은 큰일을 당하여 능히 그 일을 변통하여 해결책을 얻는 것인데, 조공(趙公)이 절의(節義)에 굽히지 않을 것이란 그의 성품은 세상이 다 아는 사실이지만, 그 사람이 과연 쓸 만한 인재냐에 대해서는 모르기는 해도 부족한 것 같다."

라고 하자, 토정 선생이 말하기를

"예부터 큰일을 담당할 인물은 늘 자기의 분수를 지킬 줄 알고, 임금을 아끼며 나라의 운명을 걱정하는 인물이니, 조군(趙君)의 사람됨을 자네들은 인식하지 못할 것이다. 세상 모두가 이 사람을 세상 사정에 어둡고 능력이 없다고 한입같이 말하는데, 지금의 내 말이 그 사람들에게 들리면 저들은 반드시 크게 웃어넘길 것이다. 단지 자네나 알고

다른 사람에게는 말하지 말게. 뒷날에 내 말이 망령된 것이 아니라는 것을 알게 될 것일세."
라고 말했다. 토정 선생이 중봉을 생각하는 바가 이와 같았다.

2. 선조를 분노하게 한 논향축소(論香祝疏)

인순왕후의 명을 거절하고 관직에서 물러난 조헌은, 토정 선생을 모시고 서기(徐起) 등과 두류산을 여행하며 학문을 논하고 청풍명월을 벗하여 보냈다. 두류산을 떠난 후에는 한동안 안면도에 머물렀다. 스승과 친구도 찾아보고, 산과 강을 벗 삼으며 세상을 주유하다가 강론도 하면서 보냈다. 이때 지은 "두류산을 노닐며 학민(學敏)스님의 시에 차운함"이란 시이다.

樓下寒潭徹底淸　다락 밑 차가운 못 속속들이 맑은데
楓光斜日暎空明　석양에 비친 단풍 밝기도 해라
生逢眞界居無界　살아생전 선계(仙界)에 살길이 없어
嗚咽泉声若有情　목 메인 샘물 소리만 내 뜻 같구나

滿山楓葉爛秋天　온 산 단풍잎 가을 하늘 찬란한데
水石喧邊一路線　물가에 외가닥 길 멀기도 하다
眞界晩來留不得　늦게 찾은 선계(仙界)에 오래 머물 수 없어
碧潭回首倍依然　푸른 못 돌아서니 더욱 섭섭하여라

그가 다시 교서관 저작(著作)에 승진되어 재 등용된 것은 다음 해인

1573년(선조 6년) 30세가 되어서였다. 이번에도 또, 궁중에서 향실의 일을 맡아보는 직책이었다. 이미, 불사에 향(香)을 봉행하는 일로 왕후의 명을 거절하여 파직된 바가 있었으나 또다시 그 일을 맡게 된 것이다. 옳지 않다고 생각하는 일에는 참을 수 없던 그는 저작에 보직되자 또, 임금에게 불사에 향을 내리는 일에 부당함을 아뢰는 상소를 올린다. 이것이 논향축소(論香祝疏)이다.

그는 상소에서 자수궁(慈壽宮)과 성수청(星宿廳)에는 영원히 향(香)을 내리지 말 것과, 이러한 건물들이 역대 임금의 위패를 모신 종묘(宗廟), 그리고 공자를 모신 문묘(文廟)와 나란히 배치된 것은 잘못된 것이라고 비판했다. 그리고 입으로는 성현의 글을 읽으면서 부처에게 향을 봉행하는 일은 차마 하지 못하겠다고 아뢰고, 공론을 들어 부처에게 올리는 행사에 향을 보내는 일은 고쳐져야 한다는 요지의 상소를 올렸다.

> 신이 주상의 위를 여러 번 모독하게 하는 미안함을 모르는 바가 아니지만, 입으로는 성현의 글을 읽으면서 부처에게 공양하는 향(香)을 손수 주는 일은 신이 차마 하지 못하겠습니다. 또한, 종묘(宗廟), 문묘(文廟), 자수궁(慈壽宮), 성수청(星宿廳)이 모두 횡으로 열을 지어있어 대체로 차등이 없는 것도 신은 참을 수가 없는 바입니다. 그리고 한 번 청해서 이루어지지 않았다고 해서 갑자기 우리의 임금이 할 수 없다고 말하면, 전하께서 잘못된 곳으로 빠져들어 가는 것도 신은 참을 수가 없습니다. 이에 금일 자수궁에 봉향해야 할 향을 아래로는 물의가 비등할까 두려워하고 위로는 성스러운 정치에 누를 끼칠까 두려워서 감히 나아가 봉향하지 못하고 공론이 정해지기를 기다리고 있습니다.

비록 그의 말이 틀리지는 않았다 하여도, 상소를 받은 선조는 크게 노하여 조헌을 문초하고 극형에 처하려고 했다. 어명으로 그의 잘못을 물었으나, 그래도 조헌은 자신의 주장을 꺾지 않았다. 이에 선조는 의금부(義禁府)에 명하여 국문(鞠問)을 하도록 명하였다. 그러나 역시 그의 대답은 변함이 없었다. 이때 조헌을 극형에 처하려고 하자, 삼사(三司-사헌부, 사간원, 홍문관)와 조정 대신들이 들고일어나 극구 반대함으로써 간신히 벌을 면하게 되었다.

이런 일이 있은 뒤로 조헌의 명성이 세상에 널리 알려지고, 그를 아는 사람이나 모르는 사람을 막론하고 일반 백성에 이르기까지 그와 사귀기를 원했다. 박순(朴淳), 소제(蘇齊), 류성룡(柳成龍), 김성일(金誠一), 이발(李潑), 홍사신(洪司臣), 윤선각(尹先覺), 정여립(鄭汝立) 등 당시의 명사들이 이구동성으로 장차 국가의 안위가 조헌에게 달려 있다고 할 정도로 사람들의 입에 오르내렸다. 이로써 바른말을 서슴지 않는 그의 곧은 성품이 세상 사람들에게 널리 알려지게 되었다.

3. 사신으로 명나라를 다녀오다

조헌이 교서관 저작(著作)으로 있을 때 조정에서는 명나라 황제의 생일을 축하하는 성절사(聖節使)를 보내게 되었다. 정사(正使)에 박희립(朴希立), 서장관(書狀官)에 허봉(許篈), 그리고 조헌을 질정관(質正官)으로 사신단을 꾸렸다. 질정관은 명나라의 문물과 정치제도, 변화된 한자의 음과 뜻을 정확히 파악하고 학문의 경향 등을 살펴보는 임무였다. 성절사는 1574년(선조 7년) 5월 11일에 한양을 떠나서 명나라 북경에 가서 황제의 생일을 축하하고 돌아온다. 조헌은 출발부터 사행길에서 만나는 명나라의 풍물, 사건, 각종 제도, 오가는 과정 등 돌아오는 9월 14일까지를 일기 형식으로 기록하였다.

성절사는 한양을 떠나 송도와 순안, 정주를 거쳐서 6월 16일에 압록강을 건너 중국 요동 땅에 들어섰다. 조헌은 지나는 길에 중국 변방 백성들의 삶과 군사의 배치 등을 놓치지 않고 눈여겨 살폈다. 많은 땅을 갖고 있다는 어느 농부에게 그가 가난한 면치 못하는 이유를 묻자, "이곳을 관할하는 도사(都司)가 해마다 한 사람에 은(銀) 한 냥씩을 거두어 가는데, 남자가 10명이 있는 집은 은 열 냥을 내야 하니 어찌 궁핍하지 않을 수가 있겠습니까."라고 대답했다. 명나라 관리들의 횡포를 들으며 조선의 실정이 떠올랐다. 조선이라고 이와 크게 다를 바가 없다는 생각에 백성들의 고충이 가슴에 맺히는 것이었다.

조천일기(朝天日記)

5월 11일 한양을 출발한 사신단이 북경(北京)에 도착한 것은 8월 4일이었다. 조양문(朝陽門)으로 들어가 장안가(長安街)를 지나서 회동관 동전소(東前所)에 짐을 풀었다. 그리고 조선의 사신으로서 황제의 생일을 축하하는 성절하례식 행사를 준비하며 바쁜 일정을 보냈다. 8월 9일에는 대명전(大明殿)에 들어가 황제의 조회에 참석하고, 13일에는 조천궁(朝天宮)에서 하례 연습을 하였고, 17일에는 황극전(皇極殿)에서 열린 성절하례식(聖節賀禮式)에 참석했다. 웅장하고 화려한 황극전과 낯선 행사 모습이 매우 놀라웠고 인상적이었다. 여러 나라 사신들이 온갖 모습으로 축하 행사에 참여하는 것은 더욱 흥미로웠다. 그는 일기에서 성절하례식 광경을 이렇게 기록했다.

　　닭이 울 때쯤 관원이 문소각(文昭閣)에서 시각을 알리며 소리치기를 '아! 해가 떴다. 아! 사방을 밝힌다. 아! 만방을 비춘다.'라고 소리치자, 황제께서 황극전에 앉으셨다. 명편(鳴鞭)을 세 번 울리자, 모든 신료가 줄을 맞추어 네 번 공손히 절하고 엎드렸다. 명찬(鳴贊)이 황제에게 올리는 축하문을 황극전 위에서 소리 높여 읽었다. 또 다른 명찬이 위에서 아래로 말을 전하니 모두가 엎드려 네 번 절했다. 무도(舞蹈, 임금 앞에서 손을 휘두르며 발을 구르는 의식)와 만세를 부르고 다시 엎드렸다가 일어나서, 네 번 절하고 식을 끝마쳤다.

　성절하례식 치른 후, 예부(礼部)에 오성(五聖)인 공자, 안자, 증자, 자사, 맹자의 아버지를 모신 계성묘(啓聖廟)의 위차(位次)를 논하는 글을 올리고, 국자감(國子監)에서 10여 명과 질문하고 토론하니 명나라의 관리들이 조헌의 깊은 생각에 탄복하고 칭찬을 아끼지 않았다.

조헌은 여유가 날 때에 장안을 둘러보고, 출국할 때 여러 사람이 부탁한 물건들을 구입한다. 그때 아버지에게 드릴 양가죽 옷을 샀는데, 그것이 가장 큰 기쁨이었다고 기록하고 있다.

사신단 일행이 바쁜 일정을 모두 끝내고 북경을 출발한 것은 9월 6일이었다. 사행 기간은 여섯 달 정도가 걸리지만, 오가는 시간을 빼고 나면 북경에 머무를 시간은 불과 1개월 정도였다. 명나라 사행은 조헌에게 현지에서 명나라 관리들과 토론을 할 수 있었고, 새로운 지식과 제도, 문물을 접하는 좋은 기회였다.

귀국길에 영평부에 도착해서 백이(伯夷), 숙제(叔齊)를 모신 청성사(淸聖祠)에 참배하고, 9월 14일에 주대보라는 사람의 집에 머무는 것을 마지막으로 명나라 국경을 넘기 직전에서 일기가 끝났다.

조헌은 귀국하자마자 명나라에서 보고 들은 바를 정리하고 자신의 의견을 포함해서 선상 8조소(先上八條疏)를 올린다. 이 상소문에 개혁적인 내용이 담겨있고 후대 실학자에 큰 영향을 미치게 된다. 그는 국경을 넘어와 한양으로 돌아오는 동안에 벌써 상소문을 미리 준비한 것이다. 이와 같이 그의 준비성은 치밀했다. 그가 남긴 조천일기(朝天日記)는 보물 1007호로 지정되었다.

4. 8조소(八條疏)와 16조소(十六條疏)

조헌은 명나라를 다녀오며 목격한 중국 변방의 경비태세와 군대의 기율과 조련, 촌락의 풍속과 향약, 북경에서 눈을 사로잡았던 다양한 사물과 풍경들, 관리와의 접견, 연회, 제도 등 어느 하나도 허투루 흘려보내지 않았다.

명나라에서 돌아온 그는 지체하지 않고 사행 중에 살펴본 문물과 제도 중에서 본받을만한 것을 추려서 질정록(質正錄)과 함께 우선 시행하여야 할 시무에 시급한 8조소(時務八條疏)를 지어 올렸다. 이것이 1574년(선조 7년) 11월에 올린『질정관 회환 후 선상8조소(質正官回還後先上八條疏)』이다. 이어서 준비한 의상16조소(擬上16條疏)와 더불어 조헌의 개혁 사상이 잘 드러나 있어 후대의 실학자들에게 큰 영향을 미치게 된다.

8조소는 당시 조선의 피폐한 현실에 대한 시급한 대책을 제시한 것이었다. 성현을 문묘에 배향하는 제도에 관한『성묘 배향(聖廟配享)의 제(制)』, 올바른 정치와 백성의 안정을 위한 인재의 등용에 관한『내외 서관(內外庶官)의 제(制)』, 의관의 실용적 개선을 위한『귀천 의관(貴賤衣冠)의 제(制)』, 지나친 음식으로 과소비하는 풍조를 개선하려는『식품 연음(食品宴飮)의 제(制)』, 관리들의 업무처리 효율성을 높이기 위한『사부 읍양(士夫揖讓)의 예(禮)』, 올바른 교육 풍토의 정립을 위한『사생 상접(師生相接)의 예(禮)』, 바람직한 마을 풍속을 진작시키려는『향려 습속(鄕閭習俗)의 미(美)』, 명나라 군사의 기강을 보고 깨달은『군사 기율(軍師紀律)의 엄(嚴)』, 총 8개 조항으로 구성되어 있다.

1. 『성묘 배향(聖廟配享)의 제(制)』에서 우리가 성현을 높이는 것은 도학을 크게 일으켜 선비의 기풍을 진작시키고, 궁극적으로

인간의 올바른 도(道)를 실천하는 데 그 목적이 있는 것이다. 그러므로 김굉필, 조광조, 이언적, 이황, 네 선현을 사현(四賢)으로 숭장할 것을 제안한다. 이는 당시 피폐한 사회 현실을 극복하기 위해 선현의 정신에서 그 방향을 찾으려는 개혁론의 하나였다.

2. 『내외 서관(內外庶官)의 제(制)』에서는 국가의 위태함과 민생의 어려움은 관리의 그릇된 임용으로부터 비롯된다고 지적한다. 이에 대한 총체적 개선을 통하여 정치와 백성의 안정을 꾀해야 한다고 주장했다. 그는 관리의 임용 제도에 대한 개선을 제안하면서 조선의 실정을 이렇게 비판한다.

동에서 빼내어 서에 보충하고, 아침에 관직을 제수하고 저녁에 바꾸는 것을 면치 못하니, 서울과 지방의 관원이 맡은 바 직책이 무엇인지 알지 못하며, 앉은자리가 미처 따뜻해지기도 전에 이임하는 경우도 있습니다. 그리하여 장부가 없어지고 재물만 도적질 당한 채 간악한 서리의 술책에 빠지는가 하면, 신임을 맞이하고 전임자를 보내느라 굽히고 분주하게 사람을 부리고 말을 천리 밖까지 보내는 일로 피폐한 백성의 재산을 없애는 것은 중국에 없는 폐단입니다.

한 사람의 관리를 잘못 기용하면 국사를 그릇 치며, 관리를 자주 바꾸면 백성들이 그 해를 입게 되어 항상 두려워하였던 것입니다. 사사로이 친한 자에 치우치지 말고 능력이 있는가를 먼저 보고, 악덕한 자에 미치지 말고 어진 것만을 생각하여 반드시 삼망(三望) 중에 우수한 사람을 선발하되, 일단 보임이 되면 수년간은 기다린 후에 평가를 해서 계속 쓸 사람인가를 결정해야 합니다.

관리를 임명할 때는 먼저 대상자 세 명을 추천하여 그중 한 명을 뽑는 삼망 제도를 엄격히 시행하여 관리 선발에 신중을 기할 것을 진언한다. 그리고 일단 보임한 관리는 충분히 능력을 발휘할 기간을 주고 평가해서 조치하고, 관리의 잦은 교체로 인한 백성들의 피해가 없도록 할 것이다. 이러한 그의 주장에서 관리의 영향이 절대적이었던 당시에 힘없는 백성들의 고통을 조금이라도 덜어주려는 애틋한 마음을 느낄 수 있다.

3. 『귀천 의관(貴賤衣冠)의 제(制)』에서는 지금 우리의 의복과 갓은 신분에 따라 차이가 날 뿐만 아니라, 제한된 일부 계층의 사람들만 입을 수 있다. 의복을 제도적으로 개선하여 모든 계층의 사람들이 편리하게 입을 수 있도록 해야 한다. 그리고 비를 맞아도 처지지 않는 갓 등 실용적인 측면과 우리의 현실에 맞도록 개선해야 한다. 중국의 제도는 참고하되, 사치하고 큰 것을 사용하는 풍습을 금한다면, 누구나 착용할 수 있도록 개선할 수 있다.

   이는 검약한 풍속을 쫓아야 한다는 조헌의 실용 정신이 강하게 드러나는 부분이다.

4. 『식품 연음(食品宴飮)의 제(制)』에서 관리들의 과소비하는 음식문화와 연회의 풍속을 개선하자는 것이다. 조헌은 우리 사회의 잘못된 풍조를 이렇게 비판한다.

   우리나라의 풍속은 오로지 풍성한 음식에다 많이 마시는 것에 힘써

서 재물이 바닥이 나도 걱정할 줄을 모르고, 백성이 곤궁해도 구제할 줄을 모르며, 위에서 명(命)해도 따를 줄을 모른 채, 자연의 물산을 쓸데 없이 소모하고, 나라의 근본인 백성을 해치는 일이 끝이 없습니다. 아, 이것이 무슨 풍속이기에 이를 고칠 생각을 하지 않는단 말입니까.

중국의 관리는 닭 한 마리도 민간에서 거두지 아니하는데, 우리나라는 관원은 자신의 구복(口腹)을 채우려고 해독을 끼치는 것이 몇 천 가지인지 모릅니다. 군신이 맹세를 하고 서둘러 음식을 검소하게 하고, 진공(進供-궁과 지방 관청에 토산물을 바치는 것)을 올바르게 하지 않을 수 있겠습니까.

그는 관리들의 낭비 행태를 낱낱이 고발하면서 백성을 해치는 이 행태가 무슨 좋은 풍속이라고 고치지 않느냐고 임금에게 묻는다. 그리고 임금부터 검소한 생활을 실천할 것을 강조하면서, 그릇된 사회 풍조의 전환이 시급함을 제안했다.

5. 『사부 읍양(士夫揖讓)의 예(禮)』에서 우리나라의 관리들은 예모가 허술하고, 폐풍이 만연되어 같은 부서에 근무하는 좌랑(6조에 정6품 벼슬)이 정랑(6조에 정5품 벼슬)을 쳐다보지도 못하고 말할 정도이니 상하 간에 무슨 의논이 가능하겠으며 업무가 신속히 처리되겠느냐고 비판한다. 또한, 백성들의 송사는 뇌물을 주지 않으면 판결을 하지 않는 실정이니 그 폐단이 모두 백성들의 고통이다.

중국 조정의 업무처리 실태를 살펴보니 직급에 따라 관리의 예

(禮)와 절차가 명확하고, 임금에게 고하고 명을 받는데 하루 이틀이 지나지 않으며, 대부분 업무를 당일에 신속하게 처리하는 것이 감탄스러웠다. 우리도 이를 받아들여 현실적이고 실용적으로 개선해야 한다고 주장한다.

6. 『사생 상접(師生相接)의 예(禮)』에서 인재 양성을 위한 제도의 개선을 제시했다. 조헌은 일찍이 여러 고을의 교수로 재직하며 교육에 힘써왔다. 그는 교육제도의 개선에 대한 허례적인 사제 간의 예(禮)를 지양하고 특히, 학생을 가르치는 교관에게 급료를 지급해야 교육이 제대로 이루어진다는 개혁적인 교육 진흥론을 낸 것이다.

7. 『향려 습속(鄕閭習俗)의 미(美)』에서 인심은 날로 천박해지고 강상의 도는 더욱 어지러워졌으니 어찌 백성이 분발하겠는가. 이는 임금이 백성을 가르치는 것에 극진하지 못하고 고을 수령들의 태만에서 나온 것이다. 그러므로 인간이 도를 알고 아름다운 풍속이 일어나도록 권선징악(勸善懲惡)을 근본으로 하는 마을 자치 규약인 향약(鄕約)의 필요성을 제안한다.

8. 『군사 기율(軍師紀律)의 엄(嚴)』,에서 조헌은 "군대의 강약은 지휘관의 우열에 있는 것이지, 군대의 숫자에 있는 것이 아니다." 라고 주장했다. 그는 직접 목격한 명나라 군대의 행군하는 모습을 보고 느낀 바를 이렇게 논했다.

> 신이 제주지방에서 보졸(步卒) 수천 명이 군량을 싣고 가는 것을 목격하였는데, 감히 남의 재물을 약탈하지 않았으며, 나귀와 노새가 끄는 수레 수십 대가 밭 옆에서 쉬는데도 감히 볏단 하나도 가져가는 일이 없었습니다. 신이 물어보니, 주장인 총병관의 엄한 명령에서 나온 것으로, 군사들은 명령이 두려워 감히 백성들을 괴롭히지 못한 것이었습니다.

이러한 명나라 군대의 기강에 비교하여 조선군의 실태를 이렇게 비판한다.

> 서해평(西海坪)에서 오랑캐의 벼를 베어 버리는 거사를 할 때에, 군사들의 통제가 되지 않고 지나가는 곳마다 멋대로 민가의 곡식을 취해 말을 먹이는 등, 군대의 해를 입은 백성이 원통히 울부짖는 모습을 차마 볼 수가 없습니다.

그는 군대 기강의 중요성을 강조하면서 유능한 장수를 양성하려면 반드시 문무를 갖추도록 해야 하고, 군대가 제 역할을 담당하기 위해서는 평소 부터 훈련에 힘써야 한다. 전사자에 대해서도 비록 병사라 할지라도 비문을 지어 제사 지내고 그 업적을 비문에 기록하여 잊지 않게 해야 한다는 국방 강화론을 강력히 주장하였다.

이상은 선상8조소(先上八條疏)의 요지이다. 조헌의 시무 8조소는 사회적 폐단을 바로잡고 백성을 구휼하는데 힘쓰고, 선비의 기풍과 백성들의 풍속을 바로 하여 나라를 튼튼히 할 것을 간절히 바라는 말로 끝을 맺는다. 조헌은 이를 하루속히 시행하고 싶은 생각에 귀국 즉

시 상소를 올렸다. 그러나 이를 받은 선조는

"천백 리 풍속이 서로 다른데 만약 풍속과 습속이 다른 것을 헤아리지 않고, 억지로 본받아 행하려고 하면 끝내 소요만 일으킬 뿐 성사되지 않을 것이다."

라고 답하여, 조헌의 실용적인 제안을 채택할 생각이 전혀 없다는 뜻을 밝혔다.

중국의 발전된 문물과 제도를 견문하고 돌아온 조헌은 조선이 시급하고 절실하게 시행해야 할 것으로 생각되는 선상 8조소를 올렸으나 선조는 이를 부정적으로 받아들였다. 그가 올린 선상 8조소는 시무(時務)에 절실한 것이었고, 이어서 준비한 의상 16조소(擬上十六條疏)는 근본에 관한 것으로 모든 분야에 걸친 혁신적인 주장이었다.

선조수정실록에는 의상 16조소에 대한 총론을 이렇게 기록하고 있다.

"중봉이 올리려던 십육조소는 하늘에 닿는 정성(格天之誠), 근본을 생각하는 효도(追本之孝), 능침의 제도(陵寢之制), 제사의 예절(祭祀之禮), 경연의 규례(經筵之規), 조회의 의식(視朝之儀), 간언을 듣는 법(聽言之道), 사람을 뽑는 법(取人之方), 음식의 절제(飮食之節), 국가의 곡식을 알맞게 쓸 것(饒廩之稱), 생산을 늘릴 것(生息之繁), 사졸의 선발(士卒之選), 조련을 부지런히 할 것(操鍊之動), 못된 사람을 내치고 착한 사람을 올려 씀을 밝게 하는 것(黜陟之明), 명령을 엄하게 할 것(命令之嚴), 끝으로 군상(君上)이 마음을 바르게 하여 모범을 보이는 도(道)를 총론 했다."

조헌이 성절사 질정관으로 중국을 사행하는 동안 보고 깨달은 바를 바탕으로 조선에 적용할 실용적인 제안을 구상하여 내놓는다. 그러나 선조가 자신이 올린 8조소를 받아들이지 않자 "도낏자루는 모나고 도끼의 구멍은 둥글어서 서로 맞지 않는 것이다"라고 16조소를 올리지 않았다. 의상16조소는 개략 다음과 같은 요지를 담고 있다.

- 임금 스스로 수양과 반성으로 하늘과 백성을 감동시키는 정성과 더불어 선조에 대한 효를 다함으로써 백성들의 덕을 도탑게 할 것.
- 임금은 경연(經筵)의 강의를 독실하게 수강하고 경연 뒤에는 상하 간에 뜻을 자유롭게 소통하는 기회로 삼을 것
- 아침조회는 정해진 날에 꼭 참석하여 정사를 살피고 상하 간에 자유스러운 언로를 만들어 상하가 소통할 것.
- 민폐를 제거하기 위서 바른말을 채택할 것과 듣기 좋은 말보다 귀에 거슬리는 간언을 받아들일 것
- 풍속과 절약 정신을 실천하여 왕릉을 사치하게 만들지 말 것이며, 이를 수호하는 인력을 줄이고, 왕부터 제사를 간소하게 하고, 과도한 음식의 소비를 말고 절제와 검약하는 풍속을 진작시킬 것.
- 인재를 뽑는데 문벌을 논하지 말고, 재혼을 허가하여 적극적인 인구의 증가와 생산력의 증대로 민생을 도모할 것이며, 서얼의 무조건적 등용 불가와 과부의 재가를 막는 제도를 개선할 것.
- 관리들의 만연된 부정부패를 방지하기 위하여 말단의 하급 관리에게도 급여를 지급할 것.
- 수많은 노비를 줄여 병사로 선발한다면 20년 안에 백만 양병(百

萬養兵)이 가능할 것이며, 견고한 성(城)의 수축과 군사 조련을 강화하여 국방을 튼튼히 할 것.
- 인사행정의 공정성과 책임의 한계를 분명히 하고, 명령을 엄정하게 하며, 민심을 헤아리고 임금의 덕을 선양할 것.

조헌은 당시 조선의 문물제도를 중국에 비교하여 실용적인 측면을 수용함으로써 백성을 편안하게 하고 국력을 강화하고자 했다. 그의 상소에서 나라를 걱정하고 백성을 사랑하는 그의 마음이 어느 한 틈도 비어있는 곳이 없다. 16조소는 조선이 이상적인 사회로 나아가기 위한 근원적인 대책으로 현실적이고 구체적인 방안을 제시한 것이다.

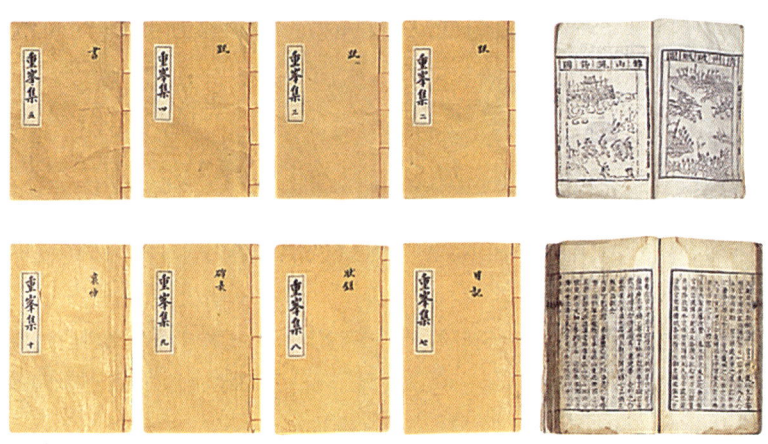

중봉집(重峯集)

이러한 선상 8조소와 의상 16조소는 안방준(安邦俊, 1573~1654)에 의해서 『동환봉사(東還封事)』라는 이름으로 편찬된다. 그는 조헌의 유문(遺文) 및 행록(行錄)등을 모아서 항의신편(抗義新編)도 간행했다. 안방준은 조헌의 사료를 보전하는데 가장 큰 공로자이다. 그는 조선시대 문신이며 학자로서 국난을 맞이했을 때는 의병 활동을 하였다. 전라도 보성에서 태어났고 본관은 죽산(竹山)이다. 포은(圃隱) 정몽주와 중봉(重峯) 조헌의 절의를 사모하여, 두 분의 호에서 한자씩을 따서 자신의 호를 은봉(隱峯)이라고 지었다. 그는 특히 조헌을 극구 추중(推重)하였는데, 동환봉사 발문(跋文)에는 그 존숭하는 마음과 더불어 역사에 자료들이 사라지는 것을 걱정하여 이를 보전하려고 노력한 정성이 오롯이 담겨있다.

동환봉사 발문(東還封事跋文)

위의 글은, 우리나라 소경대왕(昭敬大王-선조) 7년 갑술에, 중봉(重峯) 조 선생(趙先生)이 질정관(質正官)으로 연경(燕京)에 가서 중국의 문물과 제도의 훌륭함을 살펴보고서 우리나라에도 시행해 보고 싶어 지은 글이다.

돌아온 뒤 선생은 상소 두 장을 초하였는데, 이는 사무(事務)에 간절한 것 8조와 근본에 관계되는 것 16조였다. 선생은 먼저 8조의 소(疏)와 질정록(質正錄) 1편을 선왕께 올리며 "우리나라도 명나라 제도를 그대로 준행하여야 한다."고 하였는데, 선왕께서 비답하기를 "수천 백리 밖이라 풍속이 같지 않은데, 만일 풍기(風氣)와 습속(習俗)을 헤아리지 않고 그대로 강행하려고 하면 한갓 해속(駭俗)스럽게만 되고 일은 맞지 않는 바가 있을 것이다" 하였다. 선생은 자신의 말이 쓰여지지 않을 것을 알고 다시 16조의 소는 올리지 않았는데, 지금 그 유고(遺稿)

가 아직 다행히 남아 있다.

　삼가 보건대, 선생의 뜻은 그대로 명나라 제도를 본받아 시행하는데만 있는 것이 아니라, 장차 이를 계속해 밀고 올라가 3대(三代)의 정사를 만회해 보려 한 것이었다. 그런데 명나라의 제도도 오히려 시행을 허락하지 않았으니 그 밖의 일을 어찌 바랄 수가 있겠는가? 이리하여 입을 다물고 물러가 있었던 것이 아닌가 한다.

　아! 선생은 가정(嘉靖) 갑진년(1544년 중종 39)에 출생하여 만력(萬曆) 갑술년(1574년 선조 7)에 명을 받들고 중국에 갔으니, 이때 선생의 나이는 겨우 30이었다. 그런데 그의 식견과 학문의 힘이 이미 고명(高明)하고 정대(正大)한 경지에 이르러 있었으니, 실로 우리 동방의 기자(箕子)이래 수천 년 동안 세상에 드문 영기(英氣)를 타고난 걸출한 참 선비(眞儒)이시다. 이러한 신하가 있었는데도 말과 계책이 쓰여지지 않아 종신토록 불우했고 끝내는 절의를 지켜 돌아가셨으니 어찌 가슴 아픈 일이 아니겠는가?

　나는 약관 때부터 선생을 흠앙(欽仰)함이 태산북두와 같을 뿐만이 아니었다. 그리하여 항상 사적이 소멸되고 전하지 못할까 싶어 여러 해를 수집하고 찾아내어 겨우 유문(遺文) 약간 편을 얻었기에 이를 분류하여 전집(全集)을 만들고 또 인출(印出)하여 널리 유포시켜 없어지지 않도록 하고자 하였다. 그러나 권질(卷帙)이 자못 많고 공역(工役)이 용이하지 않으므로, 우선 그중에서 왜와 절교하기를 청하고 의거하던 때의 봉사(封事) 몇 편과, 전하여 신봉(信奉)되는 언행록을 모아 『항의신편(抗義新編)』이라 제(題)하여 세상에 간행했는데, 이제 또 두 소(疏)로 따로 한 책을 만들어 이름을 『동환봉사(東還封事)』라 하였다. 선생을 알고 싶은 사람은 『항의신편』에서 그 정성 어린 충성과 장한 절의를 보고, 이 『동환봉사』에서 경세제국(經世齊國)의 큰 뜻을 고찰한다면, 전집을 비록 다 보지 않더라도 또한 족히 선생의 대개를 알게 될 것이다.

대개, 선생께서는 성인을 독실이 믿어 배우기를 좋아했고 죽도록 도를 닦았으며, 명(明) 공부와 성(誠) 공부를 병행해 나가 체(體)가 있고 용(用)이 있었으되 그렇게 행하여 가는 것은 한 가지였다. 만일 선생이 공자께서 돌아가시기 전에 출생하여 수사(洙泗) 사이에서 모시게 되었더라면, 나는 알거니와 반드시 선생께서 넉넉히 승당(升堂)의 대열에 들어가게 되었을 것이오, 결코 70제자의 뒤에 서지는 않았을 것이다. 아! 훌륭하도다.
천계(天啓) 임술년(壬戌年) 봄, 안방준(安邦俊)은 삼가 쓰다.

안방준은 당시 조헌의 상소를 받은 선조의 태도와 조헌의 깊은 학문과 인품 그리고 그의 사적(史蹟)을 보존하기 위한 노력을 기록하고 있다. 그는 만약에 공자의 시대에 조헌이 태어났다면 그의 가르침을 받은 70 제자의 대열에 들었을 것이라고 조헌을 존숭하는 뜻을 밝히고 있다.

조헌의 선상 8조소와 의상 16조소는 후대에 이르러 실학자들에게 지대한 영향을 미치게 된다. 북학파의 인물인 박제가(朴齊家, 1750~1805년)는 『북학의(北學議)』를 저술하면서 그 동기와 목적이 고운(孤雲) 최치원(崔致遠)과 중봉(重峯 조헌(趙憲))의 뜻을 계승하는 것임을 천명하고, 서문에서 이렇게 말했다.

나는 어렸을 적에 최치원과 조헌의 사람됨을 흠모하여 비록 시대는 다르지만, 말채찍을 휘둘러서라도 그분들의 시대를 따르고 싶은 바람이 있었다.
중봉 조헌은 질정관으로 중국에 다녀왔는데 그가 지은 『동환봉사』는 아주 정성스럽게 지은 것으로 우리에게 가르침을 주는 것이 많다. 그는 다른 사람을 보고 자신을 깨우치려 했고 남이 잘하는 것을 보면 그것을 따르려고 하였으니 중국의 제도를 본받아 풍속을 변화시키려고 노력하였다.

압록강 동쪽에서 천여 년 동안 이어온 이 조그만 나라를 변화시켜서 문명국에 이르게 하려던 사람은 오직 최치원과 조헌, 이 두 사람뿐이었다.

5. 주자대전(朱子大全)을 교정하다

조헌은 어려서부터 '장부를 탄생케 한 것은 우연한 일이 아니다'라는 신념을 가지고 학문에 전념했다. 그는 평생을 두고 쉬지 않고 학문에 힘썼다. 어려서는 가난 속에 농사를 지을 때도 주경야독(晝耕夜讀)으로 공부했고, 과거에 급제하여 벼슬길에 나아가서도 조금도 소홀하지 않았으며, 중국을 다녀오는 수레 속에서도 독서를 그치지 않았다.

그는 특히 유교 경전에 대해 이해가 깊었을 뿐 아니라, 고사(古事)와 금무(今務)에 정통했고, 방대한 양의 독서로 유명했다. 굴원의 이소경(離騷經), 제갈량의 출사표(出師表) 등을 모두 외웠고, 140권이 넘는 주자대전(朱子大全)과 주자어류(朱子語類) 역시 책을 놓고 돌아앉아 막힘없이 낭송했다고 한다.

조헌의 학문은 단순히 지식을 습득하고 넓히려는 것이 전부가 아니었다. 그는 공자와 맹자 그리고 정자와 주자의 학문을 근본으로 하여, 그 진수를 몸소 체득하여 실천하고자 했던 것이다. 그의 학문은 한갓 지식에 머무르는 것이 아니라, 인간의 참된 도리를 구현함에 목적을 둔 것이었다. 그는 평소에 유생들에게 이르기를

"글을 읽지 않으면 마음이 밝지 못하고, 공경스러운 태도를 갖지 않으면 마음의 중심이 존재하지 않으며, 힘써 행하지 않으면 갖고 있던 밝은 마음도 그 중심이 흐트러져서 모두 허탕한 데로 돌아가 이단으로 빠져든다."
라고 학문의 이론과 더불어 실천의 중요성을 강조했다.

1574년(선조 7년) 말, 조헌이 선상 8조소를 올렸으나 선조가 받아들이지 않음으로써, 그가 꿈꾸던 새로운 제도들은 하나도 실현하지 못하고 말았다. 이에 준비했던 의상 16조소는 올리지도 않았다.

이 무렵에 임금과 신하들이 석강(夕講)을 마치고 나서 주자대전의 간행을 담당한 유희춘(柳希春)이 선조에게 아뢴다.

"강목(綱目) 목판이 이제 올라왔으니 이를 인쇄하여 간행해야 합니다. 다만, 이 목판을 새긴 판본은 곧 중종 조에 교서관에서 출판한 판본으로써 신이 임인년에 시강원 설서로 있을 때 그 판본을 보니 잘못된 글자가 많았습니다. 오직 세종 조에 인쇄한 『훈의강목(訓義綱目)』만이 글자가 틀리지 않았습니다.

교서관의 관원들은 학식이 미치지 못하고 참고할 서적도 많지 않아서 교정을 할 수가 없으니 홍문관 관원들에게 훈의강목을 교정하게 하소서.

신과 교서관 저작 조헌이 『주자대전(朱子大全)』 교정을 끝낸 다음에 하기로 한다면, 내년 무렵에야 강목을 교정할 수가 있을 것입니다. 교서관 안에서는 오직 조헌만이 이 책을 교정할 수가 있습니다."
라고, 주자대전 교정이 끝날 때까지 조헌의 직책을 옮기지 않을 것을 아뢰었다.

　조선 왕조는 성리학(性理學)을 정치이념으로 유교 정치를 추구하는 나라였다. 성리학은 송대(宋代)에 성립된 유학 사상체계로 주자에 의해 집대성된 학문이다.『주자대전』은 주자가 여러 학자와 주고받은 글로, 그가 죽은 뒤에 문인들이 편찬한 것이다. 이러한 주자대전을 간행하는 일은 대단히 중요한 일이었다.

　조헌과 주자대전을 교정한 미암(眉巖) 유희춘(柳希春, 1513~1577)은 전라도 해남 사람으로 본관은 선산이다. 중종 조에 별시 문과에 급제하고 벽서사건에 연루되어 19년간 유배생활을 하다가 선조가 즉위하면서 풀려났다. 선조의 명으로『국조유선록(國朝儒先錄)』을 편찬하였고 그 외에도 많은 저서를 남겼다.

　주자대전의 교정이 끝나고 1575년(선조 8년) 3월에 선조는 조헌을 예조좌랑(禮曹佐郎)에 유희춘을 상호군(上護軍)으로 삼는다는 교지를 내린다. 이에 조헌은 예조좌랑이 자신에게 적합하지 않으므로 사직하겠다는 뜻을 밝혔다. 그리고 백성을 깨우치기 위해서 학동들이 반드시 배워야 하는 동몽수지(童蒙須知)와 척원경(戚元敬)의 문집을 간행할 것을 아뢰었다. 척원경은 명나라 장수로 왜적을 물리치고 백성을 보호하는 등 큰 업적이 있고, 그의 병법서는 조선군에게 많은 영향을 미쳤다. 그의 나라와 백성을 위하는 정신과 훌륭한 행적을 교훈으로 삼고자 함이었다.

　이에 선조는 조헌에게 예조좌랑으로 합당하지 않은 것이 아니다 라고 사직을 허락하지 않았고, 요청한 책은 간행하여 8도에 보내도록 허락하였다.

6. 통진현감 부임과 율곡 선생의 당부

조헌은 예조좌랑에 제수된 후에 병조좌랑(兵曹佐郞), 성균관전적(成均館典籍), 사헌부감찰(司憲府監察) 등의 다양한 직책을 거친다. 그리고 통진 현감(通津縣監)으로 제수된 것은 1575년(선조 8년) 12월이었다. 고향 김포현과 가까운 이웃인 통진 현감에 부임하는 마음이 남달랐을 것이다. 그곳은 나주목사를 지낸 5대조 환(環), 그리고 증조와 고조 3대가 살았던 고장이고, 그분들의 묘소도 그곳에 있었다.

통진현감에 부임하기 전에 그는 스승인 율곡 선생에게 어떻게 하면 백성들을 위한 선치를 할 수 있을 것인가에 대한 조언을 구한다. 이때 율곡 선생은 당부의 말씀과 함께 자신이 생각한 바를 주문한다. 율곡 선생은

"한 읍을 다스리는데 두 가지 방안이 있다. 즉, 백성들의 이익을 더하고 해독을 제거하여 풍족하게 살게 함이 상책이고, 구폐(旧弊)를 헤아려 어려움을 덜어줘서 맑고 깨끗하게 함이 차선이다. 앞서 말한 것은 번거롭고 요란스럽게 해서 실수하면 백성들의 원망이 일고, 뒤에 말한 것은 백성의 뜻을 소홀히 하고 아전과의 정리에 치우치면 근본이 해이해지니, 일을 하면서도 번거롭지 않게 하고, 하지 않으면서도 빈틈이 없게 준비한 연후에야 가히 십 실(十室)의 읍(邑)을 다스릴 수 있다."

라고, 한 고을의 수령으로서의 필요한 가르침을 주었다. 또, 여식(汝

式, 조헌의 字)은 독서하고 궁리하며, 마음은 사물을 아끼고 사랑하는 데 쓰고 있으니 이제 하나의 목숨뿐 아니라 반드시 많은 백성을 구제할 것이라고 말했다.

율곡은 조헌이 통진 현감으로 있을 때를 이용하여 그동안 마음에 두고 있었으나 시행하지 못했던 한 가지 방책을 시험해 보고 싶었다. 그는 조헌에게 이렇게 당부한다.

"옛날에 읍(邑)을 다스리는 자는 백성의 세금으로 봉급을 만들었다. 정해진 봉급 제도가 있어서 먹고 남은 것은 친구들에게 두루 나누어주었다. 지금은 그렇지가 못하고 읍을 다스리는 수령에게 정해진 봉급이 없다. 두미(斗米) 이상은 모두가 국유 물이니, 비록 백이(伯夷)와 같이 청렴한 사람이 수령 노릇을 한다고 하여도 국유 물을 사사로이 사용치 않으면 겨우 먹고 살 방법이 없다, 이것은 국법이 제대로 갖추어 있지 않은 것이다. 이에 군자도 법을 지키기 어렵게 되었으며, 빈관(貧官)들의 법을 어기는 것이 매우 심하게 되었다. 국가에 바치는 공물과 세금 이외로 거둬들이는 것에 백성들이 감내키 어렵게 만들었다.

다행히 의창(義倉-백성이 어려울 때 곡식을 대여하는 정부 곡식 창고)이 있는 고을에는 봄철에는 양곡을 대여했다가 가을에 거둬 드릴 때에 일 할을 증수하는데, 이 증수한 곡식인 모곡(耗穀)이라고 하는 것이 수령이 사용할 수 있는 통례가 성립되어 있다. 내 어리석은 생각이지만, 과감(科歛-세금 외에 거둬들이는 것)을 모조리 혁파하고, 한 해의 모곡(耗穀) 중 삼분지 일은 아속(衙屬)들에게 주고, 또 일부는 객사를 찾아오는 사람과 친구들의 접대용으로 쓰고도 일 분(一分)의

잉여가 있을 것이니, 이 방법이 가히 시행할 수 있을 것인지 알 수 없겠다."

라고 말씀하시며, 조헌에 취임하면 이 방책을 시험 삼아 시행 해보고 의논하기를 바랐다. 이미, 지방 수령과 아전들의 녹봉 문제는 조헌도 그 폐단을 인식하고 일정한 급여를 지급할 것을 8조소와 16조소에서 제안한 바가 있었다.

통진 현감으로 재직하며 조헌은 스승의 당부를 잊지 않고 백성들을 사랑하고 스스로 검소하며 옛 폐단을 없애기 위해 부단히 노력했다. 이로써 점차 이서(吏胥)는 두려워하고 백성들은 편히 살게 되었다. 그러나 뜻밖의 일로 모든 계획이 물거품이 되고 만다.

어느 날 권세를 믿고 모진 행패를 부리는 오만방자한 궁중 관노를 치죄하다가 그만 죽게 되는 일이 있었다. 이 일로 지방의 간사한 무리가 무고하여, 결국 누명을 쓰고 34세가 되던 1577년 겨울 달포를 구속되었다가, 인근 부평으로 귀양을 가게 되었다.

귀양 간 지 얼마 안 되는 이듬해 1월 24일에는 부친 응지공(應祉公)까지 세상을 떠났다. 그는 몇십 리 밖이 생가였으나 죄인의 몸이라 조상하지 못하고 애만 태웠다. 어머니를 일찍 여의고 가장 의지하던 아버지이다. 어찌할 수 없는 안타까움에 아침저녁으로 통곡하는 소리가 얼마나 비통하고 구슬펐던지, 듣는 이가 감동하여 울지 않는 이가 없었다고 한다.

7. 소고기를 보면 흘리는 눈물

조헌이 부평 귀양에서 풀려난 것은 1580년(선조 13년) 37세가 되던 해 4월이었다. 2년 남짓 귀양살이를 하는 동안에 믿고 의지하던 부친과 아끼고 사랑해 주시던 스승 토정(土亭) 선생도 세상을 뜨셨다. 인생에 큰 기둥과도 같았던 두 분을 유배 중에 잃었고, 죄인의 몸이라 문상도 하지 못하였으니 항상 가슴이 아팠다.

조헌은 지체할 겨를도 없이 고향 김포로 달려가 아버지 산소를 찾았다. 묘소에 엎드려 하염없이 눈물을 흘리며 임종도 지키지 못한 불효를 빌었다. 부친은 벼슬도 하지 않았고 집안도 가난하였으나 면학(勉學)과 수성(修省)의 도리(道理)를 가르치신 분이었다. 더구나 열 살에 어머니를 잃은 조헌에게 아버지는 더욱 소중한 존재였다.

식구들의 말이 '부친께서 임종할 무렵에 소고기를 먹는 것이 소원이라고 하셨다.' 그러나 집안이 가난하여 이를 해드리지 못했다는 식구들의 말에 안타까운 마음을 견딜 수가 없었다. 조헌은 그 후부터 소고기를 대하면 눈물을 흘렸고, 평생토록 입에 대지 않았다고 한다.

아버지의 묘소를 찾아뵌 그는 곧 토정 선생의 묘소가 있는 보령으로 떠난다. 토정은 조헌을 가장 아끼고 사랑해 주신 스승이었다. 조헌이 통진 현감으로 있을 때 먼 길을 찾아와서 시정을 논하고 많은 가르침을 주셨고, 유배 중에는 아버지가 돌아가시자 김포 생가를 찾아 문상도 하셨다.

토정 선생은 조헌이 홍주목 교수로 있을 때 처음 찾아뵙고 사제관계를 맺었으며, 선생과 더불어 민폐의 구제책과 경세책(經世策)에 대해 흉금을 털어놓고 토론을 거듭했다. 당시 사람들이 조헌을 잘 모르고 평하기를 사리에 어둡고 어리석으며 재주가 적고 쓸 만한 것이 없다고 할 때에도, 토정은 초야에 묻힌 인재로는 쓸 만한 재주를 가진 사람은 조헌뿐이라고 말했다.

어느 날 토정 선생과 지리산에 간 일이 있었는데, 조헌이 토정 선생의 모든 언행과 일거일동에 탄복하여, 어느 것 하나 가르침 아닌 것이 없다고 했다. 이에 토정 선생이 사람들에게 이르기를

"사람들은 중봉의 스승이 나인 줄 알지만, 중봉이 정말로 내 스승이라는 것을 모르고 있다."

라고 했으니, 토정과 조헌의 각별한 관계를 짐작할 수가 있다. 그런 스승을 생각하면 지난날이 그립기도 하고 한없이 송구하기도 했다. 토정 선생의 묘소에 엎드린 조헌은 눈물을 흘리며 제사를 올렸다.

제 토정 선생 문(祭土亭先生文)

후학 은천(銀川) 조헌은 토정 선생의 영전에 감히 밝게 고하나이다. 아! 선생께서 살아계실 때는 나라와 백성이 의지하였으며, 도(道)가 부칠 바 있었고 선비들이 돌아갈 바가 있었습니다. 그러나 이제는 선생께서 작고하신바 나라에는 삼강(三綱)의 기둥이 없어졌고 백성들은 사유(四乳-문왕)와 같이 희망하던 뜻을 잃었습니다. 도(道)는 고요하고 쓸쓸하게 되었으며, 후학들은 향하여 갈 곳이 없게 되었습니다. 헌(憲)같이 어리석은 자로써 의문이 있으면 어디에다 질정(質正)하며 죄과가 있으면 누가 경계하여 주겠습니까. (중략)

아! 선생은 겨우 이 정도를 사시고 마셨습니다. 우매한 헌(憲)은 소호에서 늦게사 선생을 뵈었습니다. 그때 선생께서는 저를 권하여 힘쓰게 하여 주심에 너무도 부지런하셨고, 여러 차례나 저를 찾아 주심에 조금도 거리낌이 없었습니다. 명승지를 저와 함께 가셨고 멀리 두류산으로 은사를 방문도 하였습니다. 저를 이끌고 다니실 때 선생의 동정과 언행은 모두 처세(處世)의 교훈을 암시하여 주시었습니다. (중략)

아! 슬프다. 시변이라 할까, 아니면 천명이라 할까요. 사방을 둘러보아도 지극한 말 한마디 들을 곳이 없습니다. 선생의 묘소를 둘러보니 풀뿌리가 얽혀있습니다. 선생님을 다시 받들 길이 없어 통탄할 생각을 견디지 못하겠습니다. 아무리 통탄하고 사모를 하여도 소용이 없군요. 한마디 거친 제문으로 영영 이별을 고하옵고 닭고기와 술을 올려 저의 조그만 정성을 표하오니, 아! 선생은 저의 마음속에서 우러나오는 참된 정을 감촉하시옵소서.

8. 해주 석담(石潭)에서 율곡 선생과 보낸 가을

토정 선생 묘소를 찾아뵌 조헌은 서천의 명곡서당(鳴谷書堂)으로 발길을 돌렸다. 서천은 과거 홍주목 교수로 있을 때 분교관을 겸했던 고장이다.

날이 저물어 점사(店舍)에서 머물게 되었다. 조헌이 머무르는 방에 선비 한 사람이 묵어갈 생각으로 들어오는 것이었다. 가만히 보니 용모가 뛰어난 것이 보통 사람 같지는 않았다. 그는 이생(李生)이라는 선비였는데, 조헌의 초라한 행색을 보고는 다른 곳으로 가려고 일어섰다. 그때 조헌이 그를 불렀다.

"이 집도 꽤 넓으니, 하루를 같이 지내는 것도 무방하오."

그 말에 가던 걸음을 멈춘 이생은 다시 돌아와 머리를 조아려 성명을 묻고 한 방에 머물게 되었다.

저녁이 되자 조헌은 종을 불러 관솔불을 밝히고 행낭에서 책을 꺼내 의관을 정제하고 단정히 앉아 밤이 깊도록 책을 보았다. 이생이라는 사람이 선비로서 가히 이야기할 만하다고 여긴 조헌은 『격몽요결(擊蒙要訣)』을 꺼내 보이며 이를 본 적이 있느냐고 물었다. 그가 본 적이 없다고 하자, '수신(修身)과 요체(要諦)가 여기에 갖추어져 있어서 선비로서 이 책을 읽지 않으면 안 된다'라고 말했다. 그러자 이생이 송구한 마음으로 경청했다. 조헌은 행낭에서 종이를 꺼내 밤새도록 베껴서 책을 만들어 이생에게 주고 새벽닭이 울 무렵에야 자리에 누웠다.

그로부터 이생이 며칠 동안 조헌을 동행하게 되는데, 한 시도 책 보기를 멈추지 않았고 수기독행지사(修己篤行之事)가 아닌 것이 없었다. 이생이 조헌 선생의 말에 실린 것을 살펴보니 모두가 책과 관솔뿐이었다.

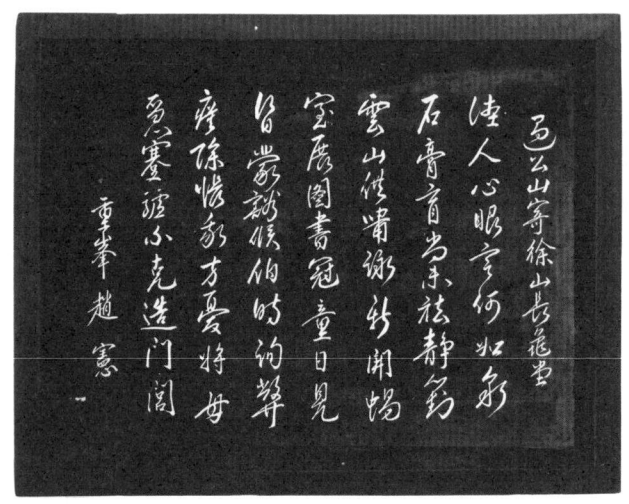

중봉 선생 친필

명곡서당에서 한동안 강학을 하고 여름이 지날 무렵에 김포로 돌아온다. 김포로 돌아온 그가 다시 해주 석담(石潭)으로 향한 것은 가을이 될 무렵이었다. 석담에는 그가 가장 존숭 하는 율곡 선생이 계셨다. 율곡 선생은 그가 홍주목 교수로 있을 때 토정 선생의 권유로 찾아뵙고 사제의 연을 맺게 되었다. 그동안 많은 가르침을 받았고 통진 현감으로 나갈 때에는 특별한 당부의 말씀도 주신 바가 있었다. 율곡 선생은 조헌의 사상 형성에 가장 큰 영향을 끼친 인물이다. 그는 율곡을 계승한다는 의미로 자신의 호(號)를 후율(後栗)이라 정하고 그를 존숭했다.

  조헌은 여러 달 동안 석담에 머물며 율곡 선생으로부터 가르침을 받는 한편, 유생들에게 강론도 했다. 어느 날, 율곡 선생과 여러 사람이 호연정(浩然亭)에서 시를 주고 받았다.

  율곡 선생이 "대중(大仲), 여식(汝式), 여러 사람과 호연정에 올랐다(与大仲汝式諸君登浩然亭)"라는 제목의 시를 지었다.

相携地上仙	지상의 신선을 서로가 부여잡고
坐弄滄海月	둘러앉아 창해(滄海)에 달빛 희롱하니
秋光滿上下	가을 경치 천하에 가득하여
萬景皆淸絶	만경이 모두 절승(絶勝)이로다.
神飈吹嫋嫋	맑은 바람 산들산들 불어오는데
玉笛雲衢徹	피리소리 구름 가에 사무치누나
臨觴忽惆悵	잔을 들고 슬픈 생각 금치 못함은

美人天一來 저 하늘가에 우리 님이 계시겠기에

  이에 조헌은 율곡 선생의 시에 운을 받아서(浩然亭次栗谷先生)" 시를 지었다.

煙島乘桴晚 노을 진 섬 저물어 뗏목을 타니
結亭高圧巓 새로 지은 정자가 산마루를 눌렀네
潮声洲外壯 조수 소리 섬 밖에 웅장하고
松影水中懸 소나무 그림자는 물속에 달렸도다

岫色青連海 멧 뿌리 푸른빛은 바다에 닿은 듯하고
風光爽満天 맑은 바람 기운은 하늘에 가득 찼네
襟懷方丈闊 가슴속이 방장산같이 넓었으니
何處更求仙 어디서 다시 신선을 찾을까

  석담에서 율곡 선생과 몇 달을 보낸 조헌은 다시 고향으로 돌아온다. 떠나올 때는 율곡 선생이 호연정까지 나와서 시를 지어 배웅하였고, 황해도 관찰사 이해수(李海壽)도 나와서 배웅해 주었다.

9. 도사 조헌과 관찰사 정철

  그다음 해 1581년(선조 14년) 조헌의 나이 38세 때, 공조좌랑(工曹佐郎)에 임명되었다가 얼마 되지 않아서 전라도사(全羅都事)로 부임한다. 도사는 관리의 감찰과 규탄 등의 일을 맡아보는 직책이었다.

그가 먼저 한 일은 백성들에게 지극히 가혹하다고 생각하는 연산조(燕山朝)에 만든 공물의 품목을 정한 공안(貢案)을 혁파할 것과 율곡의 외롭고 위태함을 논하는 소(疏)를 임금에게 올리는 것이었다. 그러나 이에 대한 임금의 비답은 없었고 받아들여지지도 않았다.

어느 날 도원(陶原)에서 여러 선비와 노닐던 조헌은 즉흥시를 읊는다.

    靜裏冥觀萬化源　가만히 만화(萬化)의 근원을 살펴보니
    一春生意滿乾坤　봄 속에는 삶의 뜻이 가득하구나
    請君莫問囊儲乏　묻지 말게 그대들 주머니에 가진 것 적다고
    山雨終朝長菜根　산에 비 그친 아침이면 나물뿌리 자란다네

    坐見閒雲度遠岑　한가로이 먼 산봉우리를 넘는 구름 보며
    俯聽溪曲有淸音　맑은 시냇물 소리 굽어 듣는다
    幽居莫恨無人識　그윽한 삶을 남들이 모른다고 한하지 마라
    千古仁賢獲我心　천고의 어진 사람에게서 나를 찾는다네

전라도 도사로 내려온 지 얼마 지나지 않아 송강(松江) 정철(鄭澈, 1536~1593)이 전라도 관찰사로 부임하게 되었다. 조헌의 정철에 대한 인식은 대단히 좋지 않았다. 친교를 맺고 있던 이발(李潑), 김우옹(金宇顒), 최영경(崔永慶) 등이 한결같이 말하기를 정철은 인간 됨됨이가 소인일 뿐만 아니라 흉험한 인물이어서 그와 함께 일하기가 힘

들 것이라고 비방하는 말을 믿었기 때문이다.

　정철이 관찰사로 부임한다는 소식을 들은 조헌은 전라감영에서 떠나려고 짐을 싸기 시작했다. 벼슬을 버릴지언정 소인배와는 같이 할 수 없다는 것이 그의 생각이었다. 정철이 전라감영에 도착할 무렵에는 조헌은 이미 전주를 떠나 삼례를 지나고 있었다. 감영에 도착한 정철은 사람을 보내 '도사(都事)도 사무를 인계해야 할 일이 있는데, 이토록 바삐 떠날 수는 없지 않으냐,'라고 하니 조헌은 하는 수 없이 전주 감영으로 되돌아왔다.

　정철이 술자리를 정중히 마련하고 조헌과 마주 앉았다.

　"도사께서 나를 흉험한 인물이라고 하여 같이 일을 할 수 없다고 떠나려 하셨다는데, 그게 사실이오?"

　"그러하옵니다."

　"도사와 나는 아직 서로를 모르고 지내온 처지인데, 어찌하여 내가 흉험하다는 것을 알겠소. 열흘이고 한 달이고 같이 일을 하면서 정상을 살핀 후, 사실대로 내가 흉험하다는 것을 알고 난 다음에 나를 버리고 떠나도 늦지 않을 것이오."

　하고 정철은 조헌에게 같이 일할 것을 간곡하게 말했다. 그러나 그는

　"내 뜻은 이미 정한 바가 있습니다."

　하고 정철의 요구를 완강히 뿌리치고 끝내 전라감영을 떠나고 말았다.

　정철은 이 사실을 조헌의 스승인 우계 성혼과 율곡 이이에게 알리고, 그를 자기와 함께 일할 수 있도록 도와 줄 것을 부탁했다. 조헌으로서는 비록 정철이란 인물이 그의 마음에 들지 않는다 해도 스승의 명을 거역할 수는 없었다. 결국 두 스승의 권유에 못 이긴 조헌은 다시

전주 감영으로 돌아온다.

  그렇다고 정철에 대한 마음이 달라진 것은 아니었다. 정철은 본디 술과 풍류는 즐기는 사람이었다. 임지에 있으면서도 술과 풍류는 여전하였다. 조헌은 그것이 못마땅하였다. 어쩌다 정철과 술자리를 함께 할 때면 늘 말하기를

  "수령이라는 자들은 백성의 고혈(膏血)을 빨아 자기 뱃속이나 주머니를 채우는 데 급급할 뿐이고, 더러는 그것을 가지고 자기 상관에게 아첨하기가 예사이며, 감사(監司)라고 하는 자는 백성의 즐거움과 슬픔은 생각하지 않고 오직 술이나 마시는 것을 직책으로 삼으니, 이것이 백성의 피를 빨아먹는 것과 무엇이 다를 게 있는가."

  하고 책망했다.

  어느 날 조헌이 관찰사 정철과 강진(康津) 지방을 순시할 때 파도 소리 들리는 바닷가 누각에서 자리를 함께한 적이 있었다. 이 누각은 바다 입구에 자리 잡고 있어서 호남의 경관으로 이름이 나 있었다. 관찰사 정철이 왔다는 소문을 듣고 꽤 많은 사람이 모여들었다. 곧이어 주연이 베풀어지고 분위기가 무르익어갔다. 그러나 조헌은 술을 입에도 대지 않았다. 이때 정철이 술잔을 주면서

  "오늘은 경치가 아름다워 술을 마실만한데, 왜 한사코 사양하시오."

  하면서 적극적으로 술을 권했다. 조헌은 아무런 대답도 하지 않은 채 잔을 뿌리치고는

  "어떻게 백성의 피를 먹을 수 있겠습니까?"

  하며 그는 끝내 술을 입에 대지 않았다. 결국 정철도 조헌의 고집을

꺾지 못했다. 뒷날 정철이 해남현(海南縣)의 지인을 방문하게 되었는데, 주인이 그를 위하여 술자리를 마련했다. 이때 정철은 술에 취하여 이런 시를 지었다.

傍人莫笑酩酊醉　주위에 임자들 내가 취했다 웃지 마오
此酒應非赤子血　이 술은 백성들의 피가 아닐세

이는 일찍이 조헌이 정철에게 술을 먹지 말라고 충고하며, 수령이 된 자가 마시는 술은 백성의 피라고 말한 것을 풍자한 것이다. 그러나 날이 갈수록 서로의 진심을 알게 되면서 두 사람의 관계는 점차 교분이 두터워져 갔다. 후에 조헌은 '내가 처음에는 타인으로 인하여 잘못 하였으면 공을 잃을 뻔했다'라고 진심으로 정철에게 사과했다고 한다. 이 일로 인하여 친교가 있었던 김우옹 등과는 틈이 벌어지게 되었다.

그 시대에는 동서 당쟁으로 분열이 극심하였다. 율곡은 이를 융합하려고 노력하였으나 오히려 서인으로 몰리는 등 당쟁은 날로 격렬 해 가고 있었다. 조헌은 전라도사로 있으면서도 스승이 처한 어려운 현실이 안타까워 율곡 선생에게 한 수의 시를 지어 보냈다.

氷炭元難合　얼음과 불은 본디 합칠 수 없으니
朱林豈相調　주자(朱子)와 임률(林栗)이 어찌 화합 하리오
大老思渭上　대로(大老)께서 위수(渭水)에 뜻을 두시니
陽道恐漸消　군자의 도(道)가 사라질까 두렵습니다

조헌이 전라도사로 있던 기간은 남쪽 지방의 사정을 익히는 중요한 기회였을 것이다. 각 고을을 다니며 백성들의 삶을 가까이서 직접 볼 수 있었고, 남쪽 지방의 지리를 소상히 살펴보고 익혀둘 수도 있었다. 그때 강진 땅 만경루(萬景樓)에서 지은 시 한 수가 있다.

岡巒如画水如湾　그림 같은 산과 언덕에 물은 굽이져 흐르고
湖界蒼茫一望間　호수는 아득히 한눈에 들어오네
恰似重峯三月暮　큰 산봉우리는 삼월의 저녁 같은데
臨江遙対両京山　강가에서 멀리 양경산을 마주하네

10. 보은 현감 자청과 파직

전라도사(全羅都事)의 임기를 마친 조헌이 종묘령(宗廟令)으로 전임되어 한양으로 다시 돌아온 것은 1582년(선조 15년) 39세 때이다.

전주에서 한양으로 오는 길목에 공산(公山 공주)이 있다. 공주에는 고청(孤青) 서기(徐起, 1523~1591)가 계룡산에서 서원의 원장으로 강학을 하고 있는 곳이다. 서기는 비록 천한 신분의 출신이었지만, 제자백가(諸子百家)에 통달하고 실용적 학문에 힘쓰는 분이었다. 조헌은 이러한 서기를 경대하며 교우하고 있었다. 아마, 시의 내용으로는 서기가 심장병을 앓고 있던 것으로 보인다. 그는 시 한 수를 지어서 차마 들르지 못하고 지나치는 심정을 전했다.

德人心眼定何如　덕 있는 사람의 육안이 어떻게 정해졌기에

泉石膏肓想未祛　천석(泉石)으로 고황(膏肓)을 없애지 못하는가
諍対雲山供嘯咏　고요히 마주하는 구름 산 휘파람 불고 읊조리며
新開蝸室展図書　새로이 방문을 열고 책을 펼치누나

冠童日見昏蒙豁　어른과 어린 학생들은 날로 어리석음이 열리고
侯伯時詢弊瘼除　고을 원님도 때때로 폐해 없앨 방도를 묻네
悵我方憂將母急　슬프게도 나는 막 어머니의 급한 일이 근심되어
蹇驢不克造門閭　저는 나귀타고 서당 문에 나아가지 못하네
　　*고황(膏肓) : 심장과 횡경막사이에 생기는 병

다시 조정으로 돌아온 그에게 종묘를 관리하는 종묘령에 보임 되었다. 그러나 그는 곧 외직으로 나갈 것을 요청한다. 계모를 모신다는 이유였다. 10살 때에 어머니를 잃었고 부평에 유배되었을 때 부친이 세상을 뜨신 뒤로는 홀로 되신 계모를 지성으로 모시고 있었다.

외직을 요청한 조헌에게 충청도 보은 현감(報恩縣監)을 제수했다. 한양에서 멀리 떨어진 궁벽한 고을에 아무 연고도 없는 고장이었다. 그가 일찍이 홍주목 교수를 지냈으니 충청도는 두 번째 근무지만 보은은 생소한 지방이다. 그가 보은에 내려온 것은 8월이었다. 그가 이런 인연으로 자신이 충청도에서 일생을 마칠 것을 짐작이나마 하였을까. 보은 현감으로 내려온 그는 곧바로 백성들의 살림살이를 살펴보고 그 어려운 실정을 적은 상소를 준비하였다. 그러나 무슨 까닭인지 조정에는 이를 올리지 않았다. 다행히 그 상소가 남아 있어서 당시 백성들의 어려운 삶과 고통을 짐작하게 하고, 이를 바라보는 그의 안타까운

심정도 살펴볼 수가 있다. 이것이 1582년 8월에 쓴 의상소(擬上疏)인데, 그 내용 중에서 몇 부분만을 여기에 제시한다.

"오늘날 수령된 자는 모두가 칠사(七事), 즉 농상(農商)을 성하게 하고, 호구(戶口)를 증가시키며, 학교를 일으키고, 군정(軍政)을 닦으며, 부역(賦役)을 고르게 하고, 사송(詞訟-민사 소송)을 간결하게 처리하고, 간사한 무리들을 없이 하는 것을 능히 할 수 있다 하나, 신의 생각으로는 한 가지도 능한 것이 없습니다."

라고 하였는데, 그의 눈에는 칠사(七事)를 제대로 수행하는 올바른 관리가 하나도 보이지 않는다면서 지방 수령들의 무능과 학정을 지적하고자 하였다.

"오늘날에는 가난한 백성이 많고 또, 송곳을 꽂을만한 땅도 갖지 못했는데, 일 년에 부역에 종사하는 날이 거의 한 달이 넘고, 사소한 대출 양곡은 낭비가 많아 농량(農糧-양식)을 능히 이어가지 못하여 많은 백성이 추위와 굶주림에 있는 까닭입니다."

"남자는 겨우 기저귀를 면하면 곧 군정(軍丁)에 보충되고, 한 집안에 부과되는 부역이 많아 이미 견딜 수가 없습니다. 더구나 세금을 중복해서 징수하는 화환(禍患)으로 농토와 집을 모두 팔아도 지탱할 수가 없어서 떠돌아다니는 백성이 날로 늘어나고 동리는 쓸쓸해져 갑니다."

"경비(經費)는 날로 늘어나서 부세의 원 수입은 비록 가감이 없으나 경미(粳米, 멥쌀) 1석을 상납하려면 반드시 포목 삼십 필을 인정(人情

-벼슬아치에게 주는 선물이나 뇌물)으로 쓰게 되고, 황두(黃豆-누런 콩) 1석 대신에 쌀 15석을 징수하며, 관리의 녹봉을 맡은 광흥창(廣興倉)에 정포류는 3배, 기타의 공물도 진상하는 것 이외에 인정비(人情費)라고 하여 중간에서 소비하는 것이 원수(元數-원래의 수량)의 10배를 넘어, 조그만 고을에서 변상하는 것이 큰 고을 못지않으니, 백성들은 그 고통을 감내하지 못하는 실정입니다."

"또, 서리(胥吏)들은 안으로는 제사(諸司)와 밖으로는 주·현(州縣)에 이르기까지 한 푼의 구전도 없이 관역에만 장구한 세월을 종사하니, 그들은 의식 대책을 마련하기 위하여 백성을 침해하고 공사(貢使)를 박탈하고 있습니다."

조헌은 백성들의 부역이 과다하고, 한 집안에 남자는 군정(軍丁)에 나가야 일이 많아서 농업과 양잠이 일어나지 못하고, 떠도는 백성이 날로 늘어만 가고 있으며, 선비의 풍습과 민속은 날로 야박하고 모질어 가는 형편을 한탄하였다. 특히, 세목에도 없는 인정비란 뇌물을 지나치게 많이 요구하는 아전들의 공공연한 횡포로 백성들을 괴롭혔다.

이러한 폐단의 근본적인 원인이 관아에 속해있는 서리(胥吏)들에게 있다는 것을 그는 오래전부터 알고 있었다. 관아의 수령은 재임 기간이 단기이고 실정이 어두운 반면에, 서리들은 오랜 기간 근무한데다가 급료를 보장받지 못하기 때문에 관(官)을 속여 농간을 부리고, 백성을 협박해서 곡식과 재물을 훔치는 폐단이 계속되는 것이었다.

그러므로 부역을 고르게 하여 간사하고 교활한 서리들이 중간에서 어지럽히지 못하게 하고, 학문과 교육을 밝게 하시어 부화(浮華 겉은 화려하나 실속이 없음)의 폐습을 지양하고, 덕을 숭상하는 선비를 등용할 것이며, 백성과 더불어 고락을 같이하여 도리를 극진히 하고, 수령들을 자주 바꾸는 폐단을 제거하고, 요역(徭役-장정에게 부과하는 노동)을 줄이고, 정치를 청렴하게 할 것을 상소하고자 함이었다.

이 의상소(擬上疏)가 비록 임금에게 닿지는 않았으나, 그는 사회적 폐단을 직시하고 이를 고쳐서 백성들의 고충을 덜어주려는 뜻을 느끼게 된다.

이후에도 보은 현감으로 재직하며 상소를 올렸는데, 백성의 질고(疾故)를 논하고 사육신을 정표할 것과 왕자들이 사치를 금할 것을 청하는 내용이었다.

보은 현감에 부임하고 1년이 지나서 조헌은 반대 세력의 모함에도 불구하고 다시 재임하게 되었다. 가을에는 이산보(李山甫, 1539~1594)가 임금의 명을 받고 경차관(敬差官)으로 호서지방의 민정을 살피고 돌아갔다. 경차관이란 필요에 따라서 국방, 외교, 재정, 산업 등 모든 분야에 걸쳐 특수임무를 띠고 지방에 파견하는 관리이다. 지방의 재산 손실이나 자연재해로 인한 피해 등에 관한 실태를 파악하기 위해서는 매년 파견하였고, 때로는 호구 증대, 토지 개간, 농업의 제고, 수령권의 남용, 부정과 침탈 등의 민원을 파악하기 위해서도 파견하였다.

선조가 경차관 임무를 수행하고 돌아온 이산보에게 물었다.

"호서에 치적이 있는 수령이 누구더냐?"

이산보는 선조의 물음에

"신이 살펴본 바로는 충청우도에는 별로 잘 다스리는 수령이 없고, 좌도에 보은 현감으로 있는 조헌이 백성을 다스림이 제일이라 하옵니다."

라고 대답했다. 조헌의 백성을 사랑하는 마음은 이미 상소에서 잘 나타난 바가 있다. 백성들의 평안을 위해 골몰하는 그의 진심이 다소라도 임금에게 전해졌다는 것은 매우 다행한 일이었다.

조헌은 일찍이 통진 현감을 경험했고 전라 도사를 거치며 백성들의 실태를 자세히 확인한 바가 있었다. 더구나 가난한 환경에서 자랐기 때문에 백성들의 고충을 누구보다도 잘 이해하는 관리였다. 이산해가 본 조헌의 치적에 대한 평가는 정확했고 선조도 그렇게 믿었던 것으로 보인다.

조헌이 재임되어 임기를 다 하기도 전에 그를 미워하는 무리의 모함으로 산골 현감 자리마저도 위태롭게 되었다. 사간원(司諫院)에서 조헌을 모함하는데 앞장을 섰다. 1583년(선조 16년) 겨울, 사간원 정언(司諫院正言) 송순(宋諄) 등이 임금에게 아뢰었다.

"보은 현감 조헌은 어리석고 망령된 자로 각박하게 일을 처리하여 백성들이 많이 흩어지고 있습니다. 파직시키소서."

이에 임금이 답하기를

"앞서 이 사람이 백성을 잘 다스린다고 들었다. 이와 같은 사람은 쉽게 얻을 수 없다. 윤허하지 않는다."

하고 이를 허락하지 않았다. 조헌은 여러 번 고을을 잘 다스리는 치적(治績)으로 알려졌다. 그러나 그는 성품이 강직하고 과감하여 시류(時流)에 부합하지 않았다. 이때 사사로운 감정을 가지고 있던 사간원 정언 송순(宋諄) 등이 조헌을 혐의하고 꺼려하여 공격하는데 적극적이었으나 임금이 끝내 윤허하지를 않았다.

1584년(선조 17년) 정월에 조헌은 뜻밖의 비보를 듣는다. 스승 율곡 선생이 세상을 뜨신 것이다. 자신의 호를 후율(後栗)이라 지을 만큼 존경하고 의지하는 스승이었다. 그의 학문적 사상은 율곡에서 받은 것이다. 그러나 문상을 가지 못하는 안타까운 마음으로 우위(虞位)를 베풀고 곡을 하는 것으로 대신했다. 이때 율곡 선생의 죽음을 애도하는 만시(挽詩)를 짓는다.

晚栗谷先生　율곡 선생 만시

胡爲夫子便長休　어찌하여 선생께선 길이 쉬러가셨나
斯道斯民不幸秋　도(道)와 백성이 불행한 때로구나
弊瘼從今誰与議　민간 폐단을 뉘와 더불어 의논할 거며
危微自此罔攸求　마땅하고 옳은 학설 구할 길이 없구나
溪堂永夜憂時歎　밤새워 계당(溪堂)에 시국 걱정뿐이었고
海閣高談経世謀　해각(海閣)에서 이야기도 경세(経世)할
　　　　　　　　　계책이었지
萬事悠悠嗟已矣　지나간 일 생각해야 어쩔 수 없건만
愚蒙増痛喪交修　어리석은 나로서는 더욱 슬퍼합니다

율곡 선생이 세상을 뜨시자 당쟁은 날로 극심해지고, 조헌에 사사로운 감정을 가진 대간들의 모함은 여전히 그치지 않았다. 전부터 중상모략이 있었으나 선조의 힘으로 간신히 유지했는데, 스승인 율곡 선생이 세상을 뜨자 조헌도 파직을 면치 못하게 되었다. 그해 겨울, 또다시 간관(諫官)이 파직을 들고 나오자, 선조는 결국 조헌을 파직하라고 허락하게 된다.

11. 관직을 버리고 옥천 산골에 은거하다

대간(臺諫)의 모함을 받은 조헌이 보은 현감에서 파직된 것은 1584년(선조 17년) 41세가 되던 겨울이었다. 관직을 떠나면서 그는 세상을 등지고 조용히 살고 싶었다. 그래서 은둔지로 선택한 곳이 보은현(報恩縣)과 회인현(懷仁縣)이 접경한 옥천(沃川) 안읍(安邑) 도래밤티(栗峙)라는 인적 없는 으슥한 산골이었다. 현재의 행정구역으로는 옥천군 안내면 용촌리로 면소재지에서 도율리 고개를 넘어 십여 리 떨어진 산골이다. 그가 지은 상량문에 의하면 "곁에는 사원도 없고 실가는 멀도다"라는 기록에서 사람이 살지 않는 깊은 산골 외딴 지역임을 짐작할 수 있다. 지금도 궁벽한 이곳이 당시에는 어떠했을지 알만하다.

그는 맑은 물이 흐르는 작은 하천 위의 아늑한 곳에 식구들이 거처할 움막을 짓고 그 아래에 후율정사(後栗精舍)를 짓는다. 청렴하게 살아온 그에게 조그마한 정자 하나를 짓는 일도 힘에 부쳤다. 그는 후율정사 상량에 "정암충효퇴계학일맥소소석담(靜庵忠孝退溪学一脈昭昭石潭)"이라고 썼다. 정암 조광조의 충·효와 퇴계 이황의 학문이 일맥을 이루어 율곡으로 이어져 왔음을 이른 것이다. 자신이 곧 율곡의 뒤를 이어오고 있다는 사실을 밝히고 싶었을 것이다.

  그가 지은 상량문의 전문이다.

    "봉산(蓬山)의 북쪽 노악(老嶽)의 한 가닥이 남쪽으로 굽어 내렸도다. 하나의 원천(源泉)은 도도한 물결이 되어 바다를 연결했고, 네 개의 우뚝 솟은 산봉우리는 울울한 숲이 하늘을 가렸도다. 산골짜기 깊숙하여 비록 살 수는 있겠으나, 너무 황적(荒寂)하여 풍교(風敎 풍화)가 없을까 걱정되도다.

  또한 물과 땅은 좋으나 오래 으슥했으니, 사람들은 재지(才智)를 안고 거의 고락(枯落)했도다. 우물을 파서 마시고 밭 갈아 먹으니, 임금은 멀리했으나 어버이를 근심 없게 했도다. 태고시대의 순박(淳朴)함은 비록 가상(嘉尙) 하나 풍속(風俗)을 교화(敎化)하는 서륜(胥淪)이 두렵도다.

  자제(子弟)들이 견문이 없으니 부모들이 크게 근심하도다. 나의 천(賤)한 자취는 이곳에 우거(寓居) 하노라. 그러나 자신이 이미 혼우(昏愚)하니 사람들을 깨우치지 못하는 것이 부끄럽고, 벗들이 늘 찾아오건만 성의(誠意)를 다하지 못했도다. 두세 개의 서까래를 바위에 걸쳤으니 여러 사람이 같이 살 수 없는 것이 민망하도다.

  곁에는 사원(寺院)이 없으며 주위의 실가(室家)는 멀도다. 오직 인재의 양성에 뜻을 독실(篤實)히 했으며, 후생(後生)들을 이끌어 도와주는 긍분(矜奮)을 위하여 서제(書齊)를 세우게 되었도다. 산기슭에 서 있는 이 모옥(茅屋)은 오직 비바람의 표요(飄搖)를 막았도다. 건립할 때는 재력이 궁핍하여 온갖 곤란을 겪으면서 일을 이루게 되었다. 그뿐만 아니라 눈으로 보고 마음으로 느끼는 바에 오는 선비들이 계속 있게 되었으니, 어른과 아이가 모두 기쁜 경사를 함께하리라."

후율당(後栗堂)

　후율정사의 정확한 위치는 알려지지 않으나 사람들은 조헌이 하늘을 보고 미래를 점쳤다는 관천석(觀天石)에 세운 유상지석(遊賞之石)에서 가까운, 지금은 폐교가 된 용촌 초등학교 부근으로 추정할 뿐이다. 후에 후율정사는 이설의 과정을 거치며 지금은 안내면 도이리에 후율당(後栗堂)이란 이름으로 충청북도 지정문화재로 관리되고 있다.

　사람들은 중봉 조헌이 첩첩산중의 밤티를 선택한 이유에 대하여 오지라서 은거하기에 좋은 곳이기도 하고, 자신의 선조들이 살던 배천(白川)의 율원(栗原)이라는 지명과도 유사해서라고도 한다. 그의 선조들은 황해도 배천 율원(栗原) 치악산(雉嶽山) 근처에 살았다. 그리고 그가 존숭하는 스승의 호가 율곡(栗谷)이란 영향도 있었을 것이다.

　조헌을 이곳 뒷산을 중봉(重峰)이라고 불렀는데, 그가 태어난 김포 감정리 생가가 바로 중봉산(重峰山) 기슭에 있었으니 어린 시절을 보낸 고향의 추억과 무관하지는 않은 것 같다. 후에 사람들이 조헌 선생을 중봉(重峯)이라고 부른 것 또한 이러한 사연과 연관이 있는 것이다.

그는 이곳에서 학덕 있는 선비들과 교류하고 지내면서 늘 학문을 닦는 일에 조금도 게을리하지 않았다. 한편으로는 가끔 밭에 나가서 동복(童僕)의 하는 일을 돕고 보살피기도 하며 자연과 노니다가 돌아오고는 했다.

12. 용촌리에 남은 선생의 흔적들

세상을 떨치고 도래밤티로 들어온 조헌 선생은 과연 안빈낙도(安貧樂道)의 삶을 찾으려 했을까. 도래밤티(현재 용촌리)에 안거한 그는 후율정사(後栗亭舍)를 찾아오는 선비들과 학문을 토론하고, 밭에 나가서 일도 거들며 한가로이 지냈다.

용촌리 주민이 중봉 선생이 살던 집터라고 가리키는 곳은 마을 끝 능선 밑에 있었다. 그곳으로부터 큰길 쪽으로 내려오다 보면 마을 입구에 선생이 마시던 우물이 있다. 잘 정비된 샘가에는 그 내력을 간략히 적은 작은 유래비가 서 있다, 지금도 일정한 수위로 맑은 물이 끊임없이 나온다는 '중봉 샘물'은 여전히 선생의 청빈하고 강직한 삶과 같이 투명하고 맑기만 하다.

우물에서 작은 도랑 건너에 선생이 천기를 본 관천석(觀天石)이 있고 중봉선생유상지석(重峯先生遊賞之石)이란 작은 비가 서 있다. 인봉 전승업 유고(仁峯全承業遺稿)에 "정사 가까운 곳에 기이한 바위가 있는데 대체로 3~4인이 앉을 수 있는 바위였다. 중봉 선생과 더불어 술도 마시고 시도 읊으면서 국사를 논하며 때로는 눈물도 흘리고, 밤에는 천문을 보고 왜구가 군사를 움직이는 징후를 관찰하였다." 라고 기록하고 있다.

이처럼 유서 깊은 유적이 문화재로 지정되지 않아서 아무도 돌보는 이가 없고, 어느 무심한 주민이 유상지석에 바짝 붙여서 2층으로 집을 짓는 바람에 가까이 가지 않으면 그 존재를 찾을 수도 없게 되었으니 안타깝기만 하다.

조헌 선생이 옥천 도래밤티에 정착하면서 여러 문인과 제자들이 선생 곁에 있었으나, 그중에서 가장 가까이 있으며 도운 사람을 꼽으라면 역시 인봉(仁峯) 전승업(全承業)이다. 팽령(彭齡)의 손자요, 엽(燁)의 아들로 1547년(명종 2년)에 태어났다. 명민하고 티 없이 순수했으며 충효와 문학으로 세상에 알려졌다. 전승업은 조헌이 금산 전투에서 순절할 때까지 항상 곁을 지켰다.

각신서당(覺新書堂) 현판

조헌이 밤티에 후율정사를 짓고 문인들과 학문을 토론하고, 시국을 논하면서 후학을 가르치기도 했다. 한편으로는 각신리(覺新里)를 왕래하며 후학을 양성하였으니, 2020년 12월 28일 보물 제2107호로 지정된 이지당(二止堂)이 조헌 선생이 강학하던 서당이다. 본래는 선생이 각신서당(覺新書堂)이란 친필 현판을 내걸었는데, 후대에 이르러 서당을 개축하면서 우암(尤菴) 송시열(宋時烈)이 선생을 존숭하는 뜻에서 이지당(二止堂)이라는 이름으로 바꾸었다. 이는 '산이 높으면 우러르지 않을 수 없고 큰 행실은 따르지 않을 수 없다'는 시경의 고산앙지(高山仰止) 경행행지(京行行止)에서 나온 것이다. 서당 입구 산비탈에 큰 바위가 걸쳐 있는데 여기에 중봉조선생유상지소(重峯趙先生遊賞之所)라는 글귀가 음각되어 있다. 이 또한 우암 선생이 남긴 것이다.

이지당(二止堂)

조헌은 이곳의 뛰어난 경치를 아주 좋아해서 선비들과 자주 어울렸다. 그가 지은 율원구곡가(栗原九曲歌)에 제3곡이 바로 이곳 각신서당 주변의 경치를 읊은 것이다. 인봉유고에 "자주 동지들과 같이 중봉선생을 따라 서정천(西亭川) 위에서 유람하며, 그곳의 절경에 취하여 배회하고 소요하면서, 매양 술잔을 들어 마시다가 술자리가 끝나기도 전에 국사를 근심하고 분하게 여기시어 서로 권면해서 정성을 다하여 상소를 올려 주상이 듣도록 하였고, 눈물을 흘리며 헤어졌다."는 기록에서 이곳의 뛰어난 경치를 선생이 매우 좋아했던 것을 알 수 있다.

조헌이 은거한 도래밤티(용촌리)는 일생에서 가장 중요한 일들을 도모한 곳이다. 그가 생전에 행한 중요한 업적의 대부분은 여기에 사시는 동안에 이루어졌다. 공주제독관에 기용되고, 임진왜란에 대비하라는 수많은 상소를 올렸고, 논시폐소(論時弊疏)를 지부상소(持斧上疏)하고 함경도 길주로 유배를 다녀왔다. 임진왜란이 일어나 의병을 일으켜 왜적과 싸우다가 순절하실 때까지의 역사적인 사건들 모두가 이곳에 사시는 동안에 이루어졌다.

13. 율원구곡가(栗原九曲歌)

조헌이 41세 되던 해 정월에 율곡 선생이 세상을 뜨시자 당쟁은 더욱 격화되고, 이에 연좌되어 보은 현감에서 물러난 그는 옥천 안읍 도래밤티 산중으로 거처를 옮겼다.

이곳에 들어와 공주제독(公州提督)에 제수되기 전까지 1년 동안은 새로운 삶에 충실하며 마음만은 편안하지 않았을까 싶다. 금강이 흐르는 옥천은 산천이 아름다운 고장이다. 명소를 찾아 주유하며 선비들과 시를 짓고 강학을 하면서 세월을 보냈다. 율원 구곡가(栗原九曲歌)는 이때 남긴 작품 중의 하나이다.

율원(栗原)은 본래 황해도 배천 치악산 아래 선조들이 은거하던 곳인데, 여기서는 그가 사는 안읍 율티(栗峙) 산중의 계곡 일대를 일컫는 것이다. 율원 구곡가((栗原九曲歌)에는 옥천의 금천계곡으로부터 서화천에 이르는 60리 절경을 담았다. 이 시는 조헌의 문집인 중봉집(重峯集)에 들어 있다. 제목이 유율원차무이도가운(遊栗原次武夷棹歌韻)으로 율원에서 노닐며 무이도가에서 차운하였다는 의미이다.

남송의 주자(朱子)가 복건(福建) 숭안현(崇安縣) 남쪽 무이산(武夷山)에 은거하면서, 아홉 구비 계곡을 노래한 10수의 시를 짓는다. 퇴계, 율곡 등 조선의 도학자들은 주자의 시에 화답하거나 차운하고, 자기가 강학하거나 살던 곳을 무이구곡에 모방하곤 하였다.

율원구곡가 역시 주자의 무이도가(武夷悼歌)에서 차운한 것으로 강호의 아름다움만을 노래한 것이 아니라 진실한 뜻은 도학의 성취 단계를 상징적으로 묘사한 것으로 보인다.

율원 구곡가는 모두 10수 구성되었으며 다음과 같은 서시(序詩)로부터 시작되는데, 본래 소제목들이 별도로 붙여진 것은 아니었다.

서시(序詩)

天成老嶽閟精靈　하늘이 만든 노악산에 만물이 그윽하니
嶽下泉流步步淸　산 아래 샘물 흘러 걸음마다 맑구나

行到栗原奇勝処　그 물이 율원에 이르러 빼어난 경치를 이루니
武夷須続棹歌声　모름지기 무이(武夷)의 뱃노래 이어 보리라

노악산은 지금의 보은 회남과 회북면에 걸쳐 있는 노성산(老城山)이다. 이 끝자락에 조헌이 거처하는 도래밤티가 있었다. 지금도 그곳에는 그가 판 우물에서는 맑은 물이 솟아나고 있다.

그는 율원의 기이하고 아름다운 곳에 도달하니 무이도가(武夷悼歌)의 노 젓는 소리가 이어진다고 읊었다. 중봉은 무이구곡(武夷九曲)과 같은 승경지에 율원구곡을 설정하고 시(詩)를 써서 주자(朱子)와 같은 생활을 실현하려고 한 것이다. 서시에서 이러한 점을 표명했다.

　　제1곡 창강(滄江)

一曲滄江有小船　일곡이라 창강에 작은 배 떠 있는데
發源南嶽作長川　남쪽 산에서 발원하여 긴 강을 이루었네
西帰錦麓因帰海　서쪽으로 금록(錦麓)을 돌아 바다로 흘러들어
碧浪應通洙泗烟　푸른 물결 응당 안개 낀 수사(洙泗)로 통하네

제1곡 창강(滄江)은 옥천군 군서면 금산리 일대의 계곡이다. 남쪽 산에서 발원하여 내를 이루었다. 서대산에서 흘러온 물줄기가 금천으로 흘러들었고, 여기저기에 기암괴석을 이루고 있으며, 금강으로 들어간 물은 서쪽 바다로 합류한다. 그곳에서 공자가 나시고 제자를 가르쳤다는 중국 산동 곡부를 흐르는 강 수사(洙泗)에 이른다고 했다.

수사는 수수(洙水)와 사수(泗水)가 합쳐진 강이다. 창강의 물길이 바다로 흘러들고 그 물은 결국 사수의 물과 이어진다는 사실을 강조하였다. 이는 공자의 학문을 일컫는 것으로 조헌은 자신의 학문이 공자의 유학을 계승했다는 뜻을 담고자 한 것이다.

제2곡 장현봉(獎峴峰)

二曲岊嶤獎峴峰	이곡이라 우뚝 솟은 장현봉
千巖万壑淡秋容	수많은 바위와 골짜기 가을 모습 맑아라
西台望了因瞻北	서대산을 바라보다 북쪽을 우러르니
緬想蓬萊翠萬重	만 겹 멀리 봉래산 푸른 봉우리 생각나네

제2곡은 장현봉(獎峴峰)으로 군서면에 있는 장용산 또는 장령산(葳靈山)이라고도 한다. 수많은 바위와 깊은 골짜기에 가을빛이 물들었다. 서대산을 바라보다 북쪽을 우러르면, 봉래산(蓬萊山-금강산)을 생각나게 한다. 그만큼 장현봉의 산세와 풍광이 금강산처럼 아름답다는 것을 읊은 것이다.

제3곡 임정(林亭)

三曲林亭小似船	삼곡이라 숲 속의 정자 작은 배와 같은데
一隣茅屋自何年	언제부터 초가집 하나 이웃했나.
人攜棗栗呈新釀	사람들이 대추와 밤에 새 술을 가져오니

老守風流爾亦憐　늙은 태수의 풍류 그 또한 아름다워라

　제3곡 임정(林亭)이다. 지금의 군북면 이백리 이지당(二止堂) 부근이다. 작은 정자가 허공에 떠 있는 듯이 보이는 곳에 있다는 표현이다. 이웃에 모옥은 언제부터 있었나. 오래전부터 있는 초가집이란 뜻이다. 마을 사람들이 밤과 대추에 새로 뜬 술을 가져오니 인심 좋은 이곳에서 풍류를 즐기는 기쁨을 말하고 있다.
　이지당(二止堂)은 본래 조헌이 후학을 교육하던 곳으로 각신서당(覺新書堂)이란 친필 현판을 내걸었다. 후에 각신서당을 개축하면서 우암 송시열(宋時烈)이 조헌을 숭앙하는 뜻을 담아 이지당(二止堂)으로 바꿔 걸었다고 한다. 이지당 입구에는 우암이 친필로 "趙重峯先生游賞之所"라고 큰 바위에 음각해 놓았다.

제4곡 창병(蒼屛)

四曲蒼屛大石巖　사곡이라 창병 큰 바위로 둘러 쌌는데
巖前楓葉影濫毿　바위 앞에 단풍잎 그림자 짙어라
山容峻秀無人見　산은 높고 빼어나지만 보는 사람 없는데
憂玉鳴泉馨碧潭　우는 강물 구슬 부딪치듯 푸른 연못을 울리네

　제4곡은 창병(蒼屛)으로 군북면 추소리 부소무니에 있다. 바위들이 길게 병풍 같은 모양으로 서 있는 모양이 기이하다. 그 앞에 가을 단풍 그림자가 물결에 흔들린다. 산은 높고 빼어난데 사람은 없고 물

소리는 옥(玉)에 부딪치는 소리처럼 맑고 청아하다. 고즈넉하고 한적한 곳에서 만난 가을 산과 물과 기암절벽의 절경을 한 수의 시(詩)에 담았다.

제5곡 동남곡(東南谷)

五曲東南谷口深　오곡이라 동남쪽 골짜기 어구가 깊은데
依俙仙侶隔雲林　신선의 세계와 닮아 운림(雲林) 속에 떨어져
　　　　　　　　있네
林邊有客形容癯　숲가에 나그네 몸은 가냘파도
山水高歌千古心　산수(山水) 속에서 천고심(千古心)을 큰 소리
　　　　　　　　로 노래하네

제5곡은 동남곡(東南谷)으로 군북면 추소리 '골냄이'로 추정된다고 한다. 동남쪽으로 골짜기가 깊숙한 것이 신선의 세계와 닮았다. 이곳의 풍광이 절경이라는 것을 강조했다. 개천가 아늑한 골짜기 숲가에 나그네 변함없는 마음으로 노래하네, 라고 하여 언제나 변함없이 즐길 아름다운 절경임을 표현하고 있다.

제6곡 문암(門巖)

六曲松杉護碧灣　육곡이라 소나무 삼나무 푸른 물굽이 감쌌는데
蕭疏一經石爲關　쓸쓸하고 한적한 오솔길에 돌이 관문(關門)을
　　　　　　　　이루었네

蒼崖翠壁高千尺　푸른 벼랑 비취 빛 절벽이 천 길인데
　　俯仰夷猶客意閒　내리 보고 올려보며 오히려 나그네 마음 한가
　　　　　　　　　　롭다

　제6곡은 문암(門巖)이다. 군북면 추소리 추동 연하봉 서당골 강기슭에 있었다. 서화천 물가에 바위가 문(門) 모양을 이루고 있었다. 그래서 문암이라고 불렀다. 물가에 소나무와 삼나무가 숲을 이루고 한적한 오솔길에서 석문을 만난다. 그 길에서 석문을 바라보는 마음이 한가했으리라. 그러나 문암(門巖)은 대청 댐 건설 당시 석문(石門)을 이루고 있던 돌을 모두 옮겨가서 지금은 아쉽게도 남아 있지 않다.

　　　제7곡 은병(隱屛)

　　七曲寒裳渡碧灘　칠곡이라 바지 걷고 푸른 여울을 건너며
　　隱屛幽谷費回看　그윽한 은병(隱屛) 골짜기 몇 번을 뒤돌아 보네
　　人語秋雨霖霪甚　사람들은 가을비가 너무 거세다고 하지만
　　我愛飛泉添得寒　나는 날리는 샘물이 더 차가워져 좋아한다네

　제7곡은 은병(隱屛)이다. 군북면 이평리 이탄(梨灘) 여울 근처에 있다. 여울을 건너다 은병 깊은 골을 바라본다. 바위 절벽이 병풍을 펼쳐놓은 것 같다. 깊은 곳에 숨어 있는 병풍 같다 하여 은병(隱屛)이라고 했다. 그 경치를 짐작할 만하다. 그곳에 긴 가을비가 내린다. 사람들은 길어지는 가을비를 탓하지만, 샘물이 더욱 맑아지고 시원해짐을

반긴다. 자연의 조화미를 예찬한 것이다.

제8곡 환산성(環山城)

八曲穹林眼谿開	팔곡이라 높은 숲, 눈앞이 탁 트였는데
岡巒寥廓水東廻	높은 산에 고요한 성곽, 물은 동쪽으로 감돈다
秋原喜問耕雲叟	가을 들판에서 구름밭 가는 노안 만나 반갑게 물으니
爲道二三佳客來	두 셋 귀한 손님이 오셨노라 말한다

제8곡 환산성(環山城)은 백제시대 축조한 것으로, 군북면 이백리와 환평리, 이평리에 걸쳐 있다. 산은 고요하고 물은 동쪽으로 감돈다. 오밀조밀한 산세와 돌아가는 강줄기가 장관이다. 가을 언덕에서 구름밭을 가는 노인은 속세의 사람이 아닐 것이요, 두 사람의 가객 역시 그러할 것이다. 구름 속에 싸인 신비로운 환산성을 노래한 것이다.

제9곡 삼봉(三峯)

九曲三峯対肅然	구곡이라 삼봉(三峯)을 숙연하게 대하는데
遠山西鶩隔南川	먼 산이 서쪽으로 내달려 남쪽 시내에 막혔네
巖松溪柳裝新巷	바위의 소나무와 시냇가 버들 새 동네를 단장하니
果是塵寰別箇天	과연 여기가 속세의 별천지로다

제9곡은 삼봉(三峯)으로 마지막 절승이다. 옥천군 군북면 이평리 하류와 금강이 만나는 지점이다. 삼봉은 숙연한 마음으로 대하게 한다. 먼 산이 서쪽으로 흘러 내려오다가 하천에 막혀 멈췄다. 산과 물의 만남은 가장 아름다운 곳이란 의미이다. 바위틈에는 푸른 소나무가 운치를 더하고 물가에 늘어진 버드나무가 무성하다. 그 옆으로 옹기종기 둘러앉은 마을이 평화스럽다. 조헌은 그 모습이 마치 신선이 사는 별천지와 같다고 생각한 것이다.

중봉 조헌 선생 기념 사업회에서 2004년에 중봉 선생의 한시 330수를 완역한 변형석 선생의 『重峯詩 譯註』를 간행하였고, 옥천문화원에서는 2006년에 이상주 교수의 『重峯 趙憲 栗原九曲歌地志』를 내놓았다. 여기에 중봉 조헌의 시(詩) 세계와 율원 구곡 시에 대한 해설이 자세하게 실려 있다.

14. 앉은 자리를 칼로 베고 이발(李潑)과 절교

1585년(선조 18년) 가장 가까웠던 친구 이발과 결별하는 가슴 아픈 일을 겪는다.

이발(李潑, 1544~1589)의 자는 경함(景涵)이요, 호는 북산(北山) 또는 동암(東庵)이다. 30세에 문과 알성시에 장원급제하여 벼슬이 대사성(大司成)에 이르렀고, 동인의 강경파로 북인의 영수였다. 조헌은 성혼과 율곡을 스승으로 섬겼고 그 동료 가운데에서도 이발과 가장 친분이 있었다. 이발도 조헌을 소중히 여겨서 그의 등용 문제로 자신의 진퇴까지 건 적이 있었다.

율곡이 이조참의(吏曹參議)로 있을 때 이발은 이조 좌랑(吏曹佐郎)이었다. 이발은 조헌을 크게 등용하고 싶어 했다. 그는 율곡에게 조헌의 등용 문제를 이렇게 말한다.

"여식(汝式)을 쓴다면 크게 등용할 것이요, 그렇지 않으면 그대로 두고 불문에 붙이는 것이 옳다."

라고 말했다. 이에 율곡은

"여식(汝式)이 비록 경세제민(經世齊民)의 큰 뜻을 가지고 있으나 아직 그의 재능이 미치지 못하며, 고집이 극심하여 시세(時世)를 헤아리지 않고 자기의 뜻과 같지 않으면 강경한 언사로 간(諫)할 우려가 있으니, 자네가 이미 헌(憲)과 마음으로 교분이 있어 그를 발탁하는데 몰두하여 그것이 성공하더라도 여식에게 이로운 것이 없고 도리어 해가 될 것이다. 듣자 하니 요즈음 여식이 글을 읽고 있다 하니 오륙 년을 기다려 그의 학문이 성숙한 연후에 그를 등용하더라도 늦지 않을 것이다. 자네는 깊이 생각하라."

라고 이발에게 아직은 조헌을 크게 등용할 때가 아니라고 거절했다. 이 말을 들은 이발은

"어려서부터 글을 읽은 여식(汝式)에게도 이공(李公)의 말씀이 그러하거늘, 하물며 본래 글을 읽지 못한 우리들이야 어찌 하루라도 벼슬을 살 수 있겠습니까."

하고 이조 좌랑에서 사퇴하고자 하니 율곡도 이를 말리지 못하였다.

조헌이 옥천에 내려와 초야에 묻혀 세월을 보내는 동안 조정에서는

사색당파가 극에 달했다. 율곡이 세상을 떠난 지 얼마 안 되어 정여립(鄭汝立)이 율곡과 성혼을 모함하는가 하면, 이발도 이에 동조하기에 이르렀다.

정여립은 전주 출신으로 1570년 식년문과에 을과로 급제하여 율곡과 성혼의 각별한 후원과 더불어 촉망을 받던 인물이다. 그의 사상은 대단히 개혁적이었다. 1583년 예조정랑(禮曹正郎)을 지냈고 수찬(修撰)에 올랐다. 본래는 서인이었으나 수찬이 되면서 동인 편에 서서 율곡을 배반하고 성혼을 비판한다. 정여립이 팔을 휘저으며 큰 소리로 말하기를

"계미년(癸未年) 춘하간(春夏間)에 이이(李珥)의 무상함을 깨닫고 서한을 보내 절교를 알렸는데, 일찍 절교하지 못한 것이 한스럽다."

라고 했다. 이에 세상 여론이 들끓고 모두가 정여립에게 침을 뱉고 욕하자 몰래 도망쳐 달아났다. 그러나 이발은 오히려 세상 여론이 그르다고 하여 정여립을 두둔하고 나섰다. 이에 조헌과 대립하기에 이르렀고, 서로 왕복하며 시비를 논변(論辯)하였으나 이발이 듣지 않자 절교의 서한을 보낸다.

눈보라가 치는 추운 겨울날, 조헌은 김포에서 이발을 만나러 길을 나섰다. 이발에 대한 애정이 깊어 늘 그의 태도를 개탄해 마지않았다. 비록 절교의 서한은 보냈으나 그를 회유하여 바로잡아야 한다는 친구로서의 걱정은 여전하였던 것이다. 그는 전라도 남평으로 가는 길에 호서의 홍가신을 찾았다.

홍가신(洪可臣, 1541~1615)은 일찍이 조헌과 교류하던 인물이다. 그 무렵 홍가신은 호서지방에서 지방관으로 있었다.

조헌이 홍가신과 얘기하면서 우계 성혼과 율곡 이이를 지극히 추장(推獎)하고 존경한다는 뜻으로 얘기를 했다. 이에 홍가신은

"율곡은 소인이란 평을 면하지 못한다."

라고 율곡을 소인으로 폄하하는 것이었다. 이 말을 들은 조헌은

"당신이 나를 앞에 두고 공공연하게 작고한 스승을 소인이라 배척하니 당신의 심사를 알만하다."

하고는 옷자락을 떨치고 일어섰다. 난처해진 홍가신이 농담으로 그런 것이라고 변명하고 만류하였으나 조헌은 들은 척도 않고 남평으로 향했다.

조헌이 전라도 남평으로 가는 뜻은 정여립을 향하는 이발의 마음을 어떻게 해서든지 바로 잡아보려는 애틋한 우정이었다. 남평에서 이발을 만나 더불어 논쟁하며 그의 생각을 바로잡으려고 무던히도 애를 썼다.

조헌이 율곡을 배반한 이발의 행위를 힐책하자

"율곡은 성인(聖人)이 아닌데 어떻게 매사에 옳을 수 있으며, 나더러 배반 운운하는데 나는 그런 일이 없고 당신의 말이 잘못되었다."

고 반박했다. 이에 조헌은

"정여립의 엎치락뒤치락하는 꼴이 무상하다는 것은 거리에 있는 사람까지도 다 아는 사실인데, 당신은 어째서 즉시 그와 절교하지 않고 도리어 일을 같이하니 그것이 무엇이냐?"

고 질타했다. 이에 이발은

"사람의 소견은 처음에는 옳았는데 결과가 그를 수도 있고 처음은 나빴는데 결과는 옳을 수도 있으니, 정여립이 무슨 잘못이 있겠는가.

아마도 그는 뉘우치는 뜻이 없을 것이다."
라고 대답했다. 조헌은 안타까운 마음에 애절하고도 차마 하기 어려운 말로 무려 10여 일을 간곡하게 충고했으나 이발은 끝끝내 받아들이지 않았다. 이에 조헌이 말하기를

"자네가 내 말을 쫓지 않고 자기의 견해만 편집하며 우계와 율곡 선생을 배척하고 정여립을 추장하니, 뒷날에 가서 후회막급한 일이 있을 것이고, 내가 자네와 결별할 바에는 이 물건을 내가 가지고 있을 수 없다."

하고, 자기가 입고 있던 털옷을 이발에게 내 주었다. 그 털옷은 일찍이 조헌이 전라도사로 있을 때 이발이 준 것이었다. 그리고 자리에서 벌떡 일어나 결연한 얼굴로 지니고 있던 칼을 뽑아 들었다. 마주 앉았던 자리를 칼로 벤 조헌은 칠언시(七言詩) 한 절(一絶)을 지어 이로써 결별하는데, 마지막 구(句)에 이르러

"나는 가고 자네는 남되 각자가 수성(修省)하자."
는 것이었다. 그리고 눈물을 뿌리며 이발과 절교했다.

이때 박천연(朴天挺)이란 형제가 한자리에 있었다. 이들은 조헌이 얼굴이나 알 정도의 사람들이었다. 조헌이 떠난 뒤 박천연이 이발에게 그가 어떤 사람이냐고 물었다. 이발은

"삼대(三代-夏·殷·周) 시대나 볼 수 있는 인물인데 고집이 질병이다."
라고 말했다. 이에 박천연이

"말세(末世)와 같은 우리나라에 어떻게 삼대(三代)에서나 볼 수 있는 그런 인물이 있을 수 있느냐? 당신 말이 지나치다."

고 하니, 이발이 말하기를

"자네나 우리 따위는 그 사람을 이렇다 저렇다 하고 헤아려 논할 바가 못 된다."

하고는 자리에서 일어섰다. 그리고 날이 저무는 밖을 바라보며

"오늘은 중봉이 몇 리를 가다가 쉴 것인지."

하고, 떠나가는 친구의 먼 길을 걱정하며 못내 아쉬운 정을 나타내고 있었다.

그 뒤에 이발이 서울에 올라가는 길에 공주제독관(公州提督官)으로 있는 조헌에게 만나기를 청한다. 그러나 조헌은 이발의 청을 거절한다. 조헌이 다음 해에 올린 만언소(萬言疏)에서 이발과의 결별 그리고 이때 이발의 청을 거절한 일을 이렇게 말했다.

"신은 그래도 옛 친구인 것에 연연하여 차마 즉시 교제를 끊지 못하고 추위를 무릅쓰고 남쪽으로 달려가 반복하여 충고하여 미혹된 마음을 돌이키기를 바라고 애절한 말로 간절히 타일렀습니다. 그러나 그들 형제는 노여워하는 뜻이 더욱 치솟아 수그러지지 않고, 오히려 성혼은 그르고 여립은 옳다 하며 숫자가 많은 쪽이 사람이고 적은 쪽이 불초(不肖)한 자들이라고 하면서 눈썹을 치켜 올리고 눈을 부리리며 마치 날뛰는 돼지 같은 기세였습니다. 신이 이에 세 차례 편지를 보내 교제를 끊고 개탄해 온 지가 오래되었습니다. 그래서 지금 고을을 지나면서 한 번 만나기를 청했으나 신은 병을 핑계로 나가지 않았고, 두 편의 시를 지어 거절했습니다."

그 뒤부터 조헌은 정여립을 논할 때마다 역적질할 사람이라고 말했

다. 사람들이 너무 심한 말이 아니냐고 했으나 그는

"나는 유독 그가 사우(師友)를 배반한 것만으로 그르게 여기는 것은 아니다. 그가 상 앞에 있을 적에 말과 기색이 패오(悖傲-도리에 어긋나고 거만하다)하다는 말을 자세히 들었으니, 이는 반드시 역심이 있어서 그런 것이다."

라고 말했다. 이후에 조헌의 말대로 정여립 모반사건이 일어난다.

15. 공주 제독 제수와 만언소(萬言疏)

늦은 봄 한낮의 햇살이 제법 따가웠다. 평범한 베옷을 입은 조헌이 후율정사 뒤 능선에 있는 밭에서 하인들이 하는 일을 거들고 있었다. 쉬지 않고 책을 읽으며 강론으로 시간을 보내는 그에게는 지금이 바로 휴식의 시간인 것이다.

그때 어느 낯선 사람이 그에게 길을 물었다.

"여기 조헌 선생이 사시는 집이 어디에 있소?"

허름한 차림으로 밭에서 일하는 그가 조헌이라고는 생각하지 못했을 것이다. 그는 시치미를 뚝 떼고 일부러 모퉁이를 돌아가는 먼 길을 가르쳐주었다.

누구인지는 모르나 노천에서 함부로 만날 사람은 아니라고 생각한 것이다. 나그네를 먼 길로 돌아서 오게 한 그는 지름길로 부지런히 집으로 내려가서 몸을 씻고 의관을 정제한 후 손님을 기다렸다. 그가 바로 공주목교수겸제독속교관(公州牧敎授兼提督属敎官)에 제수한다는 첩지를 가지고 온 사자(使者)였다.

1586년(선조 19년), 조헌의 나이 43세가 되는 해였다. 그는 관직 생활에서 여러 차례 교육을 담당하는 직책에 있었다. 이번에 임명된 주학제독관(州學提督官) 역시, 향교의 교육 진흥을 위해서 각 목에 배치되는 신설된 직책이었다.

공주제독으로 재 등용된 조헌은 또, 상소를 준비한다. 그해 10월에 올린 변사무겸논학정소(辯師誣兼論學政疏)는 장문의 만언소이다.

옳은 일에는 조금도 주저하지 않는 조헌의 성품이다. 그가 올린 많은 상소 중에 온전하게 전해오는 것만 13편이고 이외로 상소를 올렸다는 기록까지 모두 합하면 이보다 훨씬 많은 숫자가 될 것이다. 이 중에서 만언소가 여섯 번이나 된다.

조헌의 상소문에 성격은 두 가지로 분류할 수가 있다. 하나는 경세제민의 방책을 진언한 상소이고 또 하나는 임진왜란을 경고하고 그 대비책을 제시한 상소이다. 그의 상소문은 1만 자가 넘는 것이 무려 6편이다. 그 외의 상소도 2천 자 이상 5천 자에 달한다. 이러한 상소문에는 조헌의 해박한 지식과 명쾌한 현실 인식, 학정 일치와 위민 정신에 바탕을 둔 그의 사상이 그대로 담겨 있다.

궁정양친도

공주제독관에 부임한 조헌이 그해 10월에 올린 일만 오천 자가 넘는 변사무겸논학정소(辯師誣兼論學政疏)에서 악인을 내치고 선인을 옹호할 것과 학정(学政)의 폐단을 개선하고 인재의 양성을 논했다.

조헌은 박상(朴祥), 이이(李珥), 심의겸(沈義謙), 정철(鄭澈), 성혼(成渾), 송익필(宋翼弼)등을 변호하며, 이이의『동호문답(東湖問答)』『성학집요(聖學輯要)』『정경(政經)』및 정철의 균역법 등을 통해 경국제민(經國濟民)의 방도를 취하라고 촉구했다. 또한, 이발과 김우옹 등 이이를 비판한 이들을 스승을 배반한 인물로 지목하고, 그들과 상종하는 류성룡(柳成龍) 등을 비판했다.

그리고 '아름드리 좋은 오동나무 재목도 일찍이 심어서 가꾸어야 얻을 수 있고, 청운(青雲)의 뜻을 품은 훌륭한 선비는 초가에서 나온다'고 주장하면서, 당시 학정(學政)의 폐단과 인재 양성을 구비하지 못한 네 가지의 실상을 논한다. 첫째는 가르치는 인물이 적합하지 못함이요(教導之非人), 둘째는 격려하는 방책이 없음이요(激勵之無防), 셋째는 부정행위를 단속할 묘책이 없음이요(禁防之無術), 넷째는 교육 자료가 적절치 못함이다(輔翼之非宜). 이 네 가지가 모두 갖추어지지 않았음을 지적하고 다음과 같은 대안을 제시한다.

첫째, 주현(州縣)의 향교에 교도하는 인물을 적격자로 임명해야 한다는 것이다. 그는 이렇게 현실을 진언한다.

"지금의 광문주의(廣文注擬-향교의 교수를 선발할 때 후보자 세 사람을 임금에게 추천하는 일)의 일은 전조(銓曹)가 능히 살피지 않고,

서리(胥吏)들의 손에 맡겨 뇌물의 다소에 따라 교사들을 택송(擇送, 선발하여 배치)하게 됩니다. 그러므로 그들은 부임하면 오직 포철(哺啜-배를 채우는)만을 일삼고 권강(勸講-가르치는 일)은 무엇인지도 모르고 있습니다."

광문관(廣文官-향교의 교수)을 서리들이 주관하여 정하므로써 뇌물의 다소에 따라 선발하고 있기 때문에 부임하면 자신의 생계에만 전념하고 학문을 권장하는 일이 어떤 것인지도 모른다. 그러므로 문행(文行)을 겸비한 인물을 뽑아야 지역민이 공경하고 학도들이 긍지를 가지고 분발할 것이라고 했다. 아울러 각 지역 서원에 원장을 두어 봉록을 줄 것을 청하였다.

둘째, 격려하는 방책을 시행하라고 진언하였다. 절의를 표창하여 뛰어난 인재를 양성하여야 초야의 직언이 강하여 권력자들의 탐욕을 견제할 수 있다.
특히, 스승인 이지함(李之菡)의 덕행과 후진양성 등의 업적을 인정하여 증작(贈爵-벼슬을 증직함)과 사제(賜祭-나라에서 제사)함으로서 어버이에 효도하고 임금을 섬기는 도에 크게 효과가 있을 것이라고 청하였다.

셋째, 과거제도 운영의 문제점과 엄격한 관리이다. 현량과(賢良科)와 명경과(明経科가 폐지되고, 오직 과거제도에만 의존하게 되면서 차작(借作-글을 대신 써줌)과 대강(代講-경전 암기를 대신하는 것) 등 과거를 보는 시험장의 비리로 실력이 되지도 않는 자가 합격하는 비열한 현실을 지적했다.

"사람들은 요행을 품고 과거 공부에만 진력하여 관록(官祿)을 구하고 있습니다. 심지어 과장의 위졸(科場衛卒) 따위를 통하여 시관의 눈을 속여 육갑(六甲)도 이해하지 못하는 자가 사마(司馬-생원과 진사)에 합격하고, 삼사(三事)도 모르는 인사가 별거(別擧-과거시험을 지칭) 오르고 있습니다."

그러므로 학교의 법규와 제도를 새로 정비하고, 과거의 사목(事目-정한 규칙)을 엄격히 할 것과, 교육과정의 이수를 준수하도록 그 기준을 제시했다.

넷째, 올바른 교육에 필요한 교재를 보완할 것을 요청했다. 학생들에게 덕행과 도예(道禮)교육을 위한 교재로 율곡이 저술한 『격몽요결(擊蒙要訣)』, 『성학집요(聖學輯要)』를 간행하여 반포하고, 석담서실의 규약을 각 향교에서 적극 활용하도록 명 할 것을 요청한다. 그리하여 사장(詞章-시가와 문장)과 훈고(訓詁-경서의 고증, 해명, 주석 등)에만 힘쓰는 학교의 실상을 억제하고, 학규의 취향(趣向)으로 마음을 경계하고 몸을 단속하도록 하여 선현의 유풍을 접하게 하여야 한다고 진언하였다.

선조는 조헌의 상소가 궁중에 들어간 지 7일이 지나도록 조정에 내리지 않았다. 조헌이 다시 상소하여 반복하여 진술하니, 선조가 답하기를

"내 심사가 편치 못하여 미처 볼 겨를이 없었으므로 즉시 결정하지 못하였다. 그대가 임지로 돌아가거든 더러 임의대로 시행하라."
고 비답을 내렸다. 그리고
"구언(求言)에 따라 정성스럽게 상소한 것을 가상스럽게 여긴다."
고 전교하였을 뿐, 해당 부서에 의논하여 아뢰도록 명하였는데, 흐지부지 넘기고 회보 하지 않았다.

1587년(선조 20년) 여름이었다. 조헌은 진소회잉사직소(陳所懷仍辭職疏)를 관찰사를 통해서 올리려고 했다. 박순(朴淳)과 정철(鄭澈)을 변호하고 간사한 무리가 나라를 그르치고 있다고 비판하면서 이산해(李山海, 1539~1609)의 오국(誤國)을 논하고, 정여립(鄭汝立)의 험상하고 패악함과 이발(李潑)·이길(李佶)을 극력 논박하는 것이었다. 이 역시 장문의 만언소(万言疏)였다.

상소문이 제출되자 관찰사 권징(權徵, 1538~1598)은 자기에게 화가 미칠 것을 두려워하여 이를 받으려 하지 않았다. 조헌은 다시 짧은 소를 지어 6월에서 9월까지 무려 다섯 차례나 상소를 올렸으나 권징이 끝내 받아들이지 않는다. 그는 향교에 앉아서 초나라 애국 시인 굴원(屈原)이 지은 초사(楚辞)를 읽고 그 소감을 시로 읊는다.

霜秋寥廓夜凄其　서리 내리는 가을밤 광활하고 쓸쓸하다
午就簷陽点楚辞　낮에 볕드는 처마 밑에서 초사를 읽는다
我是東韓一狂士　나는 삼한(三韓)의 한 광사(狂士)
如何対此涕漣洏　어찌하여 이 책만 보면 눈물 콧물 흘릴까

조헌은 공주제독을 사임하고 옥천으로 내려와 강학으로 일생을 마치려고 마음먹었다. 그리고 향교의 공자를 모신 문묘에 글을 지어 고한다.

고사성묘문(告辭聖廟文)

선조 20년(1587) 9월

"그 자리에 있지 않거든 그 정사(政事)를 꾀하지 말라." "행실은 고상하게 말씀은 겸손하게 하라."라는 훈계는 밝고 또 지극하며, 달콤한 말로 나라를 망치는 것은 공자(孔子)가 미워한 바이고 우리 임금이 능하지 못하다고 하는 것은 맹자가 적이라고 불렀습니다.

헌은 지난 가을에 스승과 벗들이 무고를 당한 데 대하여 통탄하였고 두 차례나 이를 임금께 변명하는 소를 올려서 어리석은 정성을 다하였습니다. 그리하여 임금께서도 밝게 고쳐주시리라 믿었던 것입니다. 그런데 간사한 사람들은 맑지 못한 기분을 덮어 숨기려 하는데 힘을 다하였기에 재해가 아울러 이르고 흉년이 겹쳐왔습니다.

그리하여 안으로는 백성들이 떨어져 흩어지고 밖으로는 군사들이 무너져 어지럽게 되었습니다. 이 나라 장래의 근심하는 바가 어찌 홍수와 맹수처럼 될 뿐이겠습니까?

조정의 의논들이 불안한 표정을 갖고 모두 헌으로 말미암아 시끄럽게 되었다 하여 대관, 미관 할 것 없이 직장을 비운 지 오래되었습니다. 이러므로 성균관의 선비들이 다른 말만 믿고 헌에게 배우다가는 미치광이가 될까 두려워한다 하오니 여러 준수한 인재를 성취시키기에는 기약할 수 없습니다. 이 고비석(皐比席-文席의 별칭)에 앉아 있을 면목이 없으므로 마음속에 있는 것을 쏟아서 임금께 세 번이나 호소하고 거친 산골로 돌아가서 벌 받으란 명령이 내리기를 기다리려고 합니다.

아! "쓰이면 나와서 도를 행하고 버리면 물러가 은퇴한다."는 것은 소자의 바랄 바가 아니고 세상을 잊는데 과단성이 있고 용감하게 하는 것은 선성께서도 한탄하신 바입니다.

명정(明廷)에 삼가 작별을 고하게 되니 깊이 사모함을 이기지 못하옵니다.

조헌은 공주제독의 자리에서 더 이상 할 일이 없다고 생각했다. 도를 행함이 어찌 벼슬과 관계되랴. 그가 관직에 미련을 두지 않고 공주제독을 사임하는 심정을 제문에 그대로 담았다.

선조실록에 조헌이 사임하는 이유를 이렇게 기록하고 있다.

"공주제독 조헌이 주도(州道)를 통하여 소장을 올렸는데, 감사가 받지 않자, 관직을 사임하고 고향으로 돌아갔다. 지난해 조헌이 만언소를 올려 시사(時事)를 말하자, 조론(朝論)이 공박하기를 마지않았으나 상이 용서했다. 같은 해 5월에 다시 소장을 올려서 시사에 관해 극언하면서 고금의 사례를 원인(援引)하여 분주(分註)해서 첩황(貼黃)하였는데, 모두 수만 언(言)이었다. 가난하여 행장을 꾸려 서울에 올라올 수 없으므로 관례대로 주도(州道)를 통하여 소장을 올렸다. 감사가 그 소장 내용이 시기(時忌)에 크게 저촉됨을 보고 연루될까 두려워하여, 격례(格例)에 잘못이 있다고 핑계하여 물리쳤다. 조헌이 곧 짧은 상소를 네 번이나 올렸으나 네 번 모두 받지 않았다. 뒤에 초소(草疏)를 올리려고 했으나 시행되지 못했다."

제3부

칼로 죽이나 정사(政事)로 죽이나 살인은 같습니다

1. 일본의 전국 통일과 조선 침략야욕

조헌이 공주 제독을 사임하고 옥천 향리로 돌아왔다. 다시 문인들과 학문을 토론하고 강학하는 위치로 돌아온 것이다.

화창한 날씨에 한가로운 어느 날이었다. 이생(李生) 종철(宗哲)과 서정천 냇가를 산책할 때 생원 김대승(金大升)과 훈도 주헌민(周獻民)이 술을 들고 찾아왔다. 가을 정취 가득한 서정천에서 기쁘게 취하고 시를 지으며 함께 즐겼다.

水麗山明地　물 좋고 산 밝은 땅
風高葉落秋　바람 일고 잎이 지는 가을
徜洋提督趙　배회하는 조제독(趙提督)
邂逅廣問周　주광문(周廣文)과 해후 했네
幸值仙翁集　다행히 신선들이 모인 때에

因攜童子遊　어린 사람 데리고 같이 노닐며
　　悠然成一醉　한가로이 다 함께 한껏 취하여
　　乘月步長州　달빛 타고 강가의 모래톱을 거니네
　　　　※ 廣文: 훈도의 다른 이름

　1587년(선조 20년) 9월에 왜국의 사신 귤강광(橘康廣)이 입국했다. 귤강광(橘康廣)이란 자는 대마도주 종의지(宗義智)의 가신이었다. 예로부터 일본 사신을 맞이할 때는 군읍(郡邑)에서 백성들을 동원하여 창을 들고 연도에 늘어서서 군대의 위엄을 보였다. 사신으로 온 귤강광(橘康廣)이 인동(仁同-성주)을 지나다가 창을 잡고 서 있는 사람들을 흘겨보고는 "너희가 가진 창의 자루가 너무 짧구나" 하고 비웃었다.

　서울에 도착하니 예조판서가 잔치를 열어 접대했다. 술이 얼큰해진 귤강광이 잔치판에 후추를 흩어놓았는데, 기생과 악공들이 그것을 줍기 위해 서로 다투는 바람에 잔치판이 어지러워졌다. 이를 바라보는 귤강광이 깔깔대고 웃었다. 그가 숙소로 돌아와 역관에게 말하기를 "너희 나라는 망할 것이다. 기강이 이미 무너졌으니 어찌 망하지 않기를 기대할 수 있겠는가."라고 비웃었다.

　당시 일본의 정세는 전국시대가 막을 내리고 풍신수길(豊臣秀吉)이 전국을 통일한 시기였다. 15세기 중엽에 일본을 지배하던 무로마치(室町)막부가 약화 되면서 지방 봉건영주들의 분열이 일어났다. 무로마치 정권이 몰락하고, 그로부터 백 년간에 걸쳐 각지에서 군웅이 할거하는 전국시대(戰國時代)가 계속되었다.

1568년 오다 노부나가(織田信長)가 실권을 장악하고, 전국을 통일하기 위한 꿈을 실현하려 할 때이다. 그러나 1582년에 그의 부장 아케치 미쓰히데(明智光秀)에게 피살당하고 만다. 이에 오다의 부장이었던 풍신수길(豊臣秀吉)이 아케치를 응징하고, 1585년에 간바쿠(関白)가 되고 이듬해에 태정대신(太政大臣)이 되어 천황의 권위를 빌어 전국을 통치하는 실권자로 등장한다.

빈약한 농민 출신으로 최고 권력자로 급부상한 풍신수길은 전통적인 가신(家臣) 집단을 확보하지 못하였고, 권력 기반이 취약할 수밖에 없었다. 이러한 취약점을 해외 원정으로 해소하려고 했다. 그동안 전국시대의 혼란이 평정되기 전까지는 조선과의 접촉에 관심을 기울일 겨를이 없었으나, 이제 전국을 통일하고 지배권을 잡게 되자 조선과 중국을 정복하여 동아시아를 하나로 통합하는 대제국을 건설하겠다는 엄청난 뜻을 품게 되었다. 그는 명나라를 정벌하여 중국대륙을 일본 영토에 편입시키겠고 호언하며 그 망상을 실천에 옮기기 시작한 것이다.

풍신수길이 대마도주를 불렀다. 그는 대마도주 종의지(宗義智)에게 조선 국왕을 일본에 입조(入朝)시키라는 터무니없는 명을 내린다. 그러나 조선과의 무역을 주요 생계 수단으로 삼고 있던 대마도로서는 조선과의 평화유지가 중요했다. 대마도주는 조선 측에 풍신수길의 요구를 은폐하고 대신 통신사(通信使)파견을 요청한다.

2. 왜국의 사신을 배척하소서!

옥천 향리로 돌아온 조헌이 일본 사신의 입국 소식을 들었다. 드디어 일본이 야욕을 드러내기 시작했다고 생각했다. 조헌의 국제관계 인식은 명확했고 역사의식 또한 뚜렷하였다. 신의를 모르는 무지한 일본에 대해서 항상 경계심을 가지고 있었다. 그러나 조정은 이를 제대로 파악하지 못하고 당파싸움에 매몰되어 의견이 분분하였다. 조헌은 분연히 붓을 들어 조정을 향해 외쳤다. 1587년 11월에 쓴 청절왜사소 1소(淸節倭使疏一疏)이다.

그는 통신사를 보내라는 일본의 요청을 단호하게 거절할 것을 주장하면서, 우리가 통신사를 보낼 명분이 무엇인가를 물었다.

> "역대로 교린을 믿음의 의(義)로써 하지 않고 일은 시초부터 숙고하지 않아 스스로 후환을 끼쳐 멸망하는 재앙을 얻게 됨을 청사에서 알 수 있습니다. 양송(兩宋)이 금나라와 원나라에 대하여 스스로 강대해질 것을 꾀하지 않고 통호하는데 만 급급하더니, 금과 원의 징색(徵索)하는 환난을 당하게 되자, 끝내는 도성과 온 백성을 포로로 만들었습니다. 오늘날 일본의 사절이란 도시 무슨 명분이 있습니까?"

저들이 사신을 보내는 것은 우리를 사랑하고 존경해서가 아니다. 일본의 실질적인 왕이 된 풍신수길이 국내적으로 자신의 입장을 공고히 하고, 인근 국가의 승인을 획득하려는 계략인 것이다. 이에 우리가 사절을 보낸다는 것은 저들이 자기 임금을 쫓아내고 정권을 탈취한 혁명을 인정하고 축하하는 것과 다를 바가 없다. 그러므로 우리가 저들의 요구를 단호하게 거절해야만 하는 까닭을 이렇게 제시했다.

"임금에게 포악한 짓을 거리낌 없이 하면서, 이웃 나라에 영원한 화목을 도모하는 자는 고금 이래로 없는 이치입니다. 그들의 심사는 자기의 병력으로 상하를 협박하여 복종하게 했으며, 조선은 남북으로 군사를 잃을 위험성이 있으니, 만약 저들의 위세에 사절을 보내 축하한다면, 이것은 곧 국가가 뜻을 굽혀 저들을 쫓는 꼴이 되고, 저들은 더욱 교만해져서 안으로 함부로 사람을 죽이고 패악함을 감추고, 밖으로 인근 나라에 요구함이 점증되어 이로써 군사를 일으켜 도적질할 틈을 찾자는 것이니, 저들이 과연 우리를 사랑하고 존경하는 마음에서 우리나라에 사자를 보내는 것이라고 보아야 하겠습니까? 국사를 도모하는 자로써 저 먼 곳에 비록 창을 들고 가서 저들의 목을 베지는 못할지언정, 어찌 차마 사신을 보내어 저들을 용서하고 위로하여 그들의 세력을 조장하겠습니까?

조헌은 왜적의 강함을 인정하면서 우리나라의 지세는 층층이 관문으로 성을 이루고 바다를 이용하여 방어한다면 능히 지켜 낼 수 있다고 했다. 역사적으로 수양제가 고구려를 침공하다 패했고, 천하에 떨치던 당태종에 위세도 꺾은 바가 있다. 우리나라가 그때는 강하고 지금은 약하다고 할 수 없으니, 저들의 기세에 위축되거나 비굴할 필요가 없다. 그래서 지금은 일본과 교류할 때가 아니라 위기를 인식하고 사리사욕을 탐하는 잘못된 현실을 바로잡아 능력 있는 사람들을 모아서 자강(自彊)에 힘쓸 때라는 것이다.

우리나라의 지세는 겹겹이 관문으로 성을 만들고 바다를 못을 삼아 능히 방어할 수 있습니다. 옛날에는 수양제(隋煬帝)가 고구려에 패하였고, 당태종(唐太宗)도 천하를 떨치던 그 위세가 꺾였으며, 호발도(胡拔都)의 강대한 힘도 우리 태조대왕에게 인월(引月-함양 운봉역)에서 전멸하였으며, 붕중(弸中)의 간지(姦智)도 중종대왕의 동짓날에 신문(訊問)하게 되었으니, 우리가 옛날에는 강하고 지금은 약하다고 못할 것입니다.

조헌은 여러 날을 두고 기다려도 의리를 부르짖고 왜사를 거절하자는 계획을 듣지 못하였으니 어찌 나라에 대신이 있다고 하겠는가, 하고 저들의 강대함에 유약한 조정의 태도를 걱정하였다. 그리고 적의 위세에 굴해서는 안 된다고 강조하면서, 우리가 문명한 도(道)를 가지고 저들의 야만한 성품을 바로잡아주어야 한다고 논하였다.

조헌이 11월에 청절왜사제1봉서(請絶倭使第一封事)를 충청도 관찰사 권징(權徵)에게 주어 임금에게 올리도록 하였다. 그러나 권징은 미리 겁을 먹고 자신이 이 상소에 연루가 될까 두려워 이를 받지 않았다.

3. 상소문을 들고 한양으로 가는 조헌

관찰사 권징이 조헌의 상소를 받지 않은 것은 처음이 아니었다. 지난번 공주 제독을 사임할 때도 "진소회잉사직소(陳所懷仍辭職疏)"를 받지 않았다. 그리고 6월에서 9월까지 무려 다섯 차례나 상소를 올렸으나 자기에게 화가 미칠 것이 두려워서 끝내 받아들이지 않았다.

이번에 "청철왜사소 제1소"까지 받지 않자 조헌은 한양으로 올라가서 직소(直所)할 것을 결심하고, 다시 "청철왜사소 제2소(請絶倭使疏 第二疏)"를 쓰기 시작했다.

조헌은 제2소에서 일본에 통신사를 보낼 수 없는 이유를 다음과 같은 조목을 들어서 논하였는데, 그것은 인도와 정의에 입각한 것이었다.

국방강화 상소도

첫째, 조선으로서는 풍신수길이 임금인 원 씨(源氏)를 쫓아낸 일이 명확히 해명되지 않았는데, 지난날의 옳음을 저버리고 세력에만 부응한다면 이것은 신의에 어긋나는 일이다.

거란이 전쟁을 좋아하여 고려가 절교하였고, 서온(徐溫)이 임금을 내쫓음에 강목(綱目)이 죄를 주었다. 새로운 군주의 공적이 비록 크게 드러났다 하더라도, 전왕이 폐출된 까닭이 무엇인지 알지 못하는 터에, 만약 새로운 사귐이 달다고 하여 예전부터 이어온 좋은 사이를 잊어버린다면, 십도(十島) 가운데 일부(一夫)라도 혹 나의 태도가 나무람이 있다면, 내 실로 얼굴을 들고 천지의 예옥(裔玉)으로서 설 수가 없을 것이다.

둘째, 조선은 본디 외국에 대하여 모욕을 주거나 침략을 도모한 일이 없음을 분명히 하였다. 조선은 인도를 숭상하고 평화를 애호하는 국가임에 반하여 왜국은 무도하고 잔악한 무리인 만큼, 결코 혼동할 수 없는 것임을 논하였다.

조상 이래 나에 이르기까지 대대로 지켜온 인근 나라에 대한 규칙은 오로지 한 번도 군사를 일으켜 바다를 건너 남으로 간 일이 없었다. 오직 이예일(李芮一)로 하여금 대마의 반적을 토벌한 것은 너희 나라의 늙은이들은 다 아는 바이다. 그럼에도 너희 나라의 적선들은 매년 들여다보지 않은 때가 없고, 우리 어부들을 잡아가는 일이 이루 헤아릴 수 없을 정도이다. 심지어 사람을 구워서 하늘에 제사 지내고, 아이의 살점을 발라낸다는 것은 천하의 어떤 나라에서도 들어 보지 못하는 바이다.

그러므로 우선 정해년(1587년) 2월 왜적이 조선의 흥양(興陽-고흥)을 침범했을 때 조선인으로 일본에 도망하여 길잡이를 했던 자와 그 무리들을 잡아 보내고, 다시는 침범이 없도록 조치할 것을 종용하여야 한다고 하였다.

셋째, 처음에 통호한 것은 고도한 도덕과 문화를 밝혀서 선린을 도모하고자 하는 것이었으나, 이것이 차츰 변질하여 장사나 하고 행패를 부리어 근본정신을 저버렸으므로 이에 대한 반성을 촉구해야 한다는 것이다.

> 당초에 너희 나라가 우리나라에 통호한 것은 작은 나라의 힘으로 이웃을 위협해서가 아니요, 반드시 구주(九疇)와 팔조(八條)의 가르침이 기자(箕子)로 말미암아 먼저 밝혀졌고, 주공정주(周公程朱)의 학문이 널리 세상에 행하여 그 설을 얻어 듣는 자는 작게는 가히 가족을 보존하고 집안을 바르게 하여, 크게는 임금을 높이고 백성을 보호하기 때문이다.
> 그러므로 선조(先朝)에 통호한 것으로 말하면, 빙문(聘問-예를 갖추어 방문)하는 것 이외에 혹 경적(經籍-경서)을 탐하여, 물건은 별것 아니로되 정은 두텁고, 일은 간단하고 편리하되 폐단이 없어서, 왕래함이 힘들지 않게 교통하였다. 그 후 사신이 점점 장사를 숭상하고 뜻에 맞지 않으면 사나운 안색을 비추는 것으로부터 우리의 시민을 죽이고 변방에 환난을 일으키게까지 이르렀으니, 겸양하는 기풍을 무너뜨리고 양국의 화기를 손상시킨 것은 또한 너희 나라의 견식 있는 사람들도 한탄하는 바이다.

조헌은 포은 정몽주가 고려 말 위난 시에 국사를 널리 주선하여 담론으로 중론을 모았던 것을 강조하였다. 국정을 공고히 하고 위난을 대비함에 있어 실정(失政)을 거듭하면서 왜사에게 이끌리기만 하는 이목(耳目)이 없는 자들에 의존할 것이 아니라, 깨끗하고 유능한 인재를 불러 임무를 맡기고 의논할 것을 건의하였다.

1587년 12월, "청절왜사소 제2소"를 쓴 조헌은 그동안 올리지 못한 "진소회잉사직소(陳所懷仍辭職疏)" 등 '다섯 건의 소장'과 "청절왜사 제1소" 등을 모두 가지고 한양으로 가서 임금에게 직소(直疏)를 하였다.

3. 조헌의 소장을 불태워 버린 선조

조헌의 상소를 받은 선조의 심기가 몹시 불편했다. 선조는 조헌의 소장을 궁내에 보류해 두고 회보를 내리지 않았다. 그러자 정원(政院)에서 임금에게 소장의 조속한 처리를 독촉하게까지 이르렀다. 이 일에 대하여 『선조수정실록』에 이렇게 기록하고 있다.

> 전 교수(敎授) 조헌이 소장을 올려 왜국에 사신을 보내지 말 것을 청하고, 아울러 전의 소장도 함께 올렸으나 회보 하지 않았다.
> 조헌이 향리로 돌아와 일본 사신이 와서 교류를 요구한다는 말을 전해 듣고는, 드디어 소장을 작성하여 그것이 실책임을 극력 말하는 내용으로 감사에게 올렸다. 감사는 "풍신수길의 찬시(簒弑-임금을 죽이고 그 자리를 뺏음)에 관한 일을 자세히 모른다." 하고, 소장에 또 재상을 논했으므로 기휘(忌諱-꺼리어 싫어함)에 저촉된다고 하여 물리치고 받지 않았다. 이에 조헌이 도보로 서울에 들어와서 전에 시사에 대해 말한 다섯 건의 소장과 함께 올렸더니 임금이 궁내에 보류해 두고 내리지 않았다. 정원(政院)이 소장을 궁내에 너무 오래 보류해 둔다고 하여 사관에게 내리기를 청하니 선조가 비로소 하교하기를
> "지금 조헌의 소장을 보건대 이는 곧 인요(人妖-상식에 벗어나 괴상한 짓을 하는 사람)이다. 하늘의 견고(譴告)가 지극히 깊어 두렵고 조

심스러움을 견딜 수 없다. 어쩌면 과인이 재상과 경들에게 평일 지성으로 대우하지 못하고 전적으로 위임하지 못한 탓으로 이런 일이 있게 된 것이 아닌가 하여 더욱더 부끄러움을 견딜 수가 없다. 이 소장을 내려보내지 않을 수 없으나 차마 내리지 못하겠다. 일단 내려보내면 손상되는 바가 많을 것이어서, 차라리 내가 허물을 받는 것이 낫겠기에 이미 불태워 버렸다. 사관은 내 허물을 크게 기록하여 후세에 경계하면 좋겠다."

임금이 신하가 올린 소장을 함부로 태울 수는 없는 것은 규례이었다. 그러나 선조가 조헌의 상소문을 불태워 버렸다고 실록에 기록하고 있다.

소장이 올라오면 임금은 3일을 넘기지 아니하고 반드시 정원(政院)에 내려보내야 한다. 만일 비사(批辞-상소에 대한 임금의 대답)가 없고 계(啓) 자만 찍어 내릴 경우는 승지가 소장에서 말한 내용을 해당 부서에 내려 의논하여 고하게 하고, 혹 상소한 내용의 소청을 윤허하면 임금의 명을 받드는 것이 규례이다. 만일 계(啓) 자를 찍지 않고 내리면 정원이 원각(院閣)에 간직하는데, 기록하여 남길 만한 것이 없으면 그대로 두는 것을 유중불보(留中不報)라 한다. 임금이 조헌의 소장을 불태웠으나 위에서 그 사유를 비시(批示-청원에 대하여 지시를 내림)했으면 이를 폐기하지 못하는 것도 규례였다.

선조가 자신의 소장을 불태워 버렸다는 말을 들은 조헌은 다시 옥천 향리로 내려온다. 내려오는 길에 공주 공암에 있는 고청(孤青) 서기(徐起, 1523~1591)를 찾았다. 서기는 이지함(李之菡)의 문하에서 공부했고 경서에 밝았다. 그는 고청봉 아래에 충현서원(忠賢書院)을 창건하고 그곳에서 강학하고 있었다. 조헌이 자신보다 20여 세나 많은 서기와 도의지교(道義之交)를 두터이 하여 각별히 지내게 된 것은 이지함 선생의 권유에서였다.

조헌을 맞이한 서기는 이번에 절차를 밟지 않고 직소를 한 것은 잘못된 것이라고 크게 꾸짖으며

"토정 선생이 그대는 원대한 그릇이 될 것이라 하여 내가 태산북두와 같이 바랐는데, 어찌 오늘에 진소양(陳少陽)과 호담암(胡澹菴)과 같은 부류가 되고자 하는가?"

하고 벽을 보고 돌아앉아 말도 하지 않으려고 했다. 이에 조헌이

"내가 지은 소장을 한 번 보시오."

하고 소장을 내어주자, 서기는 머리를 흔들며 보고 싶지 않다고 했다. 그러자 조헌 스스로 소리를 내어 상소문을 읽기 시작했다. 조헌이 반도 읽기 전에 서기는 갑자기 자리에서 일어나 의관을 가다듬고 두 번 절을 하더니

"공의 이 소(疏)에 힘입어 우리나라는 장차 오랑캐가 됨을 면하게 할 것이니 홍수(洪水)를 휘어잡고 맹수를 몰아낸 무리와 다름없다."

하고 감탄하는 것이었다.

5. 고향으로 향하는 발길

한양을 오가는 사이에 어느덧 겨울이 찾아왔다. 선조가 자신의 상소를 불태울 정도로 진노하였으니 조헌의 마음이 편할 리가 없었다. 옥천 향리로 내려온 그는 후율정사와 각신서당(覺新書堂)을 오가며 후학을 지도하고 찾아오는 선비들과 시국을 논하며 지냈다.

그가 보은 현감에서 물러난 이후 이곳 밤티에 기거하기 시작한 것도 어느새 3년 되었다. 잠시 공주제독에 보임되었으나 이제 옥천은 그와 가족의 온전한 삶의 터전으로 자리 잡게 된 것이다.

1588년(선조 21년) 조헌의 나이 45세가 되었다. 새해를 맞으며 한 해의 다복을 비는 축시를 지어서 서당 오른쪽에 붙이고, 사는 집 오른쪽 문에 하나, 오른쪽 안채에 두 편을 붙였다. 새해가 되면 언제나 하는 일로 가족의 건강을 기원하고 농사가 잘되어 양식 걱정 없고, 자제들은 열심히 학업을 닦으며 효성을 다하는 화평한 한 해가 되기를 바라는 평범한 지아비의 심정이었다. 다음은 새해를 맞이하여 모든 자제들이 학문을 성취하고 효성을 다하는 어진 이가 되기를 바라는 마음으로 서당에 걸은 축시이다.

新歲重峰　중봉(重峯)에 새해가 오니
折節好學　자기를 굽혀 배우기를 좇아하고
明無人非　밝은 곳에서는 남들의 비난이 없고
幽無鬼責　어두운 곳에서는 귀신의 꾸짖음이 없게 하소서
翩翩冠童　훤칠한 청년과 아이들은
咸使爲己　모두가 위기(爲己)의 학문을 하고
師聖希賢　성인을 스승으로 삼아 어진 이 되기를 바라며
甘貧勵志　가난을 감내하고 뜻을 굳게 하며
入孝出恭　안에서는 효순 하고 밖에서는 공손하며
動罔違礼　행동은 예법에 어긋남이 없고
三餘之功　공부하기 좋은 때에 열심히 배워서

永矢勿替　길이 게으르지 않게 하소서
　　*중봉(重峰): 여기에서는 후율정사가 있던
　　　　　　　용촌리 뒷산을 일컬음

　추위가 풀리자 답답한 심사를 달래고 한동안 뵙지 못한 선대 묘소에 성묘도 할 겸 고향 김포로 향했다. 김포는 성균관에 진학하기 전까지 살아온 정든 곳이다. 비록 부모님은 세상을 뜨셨지만, 아직 집과 전답이 그대로 남아 있었다.
　그의 본향은 황해도 배천(白川)인데 세종 때에 5대조 환(環)이 강화부사와 나주 목사를 지내고 통진에 정착하면서부터 고향이 되었다. 이후에 조부 세우(世祐)공이 인접한 김포 감정동 구두물로 이사를 한 것이다.
　조헌은 어린 시절부터 효자로 소문이 났다. 그는 부모의 명이 있을 때는 반드시 무릎을 꿇고 대답하였고, 한 번도 분부를 거스르지 않았으며 공경하고 섬김이 지극하였다. 부모에게 편지를 쓸 때는 먼저 손을 씻고 의관을 바로 한 다음에 붓을 들었으며, 제사를 지낼 때는 정성과 공경을 극진히 했다. 이러한 조헌의 효성은 평생을 변함이 없었고, 친부모님이 돌아가신 뒤에도 계모 모시기를 친어머니보다도 더 정성을 다했다.
　조헌이 평생 소고기를 먹지 않았다는 일화는 이미 알려진 일이다. 하루는 집안 어른 되시는 분이 억지로 소고기를 먹이려고 하였다. 이에 조헌은 눈물을 흘리면서
　"나의 아버지께서 임종 하실 때에 쇠고기를 잡수고 싶어 하셨으나

집이 가난해서 해드릴 수가 없었습니다. 그런데 어찌 차마 이것을 먹을 수가 있겠습니까?"

하고 거절하니 더는 권유 할 수가 없었다고 한다.

아버지가 돌아가실 때 그는 부평에 유배되어 있었다. 부평에서 김포 본가까지는 불과 지척의 거리였으나 죄인의 몸이라 갈 수가 없었다. 그것이 가장 큰 불효였고, 평생을 두고 가슴 아픈 일로 남았다. 그가 유배에서 풀려나 아버님 묘소를 찾았을 때 임종 전에 그토록 먹고 싶어 하시던 소고기를 해드리지 못했다는 식구들의 말을 듣고는, 그로부터 목으로 소고기를 넘길 수가 없었다고 한다.

고향을 찾은 그는 그곳에서 한동안 머무른 것으로 보인다.

6. 조헌은 성인(聖人)이다

"조헌은 성인(聖人)이다." 당대에 어의(御醫)를 지낸 의관 양예수(楊禮壽, ?~1600년)가 조헌을 일컬은 말이었다.

양예수는 호가 퇴사옹(退思翁)으로 의학에 신통하여 명종과 선조 두 임금에 걸쳐 어의를 지냈으며 동지중추부사(同知中樞府事)까지 올랐다. 그는 명종 때에 내의로 있으면서 병약한 순회세자를 치료하였으나, 1563년 세자가 세상을 뜨자 그 책임으로 투옥되었다가 다시 예빈시 판관(禮賓寺判官)으로 발탁되었다. 1565년에는 어의가 되어 명종의 총애를 받아 정3품인 통정대부(通政大夫)에 올랐고 명종이 34세의 나이로 세상을 떠나자, 내의(內醫) 일을 접고 시골집으로 돌아갔다. 10년이 지나서 선조가 서울로 불렀으나 끝내 거절하다가

1580년 선조가 큰 병을 얻자 어쩔 수 없이 조정에 나와 임금의 병을 고쳐서 그 공으로 가선대부(嘉善大夫) 동지중추부사(同知中樞府事)를 제수받았다. 그는 의림촬요(醫林撮要)를 저술하였고 태의로서 동의보감(東医宝鑑) 편집에도 참여하였다.

양예수가 죽자, 선조는 "양예수는 의관이다. 그는 의술로 한세상을 울렸다. 그의 동생 지수(智壽)도 의관이었는데 임진왜란 중에 적에게 잡혔을 적에 적을 꾸짖고 강에 빠져 죽었다."라고 실록에 기록하고 있다.

양예수는 평소 권세가에서 진찰을 요청해 오면 늙어서 다릿병이 있다는 핑계로 응하지 않았다. 그가 의술에는 유능한 인물이었지만 한편으로는 거만하게 보는 이도 없지 않았다. 임진왜란이 일어나자 태의(太醫)로 있던 양예수가 선조를 따라 파천을 가게 되었다. 미처 말을 준비하지 못한 그가 걸어서 일행을 따라가는데, 이를 보고 이항복이

"양 동지, 다릿병에는 난리탕(乱離湯)이 그만이구려."

하고 빈정거렸다고 한다.

조헌은 이러한 양예수와도 교분이 있었다. 어느 날 조헌이 양예수의 집을 찾았다. 마침 여러 사람과 자리를 함께하고 있던 양예수가 좌중의 사람들에게 조헌을 소개했다. 그가 함께한 여러 사람에게 말하기를

"여러분 중에 일찍이 이분을 본 일이 있느냐?"

라고 묻자, 사람들이 대답했다.

"이름을 들어본 적은 있으나 본 일은 없습니다."

그러자 양예수는 웃으면서

"여러분들이 나의 친구이기 때문에 이분을 뵐 수 있으니 정말 다행

한 일이다."
라고 말했다.

　양예수는 약방(藥方)을 찾아오는 사람이 비록 명향달관(名鄕達官)이라도 맞이하고 돌아갈 때 문밖까지 나오는 법이 없었다. 더구나 다리에 병이 있어서 더욱 그러하기도 했다. 그런데 조헌이 올 때에는 뜰까지 내려가서 무릎을 꿇고 절하며 지극한 존경을 표했다. 조헌이 상좌에 앉아 용무를 마치고 돌아간 다음에 그 자리에 있던 사람들이 그 연유가 몹시 궁금하여 양예수에게 물었다.

　"당신은 발의 병으로 인하여 손님을 영송(迎送) 하지 않은 지가 오래 되는데, 오늘은 무슨 기운으로 조헌을 공경하는 것이 이토록 지극하냐?"

　이 말에 양예수는 감탄하며 말하기를

　"이분의 평생 하는 행동거지는 옛사람들에게서 구하려 하여도 짝할 수 있는 사람이 드물 것이다. 백성에게 인자하고 사물을 아끼는 마음씨는 그분을 성인(聖人)이라고 하여도 옳을 것이다."
라고 말했다. 그리고 계속하기를

　"이분이 전에 제관 벼슬을 할 때에 길을 가다가 좁은 길목에서 장작을 싣고 가는 사람과 마주쳤다. 그 사람이 조헌을 앞에서 인도하는 사람에게 채여 짐을 실은 말이 넘어지면서 장작이 모두 엎어져 버렸다. 그때 이분은 자기를 따르는 사람을 불러 넘어진 말과 장작을 모두 챙겨 보낸 다음에야 자기의 길을 간 일이 있었다. 이런 과정의 일은 이분에게는 예사로운 일이지만, 이 한 가지 일만 보더라도 여타의 행동을 알만하다. 내가 의업으로 여러 사람을 접해보았지만, 일찍이 이분과 같은 사람을 본 적이 없다."
라고 하면서 감탄하기를 마지않았다.

7. 공의 후덕한 말 한마디가 형벌보다 낫다

조헌은 김포 감정동에서 태어났다. 그의 집 뒤에는 작은 산이 있는데 이를 중봉산이라고 했다. 조헌이 자신의 호(號)를 중봉(重峯)이라 하였고, 용촌리 뒷산을 그리 부른 것도 고향에 대한 그리움이었을 것이다. 집 앞으로는 너른 평야가 한강을 연해서 펼쳐져 있었다. 감정동은 구두물이라고도 불리었다. 감정(坎井)이란 한자어를 우리말로 풀게 되면 "굔(구덩이) 우물"인데, 이것이 "구두물"로 연음 되었다고 한다.

동네 앞 벌판의 동쪽을 흘러서 한강에 합류하는 지류가 있었다. 이 합류 지점이 나진 나루터였다. 나루터 부근에 강심(江心)을 향해 너른 바위가 하나 놓여있다. 사람들은 이 바위를 대감 바위라고 불렀다. 조헌은 어려서부터 이 바위에서 놀며 자랐다. 고향을 떠난 후에도 이곳을 찾아오면 바위에 앉아 한강에 낚시를 드리우고 깊은 생각에 잠기곤 했다.

그가 고향 김포에 들렀을 때였다. 어떤 사람이 오래전에 달아난 종이 모현(某縣)에 살고 있다는 사실을 조헌에게 귀띔해 주는 것이었다. 여러 대를 두고 이 사실을 모르고 있었는데 새롭게 알게 된 사실이었다.

조헌이 걸어서 그곳으로 찾아갔다. 마침 그 고을에는 전부터 알고 지내는 신언경(愼彦慶)이 부사(府使)로 있었다. 이 사실을 들은 신언경은 형리를 보내 그 종을 붙잡아왔다. 종은 처음부터 조헌을 주인으로 인정하지 않으면서 자기는 본래부터 양가의 출신이라고 완강히 주장했다. 이에 노한 부사 신언경이 태(笞)를 수십이나 쳐도 끝끝내 승복하지 않고 자기는 양민이라고 계속 주장하는 것이었다.

이를 보고 있던 조헌은 매를 맞는 종의 고초를 가엾게 여겨서 신공(愼公)에게 이르기를

"이놈이 과연 나의 종놈이라고 하면 비록 중한 형장을 맞고 죽어도 괜찮겠으나, 만일 매질에 못 견디어 거짓으로 승복하게 한다면, 이것은 양민을 위협해서 강제로 천민을 만드는 것이니 불가한 일이요, 일이 잘못될까 의심스러우니 강권으로 승복하는 것은 온당하지 못한 일이오, 형벌을 중지하고 정(情)으로 물어봄이 가할 것이오,"
라고 말했다. 이에 신공(愼公)이 크게 웃으며 하는 말이

"과연 그럴까? 그것은 조공이 몰라서 하는 말이오. 이 자가 도망쳐서 멋대로 산 것만 해도 이미 그 죄가 중하고, 또 이놈이 공의 위세를 두렵게 여길만한 것이 없다고 여겨서, 요행이 종놈의 신세를 모면하고자 중한 장형을 가하여도 승복하지 않는데, 하물며 온화한 말로 물어본다고 하여 어찌 스스로 사실을 고백할 리가 있겠소?"
라고 말했다. 그러나 조헌은 신공(愼公)에게 형신(刑訊-정강이를 때리며 문초하는 형벌)을 여기서 멈출 것을 완강하게 만류하니, 신공(愼公)도 더 이상 고집하지 못했다.

이때 좌중에 있던 사람들이 이구동성으로 조헌을 향해 세상 사정에 어둡다고 웃었다.

조헌이 그 종을 앞으로 불러내어 말하기를

"네가 과연 양민이라고 하면 네가 말한 것같이 하여도 좋겠다. 그러나 그렇지 않다고 하면 주인을 배반하고 양민을 모독한 것이니 죄는 네게 있는 것이다. 너도 인간으로서 양심이 있을 것이니 물러가 깊이 생각해 보라."
라고 하니, 그 종이 유유히 집으로 돌아갔다.

다음 날 조헌과 신언경이 마주 앉아 있을 때였다. 그 종놈이 노모와 자녀들을 데리고 관아에 나타났다. 그들이 머리를 조아리고 눈물을 흘리며 사죄하기를

"누대를 두고 주인을 배반하였으니 소인의 죄가 만 번 죽어도 다하지 못할 것인데, 오늘날 주인어른의 정성스런 마음에서 우러나오는 따뜻한 말씀이 이와 같으니, 하늘이 두려운 지라 어찌 감히 끝내 주인을 배반할 수 있겠습니까."
라고, 스스로 종임을 자백하는 것이었다. 이 광경을 지켜보고 있던 신공(愼公)은 경탄해 마지않으며 오래도록 탄복해서 이렇게 말했다.

"관가의 형벌을 가하는 것이 조공(趙公)의 후덕한 한마디 말 만 못하다."

8. 도끼를 메고 한양으로 향하다

세상은 혼탁해지고 백성들의 삶은 갈수록 피폐해졌다. 중앙과 지방을 막론하고 관리들은 부패하고 무능했으며, 무고한 백성들이 겪어야 하는 무자비한 수탈과 가혹한 진상은 눈 뜨고 볼 수 없을 정도였다. 조헌의 성품으로 이러한 현실을 앉아서만 볼 수는 없었다. 그는 이미 이

러한 폐단을 논하는 상소를 준비하고 있었다.

1589년 4월, 논시폐소(論時弊疏)를 준비한 그는 백의에 도끼를 어깨에 메고 옥천을 출발하였다. 도끼를 옆에 놓고 상소를 한다는 것은 임금에게 내 말을 가납 하지 않겠다면 이 도끼로 내 목을 치라는 결연한 의지의 표현이었다. 그는 지금 생명을 내건 지부상소(持斧上疏)를 하려는 것이다. 고려 말 감찰규정(監察糾正)으로 있던 우탁(禹倬, 1263~1342)이 충선왕(忠宣王)의 패륜 행위를 직간한 지부상소가 처음이었다. 조헌은 상소문에 우탁의 대의를 계승하여 지부상소를 하게 되었음을 밝혔다. 이는 우탁 이후 처음 있는 일이었다.

오랫동안 시정(時政)과 백성들의 삶을 살펴보며 느낀 바를 실천하려는 것이었다. 상소에는 조정의 과오와 백성들의 참상을 논하고 대신들의 비행을 탄핵하는 내용이 들어있었다. 이 상소로 인하여 임금과 대신들은 분노할 것이며, 중벌을 면치 못할 것이란 사실도 충분히 예상하고 있었다.

그러나 옳은 일을 놓고 세력자에 굴하거나 자신의 안위를 내세우는 것은 선비의 자세가 아니다. 오직 환난을 무릎 쓰고 의리의 신념으로 사회에 올바른 방향을 제시하는 것이 선비의 책임이다. 그는 자신에게 닥칠 위험을 알면서도 이를 실행함에 주저하지 않았다.

대궐에 가서 지부상소를 하기 전에 할 일이 있었다. 그는 한양으로 들어가기 전에 김포 선영을 먼저 찾았다. 다시는 뵐 수 없을지도 모를 부모님 산소였다. 이 상소로 인하여 자신에게 큰 벌이 내릴 것을 알고 있었다. 그는 다음과 같은 제문을 지어 부모님 묘소에 고한다.

> ### 제고비문(祭考妣文)

만력 17년 4월 8일(萬曆十七年乙丑四月八日) 효자 헌(憲)은 현고(顯考) 모관 부군((某官府君) 현비(顯妣) 모봉 모씨((某封某氏)께 감히 고하나이다.

엎드려 생각하옵건대 타향에 떠돌아다님으로써 어머님을 봉양하는 일이 매우 고생스러웠습니다. 힘대로 할 것이 농사뿐이므로 조금의 겨를도 없었던바, 봄 한식(寒食) 시절이 되었어도 한 차례 성묘를 못했으니 자식 된 도리를 다 못하고 구름만 바라보며 길이 애통했습니다. 사도(師道)의 부색(否塞)함과 국운의 쇠퇴함을 가만히 생각하오니 "임금과 스승과 아버지는 한 몸이다"라고 훈계하신 말씀이 생각되옵니다. 그리하여 위험한 만언소(萬言疏)를 올리게 되었으나, 분수에 넘치고 시대에 기피되는 일에 부딪혀 큰 죄를 얻게 되면 앞서의 훈계를 떨어뜨릴까 두렵습니다. 이에 임금의 명을 기다리는 아침이기에 삼가 어물과 술잔을 갖추어서 공손히 경례를 드리오니 흠향하시옵소서!

관직을 스스로 벗어던진 조헌에게 무슨 사리사욕이 있겠는가. 오로지 나라를 위하는 충의와 백성들의 안위를 걱정하는 마음에서 나오는 것이었다. 부모님 묘소를 찾아 제문을 올린 그는 지체하지 않고 대궐을 향했다. 이때의 심정을 담은 시 한 수를 남기는데 "성묘 후 대궐에 나아가 상소함(省墓後詣闕陳疏)"이다.

> 朝辞考墳哭　아침에 아비 무덤에 이별을 고해 울고
> 夕向君門去　저녁엔 님 계신 대궐로 향하네
> 君門倘一開　님 계신 대궐문이 열리면

請陳虞周語　요순문무(堯舜文武) 좋은 정치 여쭈어보렴

我非屈三閭　나는 굴삼려(屈三閭)도 아니고
我非陽諫議　양간의(陽諫議)도 아닌데
三爲吃吃不能休　세 해를 더듬더듬 그칠 수 없는 것은
欲爲軍師明大義　님을 위해 대의를 밝히고저 함이다

지부복궐도

대궐에 도착한 조헌은 논시폐소(論時弊疏)를 조정에 제출하고, 도끼를 옆에 놓고 대궐 문 앞에 엎드려 어명을 기다렸다.

논시폐소(論時弊疏)는 무리하게 시행한 사북령(徙北令)의 폐해와 공부(貢賦-공물과 세금), 역역(力役-부역), 형옥(刑獄-형벌)에 관한 잘못된 정책을 논하고, 조정 대신들을 규탄하는 내용을 담은 만언소(萬言疏)이다. 조헌은 이 상소를 통해서 관리들의 부패와 무능, 백성들에게 가하는 무자비한 수탈의 충격적인 진상을 세상에 그대로 드러냈다.

9. 〈論時弊疏〉 사북령((徙北令)과 북방 이주민의 참상

사북령(徙北令)은 남쪽의 백성을 북쪽 국경 지역으로 강제로 이주시키는 정책이었다. 북방지역은 외적의 잦은 침략과 위협이 끊이지 않았고, 예로부터 사람이 살기 어려운 환경이었다. 그러나 북방을 우리의 영토로 만들기 위해서는 강제적으로 이주시키는 정책이 필요했던 것이다.

처음에는 평안도 일대에 거주하는 백성들을 대상으로 하였으나 이에 응하는 자가 없자 강원도는 물론이고 충청·전라·경상도까지 확대하여 대상자를 모집하는 방식으로 모집했다. 그러나 사북령은 조정의 무리한 시행으로 많은 폐단을 낳고 있었다.

조헌은 전례 없는 시변(時變)의 화근이 되고 있는 사북령(徙北令)의 문제를 이렇게 지적한다.

> 신이 그윽이 듣건대 요사이 천재(天災)와 시변(時變)은 전고(前古)에 없는 바이므로 비록 삼척동자도 미리 헤아릴 수 없는 화가 있을 것을 알고 있습니다.
> 화근의 소재는 오직 백성을 옮기는 한 가지 일을 점차적으로 하지 않고 급박하게 처치함으로써 재화(災禍)를 불러온 듯합니다. 비단 이민으로 간 사람만이 의지할 곳이 없어 도망하거나 죽는 것만이 아니고 이를 보호하는 인족(鄰族-가까운 이웃)도 또한 꼬리를 물고 달아나 피하니, 비록 상앙(商鞅-부국강병 계책을 낸 진나라 사람)의 밀법(密法)으로도 수습을 못할 것이라 생각됩니다.

이러한 현상은 조정이 제대로 된 대책 없이 너무나 급박하게 이주시킨 당연한 결과였다. 백성들이 북방으로 옮겨가야 할 처지가 되면 모두가 달아나니, 지금으로서는 이를 수습할 대책이 없다고 지적하면서 그 폐해를 이렇게 진언한다.

> 심한 말씀을 드린다면, 관아에서 날마다 궐(闕-참여하지 않음)로 받아들이는 세 종목이 있으니, 연가(烟家)와 환상(還上), 산행(山行)이 그것입니다. 한 사람의 이름을 세 문서에 나누어 기재하여 삼군문(三軍門)에 나누어 주었으므로 각처에서 이를 점호할 적에 겨우 한곳의 이름에 응하면 두 곳은 궐이 나게 되는데, 그렇게 되면 초피(貂皮-돼지가죽)와 세포(細布-세마포)를 반드시 그 사람에게 책임 지웁니다.

백성들을 괴롭히는 것은 이와 같은 불합리한 제도의 문제만이 아니었다. 관리들의 수탈 행위는 악랄하고 끝이 없었다. 관리들의 횡포에 시달리는 북방 백성들의 실상을 이렇게 상소한다.

> 또, 대소의 관료들에게 성대하게 차려내는 음식이 그들의 뜻에 차지 않으면 엄형과 중벌이 따릅니다. 토병(土兵-지역민으로 편성된 지방군사), 객호(客戶-다른 지방에서 옮겨와 사는 사람), 포정(庖丁-백정), 재부(宰夫)들은 처음에는 관곡(官穀)을 빌어다가 마련하고, 다음에는 전지와 집을 팔아 마련하며, 마지막에는 친족의 농우까지 빼앗아다가 바쳐도 지탱할 수가 없으니 서쪽으로 달아나고 동쪽으로 도망하게 됩니다.

이처럼 지방관과 아전들의 가혹한 처사에 이주민들은 이루 말할 수 없는 참상을 겪고 있었다. 조헌은 임금에게 죄 없는 백성들을 죽을 곳으로 몰아넣어서는 안 된다고 강변한다.

지금 쇄환(刷還-다시 돌아옴)한다 하더라도 전지와 집이 남의 소유가 되어있고, 엄혹한 형벌은 예전보다 더 가중되었으며, 태장(笞杖)의 크기가 관죽(管竹)만 하므로 아전과 백성들은 살가죽이 온전한 데가 없습니다. 약간의 창고 곡식으로 오랑캐까지 힘입고 있는 실정으로 주호(主戶)를 넉넉히 해주면 객호(客戶)가 굶어 죽고, 객호를 넉넉히 해주면 주호가 굶주리게 됩니다. 따라서 적곡(糴穀)을 바칠 길이 없어 관에서는 빈 문서만 쥐고 있으므로 계속하여 진휼(賑恤)할 수가 없습니다. 나물과 나무 열매로 어렵게 먹고사는 정상은 멀리서 듣는 사람도 놀라게 합니다. 그래서 이주하는 초기에는 모두 반드시 죽을 것이라는 마음을 품게 되니, 그렇다면 죄 없는 백성을 강제로 몰아다가 반드시 죽을 곳으로 나아가게 하는 것은 결코 성상으로서는 차마 하실 일이 아니옵니다.

10. 〈論時弊疏〉 칼로 죽이나 정사(政事)로 죽이나 살인은 같습니다

"칼로 죽이나 정사(政事)로 죽이나 살인은 같습니다." 조헌은 강경한 말로 북쪽 변방으로 보낸 이주민들의 비참한 실정을 진술하면서 선조를 이렇게 꾸짖는다.

칼로 죽이는 것이나 정사(政事)로 죽이는 것이나 살인한 것은 같습니다. 전하께서 이 백성들이 모두 죽었다는 것을 들으시면 반드시 처연히 마음속으로 슬퍼하게 될 것입니다. 백성의 부모가 되어 어찌 차마 먼저 백성의 산업을 관리하지 아니하고, 그저 백성을 옮기는 명령만 급급히 내리신단 말입니까.

선조의 실정을 정면으로 비판한 조헌은 백성들이 죽어가는 사북령(徙北令)의 폐해를 방지하고 백성을 보호할 수 있는 이주 방책을 내놓는다. 먼저 이주민이 먹고 입고 살 수 있는 산업 대책과 병행하는 이주 대상을 셋으로 나누어 점차적으로 옮기는 삼분사일제(三分徙一制)였다.

지금 백성의 산업을 관리하는 데에는 다른 방법이 없습니다. 오직 현재 쇄환시키는 문서에 기록되어 당연히 옮겨야 할 백성들에 대해서, 그 가운데 노약자는 그대로 남쪽 지방에 살게 허락하되, 그들의 소원에 따라 해마다 공목(貢木-무명)을 납입하게 한 다음, 관에서 역마로 운송하여 토병(土兵)의 남녀로서 농사를 지을 수 있는 자에게 1필씩 나눠주어 둔전을 개간하게 하소서. 그렇게 하면 토병의 남녀가 추우면 옷을 입게 되고 굶주리면 이를 팔아 밥을 먹을 수 있으니, 오랑캐 지방의 찌꺼기를 빌어먹기 위해 몰래 왕래하면서 나라의 계책을 누설하는 지경에 이르지 않을 것입니다.

이주 대상자 중에서 노약자는 그대로 남쪽에 머물러 살면서 베를 짜게 하고, 이를 북방으로 먼저 간 이주민에게 공급해서 최소한의 살 방도를 마련해 주고, 이들로 하여금 둔전을 개간하여 다음에 오는 사람들이 살 수 있는 농토를 마련하게 하라는 것이었다. 이른바 시간을 두고 먼저 살 방도를 강구 한 다음에 순차적으로 이주시키는 방법을 제시한 것이다.

새로 개간한 전지의 수확이 점차 축적되어 신호(新戶)를 부양할 수 있게 된 뒤에 각 진(鎭)으로 하여금 개간한 전지가 몇 결(結)이 되고, 신호 몇 가구를 수용할 수 있는가를 갖춰 보고하게 하여, 곧 호조와 병조로 하여금 상의하여 현재 쇄환시키는 문서에 따라 장정이 많은 호구를 먼저 선택하여 점차 들여보내소서. 그리하여 간혹 문관인 부사(府使)와 판관(判官)을 배치하여 조종조(祖宗朝)처럼 십분 다독거려 배양시키게 하소서. 그리하여 세 종류의 문서로 나뉘어 동시에 부역을 부여해서 동원에 나오지 못한 자를 징수하는 폐단을 제거하되, 초피(貂皮)를 경상(卿相)의 집에 바치는 자는 아대부(阿大夫)로 지목하고 태형과 장형으로 교정하는 규정을 회복하고, 한 사람의 목숨이라도 잔인하게 죽인 자는 엄벌에 처하소서.

장정이 많은 호구를 먼저 보내서 둔전이 개발되고 살아갈 방도를 마련한 그다음에 새로운 대상자를 실정에 맞게 이주시킨다면, 백성들이 정착하는데 문제가 없다는 것이었다. 그는 백성들을 괴롭히는 과도한 세금과 관리들의 횡포를 방지할 대책까지도 함께 제시했다. 이렇게 되면 북방 국경은 튼튼해지고 백성들은 나라에 충성을 다하고, 굳이 남쪽에서 군대를 뽑아 보내지 않아도 기능할 것으로 전망했다.

신구(新舊)로 이사한 백성이 소도 있고 자기(磁氣)도 있어 농사에 힘쓸 수 있다면, 요새 밑의 황전(荒田)이 낙토가 되지 않을 곳이 없을 것입니다. 이렇게 한 후에 전법(戰法)을 교련시키되 효제충신(孝弟忠信)을 우선적으로 하고, 시어(射御-활쏘기와 말 타기)를 잘하는 자에게 상을 내리며, 원대한 꾀가 뛰어난 자는 뽑아서 쓰십시오. 그들이 윗사람을 잘 섬기고 어른을 위하여 죽는 것이 의리인 줄 알게 된다면, 몽둥이로 오랑캐를 칠 사람이 토병과 이민에서 반드시 나올 것이며, 남녘 땅의 정병을 해마다 뽑아 보낼 필요조차 없을 것입니다.

삼분사일제(三分徙一制)는 참혹한 백성들의 삶을 안타깝게 여긴 조헌의 개혁적이고 합리적인 제안이었다. 여기에는 백성들을 걱정하는 애민 정신이 가득 배어있다. 이 제안은 북방의 국경지방으로 강제 이주하는 백성들을 보호할 수 있는 뛰어난 방책이라고 할 것이다. 그러나 선조가 이를 채택했다는 말은 듣지 못했다.

11. 〈論時弊疏〉 국운(國運)이 위태로운 지경에 이르렀다

북쪽 변방으로 이주한 백성들의 참상을 자세히 언급한 조헌은 이어서 그에 못지않은 남쪽 지방 백성들의 참담한 생활도 진언한다. 북도의 빈약함은 진실로 근심스러운 일이지만, 남쪽 지방의 공허(空虛)함도 실로 국가의 큰 근심거리라는 것이다. 백성들이 살 수가 없어 흩어지는 까닭은 한둘이 아니지만, 가장 큰 원인으로 부역(力役)이 번다한 것, 공부(貢賦-공물과 세금)가 가혹한 것, 형옥(刑獄-법의 집행)이 번거롭고 원통한 것이다. 이 세 가지 일이 백성들에게 원한을 쌓게 한 것이 하루 이틀이 아니어서 말세의 변괴가 아닐 수 없다는 것이다.

먼저, 연산군 때에 만든 공안(貢案)이 현실적이지 못하고 공물을 징수하는 관리와 서리들의 가혹한 횡포가 이루 말할 수가 없다고 지적하였다.

크고 작은 고을에서 공물을 배정함이 고르지 못하고, 조목을 세밀히 나누어 마치 새털처럼 번다합니다. 한 자그마한 물건을 서울로 올려보낼 때 인정(人情-벼슬아치에게 주는 뇌물)과 작지(作紙-부가세의 하나)의 비용이 갑절 또는 5배 이상 듭니다. 삼명일(三名日-세 명절)에 바치는 방물(方物-임금과 수령에게 바치는 특산물)의 대가가 지나침이 극도에 달하여, 가죽 한 장의 값이 포목 1동(同-무명과 베는 50필에 해당)이 넘기도 하고, 그 나머지 작은 물건도 모두 8결(結-조세를 부여하기 위한 논밭의 단위)에서 마련하니, 포목이 없어 의복이 없으니 추위를 지낼 수가 없습니다.

호조(戶曹)에서는 나라에서 쓸 물건이 부족할 것을 근심한 나머지 이문(移文-공문)을 급히 보내어 기준 세액을 확보토록 명령하니, 각 고을의 서리는 겁이 나서 흉년을 당한 메마른 땅이건, 병충해를 입은 전지이건 일체를 상지상(上之上-최상의 등급)으로 과세하여 키 머리(추수 현장)에서 징수하여 가니 바칠 곡식도 부족하여 빌려야 하는 판에 굶주린 백성이 먹을 것이 있겠습니까.

다음은 부역(力役)의 문제로 군정(軍丁-군적에 있는 지방 장정)의 역사(役事)가 해마다 가중되고, 결부(結負-논밭의 면적)에 대한 요역(徭役-장정에 부과하는 노역)이 달마다 증가하는 폐해가 이루 말할 수 없다는 것을 지적한다.

군정(軍丁)의 노역도 괴로운 것이 많은데, 이웃과 일족에 대한 침탈이 해마다 더욱 가중합니다. 게다가 수령을 자주 바꿈으로써 신구의 수령을 전송하고 영접하는 절차가 빈번하여 객태(客駄-말에 싣는 짐)가 해마다 무거워지고, 진상하는 물건에 뇌물을 가지고 가니 우역(郵驛)

의 말과 백성의 농우가 날로 죽어가고 있습니다. 결부(結負)에 대한 요역이 달마다 증가하는 것은, 또 공족(公族)들의 궁실(宮室)에 사용하는 재목을 오로지 백성에게 부담하고, 성을 축조하는 승군(僧軍)의 대가도 곤궁한 민가에 책임을 지우고, 경상(卿相)의 집을 수리하는 데에도 이들에게 의뢰하고 있기 때문이니, 지금 백성의 역역(力役)이 번다한 것이 예전 백성에 비해 어떠하겠습니까. 옛날의 백성은 공부를 바쳐서 왕실을 호위할 따름이었는데, 오늘날의 백성은 사문(私門-관리 개인 집)의 역사가 한 해에 헤아릴 수 없습니다. 그리고 변방의 역사가 진나라 때의 조고보다 심하니, 어찌 백성이 곤궁하지 않고 또, 도둑질하지 않을 수 있겠습니까.

셋째로 형옥(刑獄)의 문제는 뇌물이 횡행하여 멀쩡한 양인을 종으로 만들고 억울한 일을 당한 백성들이 하소연할 곳조차 없는 실정을 이렇게 비판한다.

형옥(刑獄)의 처리는 법을 무시하고 뇌물의 다소와 형세에 따라 처결하는 것은 이루 다 말할 수 없습니다. 양인을 억울하게 천인으로 바꾸며, 사람을 빼앗아다 노비를 삼고, 탐욕한 사람과 난민들이 남의 분묘(墳墓)를 파헤치고, 남의 집을 헐어 빈터로 만드는 등 이리하여 죄 없는 백성이 하늘에 호소함으로써 수재와 한재의 재앙이 이미 초옥(楚獄)처럼 억울할 뿐만 아니라, 이 백성의 원한이 화(化)하여 수한(水旱-장마와 가뭄)의 재앙이 되옵니다. 이 어찌 성심(聖心)께서 마음 아파할 일이 아니겠습니까?

관리들이 함부로 법을 무시하고 뇌물로 형벌을 결정하는가 하면, 북쪽으로 이주민을 보내라는 조정의 명령을 수행하며 자행되는 억울한 백성들의 원성이 이루 말할 수가 없었다. 조헌은 억울하게 고통받는 백성들의 실상을 임금에게 이렇게 말한다.

지난 가을에 북쪽 사람을 쇄환(刷還 – 도망친 자를 다시 돌려보냄)하라는 명령이 계셨는데, 죄수가 많아서 옆집까지 합병하여 옥을 만들어 버렸습니다. 그 구속 대상이 양민에게만 그치지 않고 지위가 높고 행동이 점잖은 사람의 자제까지도 형장을 면치 못하였으니 이민(移民) 기피자를 한 사람 재워 보냈다 하여 온 가족이 북방으로 이민을 가야 했고, 한 골육의 정을 끊기가 어려워서 잠깐을 쉬어가게 했다가 그 피해가 수십 호의 이웃에 미칩니다. 옛사람이 말하기를 '한 사람이 옥에 있음으로 해서 만인이 업(業)을 폐(廢)한다'고 하였고, 또 말하기를 '감방의 고초는 하룻밤이 일 년과 같다고 하였으니 이제 하소연할 곳이 없는 백성을 옥에 가두어 겨울을 지내고 봄이 와도 오히려 풀어 주지 않아 만물이 다 생기에 차 있지만, 이들은 사심(死心)으로 가득 차 있습니다.

한 죄수가 경기 감옥에서 죽으니, 그의 친족 가운데 고관의 지위에 있는 분이 있어 옷을 보내어 염하려고 하였다. 그곳 수령이 어사에게 보고하여야 한다고 하여 공문을 발송하니 그 공문이 갔다 오는 동안 한 달을 거적으로 시체를 덮어 놓았고, 또 한 아이가 호옥(湖獄)에서 죽었는데 그 시체를 옷으로 가리지도 않고 파묻지도 못한 채 여러 죄수 중에 그대로 놓아둔 채로 십 일을 지냈으니 그 원한이 어떠하겠습니까? 옛날 한 어진 군수는 '감옥에 있고서야 어찌 마음이 평안하겠는가. 옥문에 나아가서 판결하겠다'고 하였습니다. 이제 성상께서는 어진 마음으로 살상을 그치려 하셨습니다. 그런데 백성의 고충을 제거하는 것으로 급무(急務)를 삼아야 관리는 어찌 옛날의 어진 군수와는 어긋나는 처사만 하고 있습니까?

백성들을 사지로 몰고 가는 가혹한 세금과 부역 그리고 부정한 형벌로 고통을 받는 백성들의 억울함을 진술한 조헌은 나라의 운명이 마치 망망대해 한가운데에서 물이 새어 기울어가는 배의 운명과 같다고 비유하였다.

　　아! 어린아이가 물이나 불속에 빠졌다면 옆에 있던 사람은 자기의 몸이 물에 빠지거나 머리카락이 불에 타거나 돌보지 않고 빨리 달려가서 힘써 구원하여야만 실오라기만큼 붙어있는 목숨을 보전할 수가 있을 것입니다. 이제 민생이 곤궁하고 나라의 운명이 기울어서 지금의 사태는 마치 억만(億萬) 창생(蒼生)을 새는 배에 태우고 출항하였다가 중도에서 폭풍을 만나서 돛을 잃고 사방을 돌아보니 망망대해에 배 대일 곳이 없는 것과 같습니다.

　조헌은 나라가 이 지경이 된 원인이 인재를 제대로 쓰지 않아서 일어난 일이라고 지적하면서, 재상과 조정 대신들을 규탄하고, 충현을 기용하여 나라를 바로잡을 것과 왕실의 근검을 요구한다.

　　성상께서는 청명(聽明) 하시고 경사(經史)를 널리 읽으셨으니 흥망과 치란(治亂)의 근본적 요소를 밝게 보시고 익숙하게 생각하셨을 것입니다. 그런데 어찌하여 이와같이 위급한 때를 당하여 전적으로 담담한 무리에게 위임하여 조종(朝宗)의 중기(重器-나라의 중요한 일)를 그르치게 하십니까?

　직설적인 상소로 임금을 질타한 조헌은 김귀영(金貴榮), 유전(柳㙉), 정언신(鄭彦信) 등이 재물을 부당하게 모으고, 뇌물을 받고 변방

장수를 임명하며, 군량을 군사들에게 제대로 먹이지 않고 사적으로 나누어 주는 등의 비행이 있다고 비판하고, 우서(禹瑞), 서예원(徐礼元) 등 당시 장군들의 무능함을 질타했다. 또한, 조정의 대신이던 정탁(鄭琢), 정언지(鄭彦智), 권극례(權克礼) 형제, 정윤복(丁胤福), 조인후(趙仁後), 윤국로(尹国老), 이인(李訒), 김응남(金応南), 유성룡(柳成竜) 등은 무능하고 비도덕적이라고 비판했으며, 이산해(李山海)는 처벌하라고 강경한 언사로 상소하였다.

목숨을 내건 대담한 이 상소는 당시의 부패하고 무능한 권력자들에 대한 엄중한 비판이었고, 백성들을 사랑하는 애민 정신이었다.

상소를 올린 조헌은 궐문 앞에 거적을 깔고 도끼를 옆에 놓고 엎드려 임금의 비답을 기다렸다.

12. 상소문에 가득한 말은 모두가 충담(忠膽)이로다

조헌이 유숙하는 집은 종루(鍾樓) 앞에 있는 쓰러져 가는 초가집이었다. 지은 지가 오래되어서 너무 낡고 기울어져 무너질 위험이 있었다. 낮에는 대궐 앞에 나아가 혹시 있을 임금의 비답을 애타게 기다리다가 저녁이 되어서 빈손으로 숙소에 돌아왔다. 그는 낮이나 밤이나 근심 어린 얼굴로 눈물만 흘리고 밤을 지새웠다. 그를 본 주인이 까닭을 물었으나, 아무 대답도 하지 않고 여전히 눈물만 흘릴 뿐이었다.

하루는 그가 밖에서 돌아오니 주인이 큰 나무로 지주를 세워 집이 무너지는 것을 방지하는 작업을 하고 있었다. 이것을 본 그가 탄식하기를

"슬프다, 주인집은 이 나무가 있어서 넘어지는 것을 부지하여 앞으로 수년간은 지탱할 수 있겠으나, 장차 나라가 기울면 누가 보호하며 어떻게 유지하겠는가?"

하며 목이 메어 말을 잇지 못하니 옆에 있던 사람도 감복하지 않을 수가 없었다. 그는 단 하루도 나랏일을 걱정하지 않는 날이 없었고, 때로는 불길처럼 타오르는 분함과 울분에 못 이겨 흐르는 눈물을 그칠 줄 몰랐다.

조헌이 도끼를 놓고 상소를 올렸다는 소문은 순식간에 한양 바닥에 퍼졌다. 모두가 조헌의 충절에 놀라고 감탄하지 않는 이가 없었다. 그러나 조정에서는 그에 대한 백성들의 관심이 달갑지 않았다. 그를 너무 미워해서 편의를 봐주는 사람에게 죄 주려고 나섰다. 심지어는 그가 유숙하는 집주인까지 잡아다가 죄로 다스리는 것이었다. 이렇게 되자 그의 친구들도 혹시, 피해를 받지 않을까, 꺼려서 문을 걸어 잠그고 만나주지도 않았고 연락도 하지 않았다.

그래도 우정을 변치 않는 사람은 첨정(僉正)으로 있던 일송(一松) 심희수(沈喜壽, 1548~1622)와 남창(南窓) 김현성(金玄成, 1542~1621)이었다. 심희수는 청송인으로 노수신(盧守愼)의 문인이다. 1572년 별시 문과에 급제하여 훗날 임진왜란에 명나라 제독 이여송을 영접하였고 판중추부사를 거쳐 좌의정에 까지 이른다. 심희수는 날마다 조헌을 찾아와 술과 시로 위문하였다.

秋月娟娟秋水淸 가을 달 가을 물은 곱고 맑은데
死生相弔影兼形 죽던 살던 따르는 것은 그림자뿐이로다

狂言滿紙皆忠胆　지면 가득 담은 말이 모두 충담이오니
鼎鑊前頭戴聖明　형벌에 앞서 어진 님이 밝혀 주리라

-沈喜壽-

조헌이 대궐 아래서 임금의 비답을 기다리다 밤이 깊어 돌아오는 길에 달은 어찌나 밝은지 심희수의 시에 차운한다.

娟娟秋月十分淸　아름답고 밝은 가을 달은
畢照人間品物形　인간 만물의 모습을 환히 비추네
若道孤臣有私曲　만약 외로운 신하 사사로운 마음이 있다면
余光応許寸心明　남은 빛 마땅히 촌심(寸心)을 밝혀주리

한편, 조헌의 상소를 받은 조정이 발칵 했다. 그렇지 않아도 일본에 통신사를 보내지 말라는 청절왜사소(請絶倭使疏)에 분노한 선조가 소장을 불태워 버린 사건이 있은 지 얼마 지나지도 않았는데 또, 조정과 대신들을 비판하는 지부상소(持斧上疏)를 한 것이다. 옥당(玉堂, 홍문관)이 먼저 조헌을 벌주어야 한다는 차자(箚子-신하가 임금에게 올리는 간단한 공문)를 올렸다. 이에 임금이 답하기를

> 전후의 차자를 보건대, 참으로 많은 애를 쓴 것이 가상하다. 그러나 조헌에 대한 의논이 너무 과한 것은 아닌지 모르겠다. 내가 이미 조헌의 말을 채용하지 않고 있는데, 조정의 제공들은 무엇을 협의하는가. 다만 제공의 언론은 그 중도(中道)를 다하고 대체(大體)는 힘써 그 공정함을 다하여 어진 것은 어질다 하고 그른 것은 그르다 하여 주기 바란다. 아침저녁으로 국사에 힘써 인심으로 하여금 스스로 복종하게 한다

면, 조헌의 광돌(狂突)한 말 같은 것은 있어도 그만이고 없어도 그만이다. 그렇지 않고 찬출(竄黜-벼슬을 빼앗고 귀양을 보냄)하기만 일삼는다면, 지금 조헌에게 죄를 준다해도 이다음에 조헌과 같은 자가 또 나올 것이다. 그러면 무슨 이익이 있는가.

하고, 선조는 조헌을 귀양 보내는 것을 반대했다.

13. 조헌을 함경도 길주 영동역에 유배하라

조헌을 벌주는 것은 실익이 없다는 임금의 하교에도 불구하고 조정 대신들은 멈추려 들지 않았다. 그다음 날에도 다시 양사(兩司-사헌부와 사간원)에서 조헌에 대한 논계(論啓)를 하니 선조가 이렇게 대답한다.

삼사(三司)에서는 조헌을 이미 귀괴(鬼怪)로 간주하고 있다. 대저 기괴가 대낮에도 모양을 나타내어 대들보에서 휘파람을 부는 등 거리낌 없이 행동하여 집안사람을 욕하고 꾸짖기까지 한다고 하더라도, 어찌 서로 따지며 화를 낼 필요가 있겠는가. 만약 팔을 걷어붙이고 떠들어 여러 날 시끄럽게 군다면 보는 사람들의 비웃음을 받을 것이니, 임금된 자는 듣고도 못 들은 척하면 그만이다. 대저 조헌은 하나의 필부일 뿐이다. 즉시 찬출을 명하여 모든 사람의 분개하는 마음을 위로해 주기는 어렵지 않다. 그러나 소(疏)로 인하여 찬극(竄殛)을 가한다면 사람들의 의심은 물론, 후일의 폐단을 야기하게 될 것이니 이점을 헤아려야 한다.

선조는 상소를 올린 자에게 벌을 준다는 것은 언로를 막는 폐단이 야기되고, 또 다른 논란의 대상이 될 수 있다는 점을 걱정하는 것이었다.

이에 영의정을 지낸 노수신(盧守愼, 1515~1590)이 말하기를

"조헌이 어리석고 망령되기는 하나 이미 헌언(獻言-상소)한 사람이니 유배시킬 수 없다"

라고 나섰으나 여전히 조정의 여론은 수그러들지 않았다.

이때, 삼사가 조헌을 탄핵하는 내용을 본 허봉(許篈)이 그를 두둔하고 나섰다. 허봉은 일찍이 명나라에 성절사로 다녀올 때 서장관으로 조헌과 함께 사행을 갔던 사람이다.

"내가 여식(汝式)과 만 리를 동행했으므로 그의 심사를 안다. 겸허한 마음에서 남을 믿고 이러한 소장이 있게 되었다고 한다면 오히려 가하거니와, 그가 흉험하고 교사하다고 지목한다면 후세에 공론이 되지 못할 것이다."

라고 조헌의 탄핵을 반대하고 나섰다.

그러나 삼사에서는 조헌을 벌 줄 것을 선조에게 계속 간했다. 그다음 날 다시 조헌의 일을 논계하기 시작했다. 그를 유배 보내라는 삼사의 끈질긴 요구는 계속되었고, 결국은 선조가 이를 수락하게 된다.

조헌을 찬배하라는 결정을 내린 그다음 날에 삼공(三公-영의정, 좌의정, 우의정)이 조헌의 유배 결정에 대한 그들의 뜻을 밝히는데

"언관들이 조헌을 논계 한 것은 필시 조정의 체면을 위한 것이나 신들의 뜻은 그렇지 않습니다. 조헌의 말은 진실로 따질 필요가 없습니다. 온 조정을 모함한 것이 비록 막대한 죄이나 치죄하지 않는 것 또한 성상의 포용하는 도량입니다. 그를 찬출에 처한다면 이는 온당치 못

할까 합니다."

라고 임금에게 아뢰었다. 그러자 선조는

"그러나 찬출의 명을 이미 내렸으니 이제는 어찌할 수 없다."

하고 삼공의 반대에도 이를 번복하지는 않았다.

선조실록에는 조헌이 충의로 분개하여 한 말(忠憤)로 할 말을 다 하였으나 일방적인 논의와 주장이 심하였고, 위태로운 말과 준엄한 비난을 하였음에도 중형을 면하고 찬배에 그쳤다는 사실을 이렇게 기록하고 있다.

대체로 조헌이, 사로(仕路)가 혼탁하고 민생이 곤궁하건만 조정에서는 오직 성혼과 이이를 배척하고 억제하는 것으로 진취(進取)하여 지위를 보전하는 계책으로 삼을 뿐이어서 국사가 날로 잘못되어 장차 위란의 경지로 들어감을 보고 충분(忠憤)을 견디지 못하여 성의를 다하여 끝까지 말을 하였는데 지루하였다. 이때 일방적인 논의를 주장하는 것이 심하여 사람의 형색(形色)을 살펴보아 조금이라도 성혼과 이이의 문하에 관계되면 중상하여 척절(斥絶)하였다. 그러나 조헌의 위태로운 말과 준엄한 비난은 고금을 통해 없었던 것이었는데도 찬배에 그쳤으니 아마도 밝은 임금이 위에 계시어 거칠고 우직한 것을 포용하지 않았다면 중형을 면하기 어려웠을 것이다.

14. 임금의 명(命)을 집에서 묵힐 수는 없다

한편, 상소를 올리고 임금의 비답을 기다리던 조헌은 친구들도 만나주기를 꺼려하고 유숙하던 집주인까지도 죄인 취급을 받는 마당에 서울에서는 더는 기거할 곳도 없었다. 그는 무거운 마음으로 향리 옥천으로 내려왔다.

함경도 길주 영동역(嶺東驛)에 정배(定配)하라는 어명이 도착한 것은 그가 옥천에 내려온 지 얼마 지나지 않아서였다.

1589년(선조 22년) 5월 8일, 밤비가 부슬부슬 내리고 있었다. 조헌은 집에서 십 리가량 떨어진 율봉산장(栗峰山莊)에 있었다. 의금부(義禁府) 이졸(吏卒)은 지난 3일에 내린 유배의 명을 받들고 옥천으로 달려왔다. 그들은 옥천에 일찍 도착했으나, 곧바로 어명을 전하지 않고 조헌의 집에서 오리 가량 떨어진 곳에 머물며 시간을 보내고 있었다.

이졸들은 밤이 되어서야 비로소 조헌의 거처에 이르렀다. 유배의 명을 전해 들은 조헌은 곧바로 집으로 돌아왔다. 먼저 모친과 사당에 하직을 고하고 서둘러 떠날 차비를 하였다. 이에 의금부에서 나온 이졸들이 이 밤에 길을 떠나는 것을 극구 말렸다.

이졸들이 말하기를

"오늘 제가 아침에 도착했으면서도 감히 거처하는 곳까지 오지 않은 것은, 제가 이곳으로 출발할 때 저와 같이 있는 사람들이 말하기를 '조 제독(趙提督)은 어진 분이라 명을 받으면 반드시 일각을 지체하지 않을 것이다. 그러니 너희는 모름지기 저녁에 그 집에 가서 사실을 전할 것이요, 그렇게 함으로써 밤에 길을 떠날 준비를 하게끔 하라.'고 했습니다. 그래서 제가 밤을 기다려 어명을 전한 것이니, 원컨대 이 밤은 이대로 머물고 내일 아침에 떠나는 것이 좋겠습니다."

라고 이 밤에 떠나는 것을 만류하자, 조헌은

"임금을 명을 집에서 묵힐 수는 없다."

하고는 밤에 집을 떠나 십 리 밖의 안읍창(安邑倉)에 도착했다. 이 소식을 들은 김잠(金箴) 4형제와 금응신(琴應信), 박득중(朴得中) 등이 찾아와 함께 유숙했다. 당시 조헌은 관직도 없었고 생활은 곤궁했다. 그러나 그의 귀양 소식을 듣고 사람들이 나서서 노자를 보태고, 필요한 물건을 들고 오는가 하면, 음식을 대접하며 위로해 주었고, 문인인 석계(石溪) 민욱(閔昱, 1559~1625)은 길주 영동역까지 그 머나먼 길을 함께 따라갔다. 지나는 고을의 수령들도 너나없이 조헌을 위로하고 편의를 아끼지 않았으며, 여러 사람이 음식을 대접해 주었다.

조헌은 5월 8일 유배의 명을 받고 옥천에서 함경도 길주 영동역까지 2천 리를 걸어가는 38일간의 유배 길을 기록한 일기를 남겼는데, 이것이 북적일기(北謫日記)이다. 일기를 통해 유배를 떠나는 날의 모습을 돌아본다,

◇ 1589년(선조 22년) 5월 8일 갑인(甲寅), 조금 비(小雨)

저녁에 금오졸(金吾卒-의금부의 나졸) 석응련(石應連)이 옥천의 율현(栗峴)으로 달려와서 지난 초3일 길주(吉州) 영동역(嶺東驛)으로 유배의 명이 내렸음을 전해 주다. 어머니와 사당에 작별 인사를 하고 안읍창(安邑倉)에 유숙하다. 김잠(金箴) 4형제와 금응신(琴應信), 박득중(朴得中) 등이 찾아와서 함께 자다. 김잠이 암말을 주었기 때문에 행차에 도움이 되었다. 그래서 길 떠나는 데 힘썼다. 이때 전염병(疹疫)을 앓는 아이가 위독하였다.

나졸 석(石)이 10일에 떠날 것을 권유하였으나 왕명이 지엄하니 조금도 지체할 수가 없다. 병든 말 두 필을 이웃 말과 바꾸다. 성주(城主

옥천군수를 말함) 사휴(士休) 남응서(南應瑞)가 글과 소주(燒酒) 2선과 노루 고기포 이속(二束)을 보내와 위로해 주었다.

◇5월 9일 을묘(乙卯), 조금 비(小雨)
　인척(姻戚) 박언장(朴彦章)과 이원영(李元英)이 술을 가지고 와서 전별해 주고 박문중(朴文仲), 정회(鄭澮)가 와서 작별하다. 둔령(芚嶺)을 넘어 원암역(元巖驛)에서 유숙하다. 완도(完堵)를 머물게 하여 집안을 보살피게 하고, 아우 전(典)과 아들 완기(完基 아들)가 먼 유배지로 따라나섰다. 박운길(朴雲吉)과 운거(雲擧)가 술을 가져와 이별하고 또 아침·저녁 음식을 차려서 관동(冠童)과 종자(從者)를 먹여 주다. 향소(鄕所)의 이응기(李應箕), 김경탁(金景卓), 김광보(金光葆) 부자(父子)가 저녁에 와서 작별하고, 주광문(周廣文)이 쫓아와서 작별하다. 그리고 신발(辛潑)과 박효신(朴孝愼)이 이별의 선물을 가져 오다.

15. 금부 이졸(吏卒)이 지성을 다하다

　당시 죄인을 압송해 가는 이졸은 으레 뇌물을 징수하고, 조금이라도 마음에 차지 않으면 온갖 방법으로 곤욕을 주었다. 그래서 죄인의 집에서는 비록 파산을 하더라도 이졸들의 욕심을 채워줘야 했고, 큰 벼슬이나 이름 있는 현자라도 뇌물을 주지 않을 수 없었다.
　그러나 조헌의 집은 몹시 가난했다. 설사 재물이 있다고 하여도 그의 성품으로 도리에 벗어나는 뇌물을 줄 것도 아니었다. 주위의 지인들이 서로 상의 하여 약간의 돈과 물건을 모아서 이졸에게 주었다. 그러자 이졸이 말하기를

"내가 이곳에 올 때에 우리 동료들이 뇌물을 받지 말도록 나에게 당부했고, 내가 사명을 마치고 돌아가면 나의 상관이 좋은 자리를 마련해 준다고 했으니, 내가 만약 이것을 받는다면 무슨 면목으로 다른 사람들 앞에 설 수 있겠습니까."

하며 끝내 사양하고 받지 않았다. 그러자 우구(雨具-비 올 때 쓰는 도구)인 유립모(油笠模)를 주면서

"비록 보잘것없으나 비를 가릴 만하니 바라건대 사양하지 말라."

고 했으나, 이졸은 내 바랑 속에도 있다며 끝내 받지 않았다.

이졸들은 유배지까지 조헌을 모시고 가면서 조헌의 시중들기를 마치 그의 종과 같이하였으며, 귀양지에 이르러서는 거처할 집을 수리하고 지붕을 고치면서 수일을 머물며 돌아가지 않으려 했다. 그래서 조헌이 빨리 돌아가서 복명(復命)할 것을 재촉하자, 그는 눈물을 흘리며 대답했다.

"비록 시간을 지체한 죄를 얻을지라도 차마 떨치고 갈 수가 없습니다."

하고 마지못해 작별을 고하고 떠나갔다.

금산 군수 김현성(金玄成, 1542~1621)은 조헌이 유배를 떠난다는 소식을 듣고 부지런히 뒤쫓아 갔다. 그러나 이미 그는 떠났고 안타까운 마음으로 사람을 보내서 털옷만 부쳐준다.

김현성은 본관이 김해(金海)로 목사 언겸(彦謙)의 아들이다. 호는 남창(南窓)이며 1564년 식년문과에 급제하여 아산 현감. 금산 군수, 양주 목사, 동지돈녕부사를 지냈다. 글씨와 시에 능했으며 숭인전비문, 이충무공수군대첩비문 등을 썼고 칠백의총에 있는 조헌의 일군순

의비문도 그의 글씨이다. 조헌과는 각별한 관계로 교유했다. 유배를 떠나는 조헌을 만나지 못한 그는 아쉬운 마음을 한 수의 시로 지어 털옷과 함께 보냈다.

　　一領羊裘寄遠行　한 벌의 털옷을 먼 길에 부치나니
　　臨風只欲淚沾纓　바람에 나부끼는 갓끈 눈물에 젖는구나
　　湘潭莫續懷沙賦　굴원의 회사부 이으려 하지 말고
　　重保餘生慰聖明　여생을 보중하여 성명을 위로하소서

조헌이 유배의 길을 떠나서 지나는 고장마다 그곳 수령과 선비들이 편의를 제공하고 음식을 대접하기를 그치지 않았으니, 당시 그의 명성을 짐작할 만하다.

◇5월 10일 병진(丙辰), 맑음(晴)
　좌수 유걸(庾傑) 부자가 찾아와서 음식을 대접하고, 좌수 김인보(金仁葆)가 아들 극련(克鍊)과 함께 송정(松亭)에서 전별 해주다. 함림역(咸林驛)에 도착하니 찰방 김사원(金士元) 등 제형이 술을 가지고 와서 전별한 까닭에 술에 취해 이튿날 아침에 깨어날 수가 없었다.

◇5월 11일 정사(丁巳) 맑음(晴)
　이사미(李士美)가 쫓아 와서 술로써 전별해 주고 유의(襦衣, 동옷)를 전별의 선물로 주다. 유보원(庾保元) 등과 귀현천에서 작별하고 저녁에 청천현(淸川縣)에 도착하다.

◇5월 15일 신유(辛酉) 맑음(晴)

　목계를 건너 삼령(三嶺)사이에서 쉬고 저녁에 단구(丹丘)에 유숙하다. 원주의 한주(韓胄)가 사람을 시켜 약물과 망혜(茫鞋-신발)를 보내왔으나 병을 핑계하여 만나지 아니하였다.

조헌은 충주에서 고개를 넘다가 남쪽 옥천의 구름과 산을 바라보며 감회어린 한 수의 시를 짓는데, 자신을 귀양 보내는 조정 신하들의 심정을 헤아리는 뜻이 들어있다.

　封章反謫嶺東天　봉장하여 영동 하늘가로 귀양 가는 데
　棄母荒山淚若泉　거친 산에 어머니 버려두니 눈물만 샘솟듯
　言数巨非ㅇ齋比　자주 신하의 잘못을 말하여
　朝紳齊憤理宜然　조정 관리들에 성냄도 이치로는 의당하리

16. 고난의 2천 리 귀양길

　옥천에서 함경도 길주까지 2천 리를 걸어가니 발이 부르트고 다리가 부어서 그 고통이 이루 말할 수 없었다. 조헌이 춘천부(春川府)에 들어선 것은 옥천을 떠난 지 열흘째 되는 5월 18일이었다. 민가에 유숙하였는데 부사 권덕여(權德輿, 1518~1591)가 아우 참봉을 시켜 술을 보내와 위로하였고 태수(太守)가 음식을 대접했다.
　권덕여는 대사간을 지냈고 명나라에 성절사로 다녀왔으며, 1983년에는 율곡을 탄핵하는 상소에 연명을 했다가 성주목사로 좌천되기도 하였다. 그가 조헌의 행색을 보고는 놀라서

"참으로 철한(鐵漢)이다. 진실로 강직하고 굽힐 줄 모르는 사람이구나. 송나라 채원정(蔡元定)이란 사람도 이보다 더하지는 못했을 것이다."

하고 감탄하는 것이었다. 춘천을 떠나는 조헌을 전송하던 안변부사 양사기(楊士奇, 1531~1586)의 아들 양해성(楊海星)이 시를 지어 위로해 주었다.

士子胸襟稷契情	선비의 마음씨로 경륜은 직계와 같아
致君堯舜出於誠	임금을 요순으로 만들려고 지성으로 노력했네
危言豈是羞唐介	위태로운 직간은 어찌 당개에게 부끄러우랴
嘉惠還教吊屈平	아름다운 은총은 오히려 굴평을 조문케 한다
人笑我愚心不改	남들이 어리석다 비웃어도 마음을 고치지 않고
自知身否道之亨	몸이 부색 한 줄 알건 만은 도는 형통했지
如今縱値投荒命	이제 비록 귀양살이 버려진 신명이지만
他日應傳竹帛榮	먼 훗날 죽백의 영광을 전할 것이다

―楊海星―

조헌이 유배 길을 나선 시기는 장마철이었다. 두 달 동안이나 계속된 비로 길은 흙탕으로 변해서 사람이 다니기가 힘들었다. 또 기호(畿湖)와 영동(嶺東)에서는 전염병이 창궐하고 있었다. 이 병에 걸렸다 하면 열에 칠팔 명은 죽었다. 옥천에서 아우 전(典)과 18살 된 아들 완기(完基)와 더불어 길을 떠났는데, 영동(嶺東)에 이르는 2천 리 험한 유배 길은 말이 아니었다. 가는 도중에 온 마을이 돌림병으로 인하여

도보과령도

죽은 자가 헤아릴 수 없었다. 조헌은 의술에도 정통했다. 병을 앓고 있는 마을을 지날 때마다 두려움도 없이 환자를 찾아가서 침(針)을 놓아주고 약을 써주어 살아난 사람이 매우 많았다고 한다. 그러나 정작 자신은 아무 탈이 없었다.

이때 아들 완기와 아우 전, 그리고 두 몸종도 이 병에 걸리고 말았다. 이들을 치료하기 위해서 잠시 길을 지체해 가며 온갖 간호와 정성을 다했다. 아들 완기는 겨우 살아났으나 아우 전과 두 몸종은 모두 사망하고 말았다. 귀양길이라서 마냥 지체할 수도 없고 약도 제대로 쓸 수가 없어서 결국 동생을 잃게 된 것이다. 그 슬픔은 이루 말할 수 없으나 장례를 치를 힘이 없었다. 동생의 시체를 말에 실어 김포 선영(先塋)으로 보내 장사를 치르도록 했다. 시체를 실은 말이 지나는 곳곳에서는 중봉의 아우라는 말을 듣고는 모든 사람이 탄식했고, 어떤 사람은 말과 사람을 내어 호송해 주기도 하였다.

김포에 이르렀을 때였다. 길을 잃고 헤매고 있을 때 착하지 못한 아이들이 몽둥이로 말을 때려서 시체가 땅에 떨어졌다. 이에 호송하던 종놈이 어찌할 바를 모르고 통곡하자 어느 노인이 와서 사연을 물었다.

종이 그 까닭을 말하자 동네 사람들을 모여들어 탄식을 하면서 "이는 곧 어진 사람의 아우인데 어찌하여 이 지경이 되었느냐?"고 안타까워하며 서로 도와서 시체를 호송하여 김포 선영에 장사를 지내 주었다.

조헌은 함경도까지 가면서 많은 사람들의 주검을 목격하게 되었고 비통한 마음을 어찌할 수가 없었다. 그것이 귀양을 가는 자신의 처지보다도 더 견디기 힘든 일이었을 것이다. 그중에는 남쪽 지방의 정예 군사들도 북도에 와서 죽어가고, 그 시체들이 거적에 싸여서 쌓여 있었다. 그는 시를 지어 그 군사들의 넋을 위로하였다.

生者誰知死者哀　산 사람 그 누가 죽은 자의 슬픔을 알리오
簀屍歸趁玉門開　거적에 싸인 주검 옥문이 열릴 때 돌아가네
從今難救干戈起　이제 전쟁이 일어나면 구제하기 어려운데
幾箇心肝委草萊　몇몇의 심간 있는 자들이 백성을 시들게 하는가

17. 운천(雲天)의 기러기에 편지를 부칠 수 있다면

조헌이 유배지인 길주(吉州) 영동역(嶺東驛)에 도착한 것은 6월 중순이었다. 그가 5월 8일에 옥천을 떠나 길주 영동역까지 38일을 걸어오며 각 고을을 지날 때 지방 수령과 여러 사람들이 술과 음식과 詩로 위로하고, 관찰사 권징(權徵)도 아들을 보내서 위로해 주었다.

당시 귀양지에서의 노역은 대부분 역관과 밀통하여 노복(奴僕)이 대신 하도록 하는 것이 관례였다. 그러나 조헌은 힘든 노역을 몸소 감당하면서 "조정에서 노역을 시키는 것은 죄를 지은 사람을 다스리려

고 하는 것인데, 이를 모면할 것을 구한다면 이는 임금의 명을 어기는 것이다."라고 말하며 스스로 노역을 마다하지 않았다.

귀양 온 그의 심중은 어떠하였을까. 그는 내색조차 하지 않았으나 길주에서 우인(友人)의 편지에 답을 하였는데, 그 답장에 조헌의 숨은 뜻을 가히 짐작할 수 있다고 유사(遺事)에 기록하고 있다.

구구하고도 어리석은 내 계책은 온 나라 안의 모든 사물이 그가 차지할 바를 갖게 하고자 함이었는데, 도리어 내 집안의 노인이나 어린 것들이 먼저 그 자리를 잃게 되었으니, 20년간 성현(聖賢)의 글을 읽었으되 깊고 얕은 물을 건널 때에 적절한 조치를 취하지 못하여 이 화(禍)를 밟았으니 누구를 원망하고 누구를 허물하리오. 김백윤(金伯胤)의 기묘당적(己卯黨籍)을 이제 초록해서 보내니, 그 안의 사정과 물태(物態)가 소연(昭然)하고 역력하다. 첨현(僉賢)들이 일찍이 이 기록을 보았더라도 일일이 체험하지는 못했을 것이다. 어찌 다시 진동(陳東)의 말을 하랴. 송옥(宋玉)이 굴삼려(屈三閭) 원(原)을 초혼(招魂)할 때도 감히 명쾌하게 말을 하지 않았으니, 그 뜻이 초(楚)나라 조정에 있음을 알겠고, 기묘문생(己卯門生)들이 중력(衆力)으로 시애(撕捱)했으나 그 능력이 대란(大亂)에 미치지 못하여 흐르는 화(禍)가 을사사화(乙巳士禍)에 이르고, 계속하여 오늘에 이르러 우리의 사우(師友)들이 당했으니 어찌 차마 말할 수 있으랴.

조헌이 타고난 효자였다는 것은 이미 언급한 바가 있다. 그는 열 살 때에 모친을 잃고 엄한 계모 아래서 자랐다. 일찍이 지방관으로 나가기를 스스로 요청한 것도 계모를 모시기 위해서였다. 계모에 대한 그의 효성은 죽을 때까지 조금도 변함이 없었다. 그는 영동역(嶺東驛)

기둥에 다음과 같은 시를 남겼다.

> 沃土移居趙汝式　옥천 땅에서 온 조여식
> 今方俟罪嶺東驛　이제 영동역에서 죄를 기다리네
> 山中有母不能養　산속에 계신 어머니 봉양할 수 없으니
> 海上新魚難自享　바닷가 새로 나온 물고기 혼자 먹을 수 없구나
> 請見北來南去人　보시오 남과 북을 오가는 사람들
> 須陳晝思夜夢頻　낮 생각 밤 꿈이 빈번함을 전해 꼭 전해 주기를
> 尺書倘寄雲天雁　만약 운천(雲天)의 기러기에 편지를 부칠 수 있다면
> 白飯靑蒭爲君辦　그대 위해 백반청추를 마련하리라
> 　＊白飯靑蒭(백반청추) : 흰 쌀밥과 푸른 채소

그는 길주 유배 중에 30여 편의 시(詩)를 남겼는데, 그중에 여러 인사들과 주고받은 것도 있고, 길주 목사(吉州牧使)에게 감사의 뜻을 전하는 6편이 들어있다. "영동역에서 귀양살이를 하는 중에 길주 목사(吉州牧使)에게 감사하며 보냄(謫嶺東驛奇謝吉州牧)이란 제목의 시 중에는 100구(句)가 되는 장시(長詩)도 있다. 그 내용에서 길주 목사와 매우 가까이 지낸 것을 알 수 있다. 당시 길주 목사 문몽헌(文夢軒, 1535~1593)은 유광(有光)의 아들로 1570년 식년무과(式年武科)에 급제한 사람이었다. 후에 강원도 방어사를 지내고 임진왜란 원종공신(原從功臣)에 책록된다. 천리 타향 변방의 자유롭지 못한 귀양 생활에서 두 분의 관계가 돈독했던 것은 매우 다행스러운 일이다.

그 관계를 드러나는 장시(長詩)의 일부분이다.

  幸出磨雲嶺 다행히도 마운령을 벗어나서
  欣逢仗義人 기쁘게도 의리를 지키는 사람을 만났네
  示心傾蓋久 마음을 보이며 술잔을 기울인지 오래인데
  悶俗白頭新 시속(時俗)을 걱정하니 흰머리가 새롭구나

제4부

왜란의 경고와 비왜지책(備倭之策)

1. 귀양지에서 쓰는 상소

조헌은 귀양지 길주에서 조정에서 일본에 사절단을 보낼 것이란 소식을 들었다. 당시 조정은 동서붕당(東西朋黨)으로 갈리어 당쟁이 극심한 시기였다. 왜국의 사신으로 온 귤강광(橘康光)이 조선에 통신사파견을 요청했으나 바닷길이 험하다는 이유로 거절한다. 뜻을 이루지 못한 왜 사신은 조선 침공의 뜻을 공공연히 밝히며 협박하고 돌아갔다. 이러한 무례에도 조정은 전혀 깨닫는 바가 없어 보였다.

작년 12월에 왜국 사신 평의지(平義智)와 중 현소(玄蘇)가 또 입국했다. 조헌이 공주 제독으로 있을 때 이미 두 차례 상소를 올려 일본에 통신사를 보내는 것은 의리를 모르는 야만국에 머리를 숙이는 굴욕일 뿐만 아니라, 그들의 속셈이 따로 있다는 것을 알린 바가 있다. 그러나 선조는 대신들의 허물을 탄핵한 내용에 분노하여 아예 상소문을 불살라 버렸다. 왜국 사신의 오만방자함이 점점 도를 넘고 있으며, 그것이 조선 침략의 전조임을 알린 상소였다. 그러나 그의 애끓는 상소를 눈여겨보는 사람은 없었고 오히려 임금과 대신들의 노여움만 커갔다.

결국 조정에서 일본의 통일을 축하하는 사절단파견을 결정하였고, 유배지에서 이 소식을 들은 조헌은 즉시 의관을 정제하고 사절단을 보내서는 안 된다는 세 번째 청절왜사소(請絕倭使疏)를 준비한다.

1589년(선조 22년) 12월 조헌의 나이 46세, 임진왜란이 일어나기 3년 전이다. 상소문은 왜국의 사신이 조선에 들어와 공공연히 거친 말로 우리의 국경의 침범할 것이라고 운운해도 이러한 간사함을 꺾는 이가 한 사람도 없는 한심한 조정에 대한 한탄으로부터 시작된다.

> 신이 엎드려 듣건대 형(荊) 나라 사람이 세 차례나 월형(刖刑-발꿈치를 베는 형벌)을 받고도 후회하지 않은 것은 그 안고 있는 바가 옥(玉)이기 때문이며, 장준(張俊)이 적소(謫所-귀양지)에서 열 번이나 상소하고도 그치지 아니함은 그의 품은 바가 충성이기 때문이라고 합니다.
>
> 신이 전후의 사정을 진술하여 아뢴 바가 비록 어리석고 망령되오나 이목(耳目)이 있는 사람이면 누구나 한 가지로 통분(痛憤)할 일이 온데, 요로(要路)에 있는 사람이 가리어 두고 혹시 성상께서 깨달을까 두려워하고 있습니다.
>
> 멀리 듣건대 왜국의 사신이 와서 반년 동안이나 관사(館舍)에 묵으면서 거친 말로 우리에게 통신(通信)을 요구한 바가 군사를 일으켜서 국경을 침범하겠다는 것이었는데도 온 조정이 두려워 떨면서 원호(元昊)의 간사함을 꺾는 이가 한 사람도 없으니 조선의 사기가 이와 같이 좌절되었으리라고는 생각지 못하였습니다.

조헌은 전쟁의 승패가 군사력만으로 결정되는 것이 아니라고 했다. 우리나라는 자고로 도의가 있는 나라(道義之國)이다. 도의의 힘은 만갑(萬甲) 보다 강하고, 어진 자는 하늘이 돕는 법이며, 우리나라는 천하에 상대가 없는 인의를 근본으로 하는 나라이기 때문에 일본의 군사적 강대함에 위축되지 말아야 한다는 것이다.

조헌의 사상은 인도와 평화정신이었다. 만약 저들이 예의를 갖춰 사절과 박물(薄物)을 보내온다면 우리는 공자의 가르침을 전해 주고 문명 된 도(道)로써 그 야만 됨을 변화시켜야만 할 것이라고 하였다.

> 예부터 나라 승패의 형세는 군사의 강하고 약함만으로는 따질 수가 없습니다. 춘추시대에 열후(列侯) 중에서 초(楚) 나라가 제일 강하였는데도 제(諸) 나라 환공(桓公)이 관중(管仲)을 시켜서 의리를 잡아 말하니 소릉(召陵)에서 싸우지 않고 동맹하였으며, 항우(項羽)는 싸움을 잘하여 천하의 무적이었음에도 한(漢) 나라 고조(高祖)가 동공(童公)의 말을 들어 명분 있는 출병을 하니 해하(垓下)에서 군졸을 잃고서는 비가(悲歌)를 부르고 스스로 목 찔러 죽었으니, 대개 시역(弑逆)의 죄를 진 자는 하늘과 땅이 이를 용납지 않는 것입니다. 그러므로 비록 바람을 불게 하고 번개를 치게 하는 재능이 있다 하더라도 인도(人道)가 불순한 바이면 하늘도 또한 이를 돕지 않습니다. 따라서 도의(道義)의 기운이 만갑(萬甲)의 군사보다 강함을 알 수 있으며 인자무적(仁者無敵)은 맹자께서 밝게 가르치신 것입니다.

조헌은 일찍부터 국가가 흥성하거나 쇠퇴하는 형세는 한갓 병력의 강약에 있는 것이 아님을 천명하였다. 비록 일시적으로는 흥성하더라도 만약 국가의 근본이 서 있지 못할 때는 쉽사리 무너질 수 있는 것임을 역사적 사례를 들어서 논하였다. 그러므로 저들이 재삼 통신사를 무리하게 요청해 왔을 때, 그 죄를 들어서 단호하게 조치해야 한다고 주장하였다. 즉, 일본의 강성함은 근본이 확립되지 못한 일시적 현상이므로 이에 위축되지 말고 단호하게 대처하자는 것이었다.

가령 풍신수길(豐臣秀吉)이 진실로 착한 일을 하여서 저희 나라 사람의 추대를 받았다고 하더라도, 구분된 땅이 각각 한계가 있으니 마땅히 제 몸을 닦아서 나라 사람을 안정케 할 것이며 칼과 창을 녹여 농기구를 만들고 도적을 변화시켜 양민으로 만들어 밭 갈고 물고기를 잡아서 자력으로 살고 이경(異境)을 침범치 않음으로써 자손의 무궁한 계책을 세워야 할 것입니다. 만약에 벽지의 고루함이 답답하고 따분하다면 때때로 박(薄)한 물품으로써 사신을 우리나라에 보내서 기자(箕子)의 홍범(洪範)과 공자(孔子)의 가르침을 구해갈 것뿐입니다. 그러면 오랑캐의 풍속이 고쳐질 것이고 혹은 깊은 산골에서 나와 교목(喬木)에 올라가는 희망도 있어 나라를 누리는 역년(歷年)이 원 씨(源氏)와 같이 오래 할 수 있을 것입니다.

과연 수길(秀吉)의 병력이 도성을 도륙 낼 수 있다고 하더라도 그 나라 사람들은 실로 선함에 경사가 있고 악함에 재앙이 있다는 응보를 깨닫지 못하는 것입니다.

제경공(齊景公)이 눈물을 흘리며 오(吳)에 딸을 주었으니 오가 제보다 강한 것은 확실합니다. 그러나 오가 나라를 잃어버림이 먼저였습니다. 연개소문이 임금을 죽이고 자립하였으니 신하가 임금보다 강한 것이 분명합니다. 그러나 당병(唐兵)이 그 도읍을 멸망시켰습니다. 세상에 없는 환문(桓文)과 같은 강적이 비록 어쩌다가 천하를 평정하였다 하더라도 그 멸망할 것이 환히 보입니다. 이러한 뜻을 모르고 감히 도

(道)있는 나라를 능멸하니, 이것은 부견과 같이 스스로 망함을 자초하는 것이 아니겠습니까?

우리가 가뭄과 도적으로 사정이 어렵다고는 해도 방어 계책이 없다면 저들의 탐욕이 반드시 우리를 짓밟으려 할 것이다. 그러나 방어에 유리한 지리적 조건을 가지고 있고, 군사력도 약하다고 할 수 없으므로 모든 국민이 힘을 합하여 싸우면 능히 왜적을 막아낼 수 있다. 이러한 중봉의 신념은 단순한 주관적 주장이 아니라 역사적 사실과 지리적 조건을 고려한 확신이었다.

만약 우리나라가 요사이 가뭄과 도적으로 민력(民力)이 고달프다고 하여 방어의 계책이 없다고 한다면 모름지기 통신(通信)하는 일을 논의하여 일방적 군병을 그만두어야 할 것인데, 승냥이와 이리 같은 탐욕은 실로 일개의 사명에 있지 않고 산천(山川)의 험이(險易)와 도로(道路)의 원근(遠近)을 알아서 우리의 국토를 짓밟으려는 계책에 지나지 않습니다.
우리나라는 아직 조종조(祖宗朝)의 은택(恩澤)이 끊이지 않았으니 흩어진 병졸을 수습하면 또한 스스로 지킬 수 있을 것입니다. 그런데 어찌 속임수의 술책에 빠져 억지로 동맹을 맺겠습니까? 우리 삼한(三韓) 땅은 작은 것으로써 능히 큰 것을 대적할 수 있다고 가장 이름이 나 있습니다. 을지문덕이 수(隋)의 병사를 살수에서 물리쳤고, 고려 태조가 거란(契丹)의 군사를 압록에서 제압하였습니다. 땅은 고금이 다를 바가 없으니 의기가 어찌 오늘날에만 부족하다고 하겠습니까?
오직 선인(善仁)을 보배로 삼고 즐길만한 사물을 보배로 삼지 않으며, 군신이 협력하여 백성을 자식과 같이 여긴다면 백성 또한 힘을 합하여 사수(死守)할 것이며, 자라나 개구리조차도 나라를 보전할 것입니다.

하물며 신기한 계책을 가진 여러 장수(將帥) 가운데서 어찌 하나의 고경(高瓊)과 같은 이가 없겠습니까? 저들은 떠들고 우리는 조용하니 수고롭고 편안함이 서로 다르며, 저들은 도적질하고 우리는 지키니 급음과 곧음이 서로 현격합니다. 돌을 던지고 노쇠를 날려 목숨을 다하여 싸울 것입니다. 또한 성을 열흘 정도 지키면 서울의 원군이 어디든 이르고, 바다를 건너온 양식이 하루 이틀을 보존키 어려울 것이니 속전에 불리하게 되면 그 형세가 저절로 쇠퇴할 것입니다. 그 배고픈 때를 기다려서 기병(奇兵)을 보내어 요격한다면 한 조각의 전선(戰船)도 돌아가지 못할 것입니다.

전란에 대비하라는 중봉의 주장은 구체적이고 지극히 현실적이었다. 인재를 골라서 적소에 배치하고, 변방의 방어를 강화하며, 임금부터 물자를 절약하고, 요소에 낭비를 단속하고, 지금부터 준비한다면 능히 적을 물리칠 수 있다고 강조한다.

그러하오니 하루속히 어진 사람과 문사를 뽑아서 변방의 방어 태세를 갖추고 직무를 잘 수행할 수 있는 수령을 얻어 보내며, 어진 사람을 높여주고 재능이 있는 사람을 불러오며, 준걸(俊傑)이 직위에 있어서 윤 씨(尹氏) 외척의 사사로움으로 공평한 정치를 해(害)하여서는 안 되겠습니다.
여덟 가지 진귀한 외국 물품을 버리시고 제사(祭祀)의 여수(餘數)를 절약하시고, 곧 애통한 교서(敎書)를 내리시어 너무 지나치게 하는 요역(徭役)을 감하거나 면제시켜 주시고, 어질고 훌륭한 관리를 가려 백성들의 생활을 펴게 하여 주시면 양민(良民)으로서 도적이 되었던 자가 모두 돌아올 것이니 임금님의 어금니와 손톱 같은 정병(精兵)이 충분하지 못할 염려는 없을 것입니다.

이러한 일들을 사전에 예비하옵시면 누가 우리를 업수이 여기겠습니까? 자고로 그런 이치가 없었습니다. 몇 천 리 감탕(金湯)의 견고함을 가지고 일본 오랑캐를 두려워하니 신은 그윽이 전하를 위하여 수치스럽게 생각합니다.

그는 마지막으로 임금에게 왜국의 사신을 다음과 같은 말로 타이르면 은혜와 위망(威望)이 아울러 나타나서 결단코 침범하지 못할 것이라고 조언하였다.

원컨대 왜사(倭使)에게 이르기를

너희가 우리에게 통신사를 요구하는 것은, 우리나라를 강하다고 여겨서 군대를 가만히 이끌고 가서 너희 나라를 습격할까 두려워서이냐? 아니면 우리가 약하다고 생각하고서 우리나라의 기근을 다행스럽게 여기고 우리의 국경을 침범하려 하는 것이냐?

군대를 이끌고 가서 이웃 나라를 침범함은 우리 조상 때부터 하지 않았는데, 지금에 이르러 전철(前轍)을 깨뜨리겠느냐. 너희가 나라를 새로 만들어서 아직 안정하지 못한 때에 또, 이 경계를 천하에 범하려 하느냐?

애비도 모르고 임금도 모르는 사람은 공자 맹자께서도 내치신 바이지만, 너희 전왕(前王)이 죽은 것은 무슨 연유인지 나는 상세히 알지 못하므로 나는 너희와 국교를 가지려 하는데 우리 여러 신하들이 수치로 생각하니 어이 할 수가 없구나.

너희가 만일 백년 동안에 인민을 평안하게 다스리며 도적을 안집(安

戰)하고 주공(周公)과 공자(孔子)의 가르침을 크게 펴서 그 여파가 우리나라에 미쳐오면 그때 한 번 통신사를 보내도 늦지 않을 것이다. 월상 씨(越裳氏)가 세 차례나 통역(通譯)을 거쳐 주(周) 나라를 한 번밖에 찾아보지 않았으나 만세에 모두 가상히 여기니 이로 미루어 보면 교린(交隣)의 의(義)는 어찌 자주 왕래함으로써 귀함을 삼겠느냐?

만약에 우리가 보답하지 않았다고 노하여 용병(用兵)하여 오면, 내가 비록 덕이 적어서 협조함이 적을 줄은 알지만 우리의 장사들이 자못 임금을 사랑하는 의리를 알고 있으며, 변방의 군졸도 또한 부모의 은혜를 알고 있으니, 임금과 부모를 위해서는 마땅히 힘을 다하여 성문을 굳게 지킬 것이다.

싸움에 이기면 그 이(利)가 사졸에게 돌아가고, 화친하면 그 이(利)가 임금에게 돌아가리라는 것은 송(宋)나라와 요(遼) 나라의 화친하게 된 까닭으로서 청사(靑史)에 뚜렷하게 나타나 있으니, 너희 신왕(新王) 및 모든 도주(島主)들도 분명하게 보았을 것이다. 예의로서 상자(相資)하는 도리에 가령 이해를 따지지 않는다 치더라도 장단점에 있어서는 너희 임금이 살펴서 처리해 주기를 바란다. (중략)

상사(上使-왜 사신을 일컬음)의 미혹한 죄는 춘추에 나타나 있어 신하와 백성들이 모두 명나라에 알리고 죽이려 하나, 바다를 건너와서 쟁론하는 것이 각 그 임금을 위하는 것이므로 이제 용서하여 돌려보내니 이 뜻을 모든 도주(島主)에게 두루 알게 하여라.

라고 하옵시면, 은혜와 위망(威望)이 아울러 나타나서 결단코 침범하지 못할 것입니다.

2. 정여립 모반사건과 귀양에서 풀려나다

1589년(선조 22년) 10월 2일, 황해도 관찰사 한준(韓準)이 정여립(鄭汝효)이 모반을 꾀한다는 장계를 올렸다. 장계를 받은 조정이 발칵 뒤집혔다. 장계의 내용은 정여립이 그해 겨울에 황해도와 전라도에서 일시에 군사를 일으켜 곧바로 한양으로 쳐들어가 무기고를 불태우고 신립(申砬)과 병조판서를 죽인 뒤 왕명을 사칭해 지방관들을 죽이거나 파면해 역모를 성사시키려고 준비한다는 것이었다. 정여립은 평시에도 "천하의 공물(公物)이니 어찌 일정한 주인이 있겠는가. 충신이 두 임금을 섬기지 않는다고 한 것은 왕촉(王蠋-중국 제나라 충신)이라는 사람이 죽을 때에 일시적으로 한 말이고 성인의 통론은 아니다."라고, 늘 말하고 다녔다.

이즈음 황해도에서는 '전주지방에 성인이 나서 백성을 구제할 것이다'라는 말이 자자했으며 전라도 선비들 사이에서도 정여립이 군사를 일으키려 한다는 얘기가 돌았다.

한준의 장계를 받은 선조는 심야에 중신 회의를 긴급 소집하여 정여립을 체포할 것을 지시하고 금부도사를 황해도와 전라도에 급파했다.

한편, 황해도에 있던 변승복은 역모(逆謀) 사실이 드러난 것을 알고는 안악에서 정여립이 있는 금구(金溝-김제)까지 나흘 만에 달려가 이 사실을 알렸다. 이에 정여립은 변승복과 아들 옥남(玉男) 등과 함께 한밤에 진안 죽도로 달아났다. 선조의 명을 받은 금부도사는 허탕을 쳤고 진안 현감 민인백(閔仁伯)이 그를 찾아내어 포위했다. 이에 정여립은 함께 있던 변승복을 죽인 뒤, 칼자루를 땅에 꽂고 스스로 목을 찔러 자살했다.

  당시 조정은 정여립의 자살이 사실상 유죄로 받아들였고 이로 인하여 서인의 주도 아래 피바람이 불기 시작했다. 이 사건에 이발(李潑)이 연루되어 고문을 받다가 죽는다.

  중봉은 일찍이 정여립이 모반할 것을 예견하였다, 그가 정여립과 사귀게 된 것은 이발 형제로 인해서였다. 정여립이 이이(李珥)를 배반하고 전후 반복하여 간궤(姦詭)스런 정상이 다 드러나게 되면서 명류(名流)로써 진심을 지키는 사람은 누구나 그의 무상(無狀)함을 알았다. 그러나 오직 이발과 백유양(白惟讓)은 그가 성혼과 이이를 배척한 것을 칭찬하면서 추천하여 숭장(崇獎)하기를 전보다 후하게 했다. 중봉은 정여립을 논할 적마다 그는 반드시 역적질할 것이라고 했다. 이 말에 어떤 사람은 너무 심한 말이라고 의심하였으나 조헌은 말하기를

  "나는 유독 그가 사우(師友)를 배반한 것으로 그르게 여기는 것이 아니다. 그가 임금 앞에 있을 적에 기색이 패오(悖傲)하다는 말을 자세히 들었으니, 반드시 역심(逆心)이 있어서 그러한 것이다."

라고 단언하였다. 조헌이 정해년과 기축년 사이에 그의 향리를 미행(微行)하면서 도당을 모은 정상을 살펴보고서, 역란(逆乱)의 조짐을 알고 소장(疏狀) 하나를 별도로 초하여 위에 아뢰려고 문인 송방조(宋邦祚)에게 보이니, 송방조가 간절히 간하기를

  "단서가 드러나지 않았는데 사람을 역적질한다고 고발하면 반드시 도리어 악명(惡名)을 입게 되어 형화(刑禍)가 헤아릴 수 없을 것입니다."

라고 하자, 조헌이 말하기를

"이것은 종묘사직에 박절한 근심이므로 인신으로서는 마땅히 마음을 다해야 할 것이니 형화를 어찌 근심하겠는가."
라고 하였다. 그러나 마침내 도움이 없음을 깨달아 그만두고, 그의 죄악을 소장(疏狀)으로 지적(指斥)하되 그를 후예(后羿)의 한착(寒浞)에 견주었다.

조헌은 이런 날이 올 것을 미리 알고 염려하여, 눈 내리는 겨울날에 전라도 남평으로 이발(李潑)을 찾아가서 정여립과 가까이하지 말 것을 간곡히 만류했었다. 그러나 끝끝내 말을 듣지 않자 절교하고 말았던 것이다.

결국 정여립의 역모가 드러나면서 이발은 물론, 그의 작은 아우 현감 이급(李汲)도 형에 연좌되어 죽었다. 이발과 이급이 죽은 뒤에 그의 어머니, 아내, 어린아이들도 추후에 수금 당한다.

이발은 옥에 있을 때 이정란(李廷鸞)에게 말하기를

"내가 눈이 있으면서 사람을 알지 못하였다. 그대는 죽음을 면하게 될 것이니, 모름지기 칼로 내 눈을 뽑아버려라."
라고 하며, 또 말하기를

"내가 중봉의 말을 듣지 아니하여 이 지경에 이르렀음을 후회한다."
라고 하며 때늦은 후회를 했다.

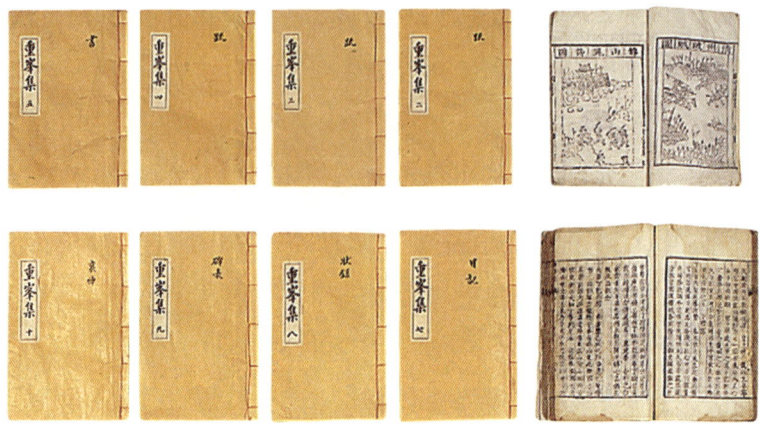

중봉집(重峯集)

1589년(선조 22년) 11월, 중봉 조헌이 귀양에서 풀려났다. 작년 공주 제독으로 있을 때 나라를 그르치는 간사한 무리를 지적하고, 정여립의 흉패를 논박하는 만언소를 올렸으나 선조는 이를 거들떠보지도 않았다. 결국 정여립의 역모 사건이 일어나자 호남유생 양산숙(梁山璹)이 상소를 올려 조헌의 원통함을 변호 하면서, 그가 정여립이 반드시 반역할 것을 예언한 선견의 충언이 있었음을 아뢰니, 선조는

 "당초 찬배(竄配) 한 것은 나의 본의가 아니었다. 그를 죄 줄 수 없으니 석방하도록 하라."
고 명하였다.

그는 귀양에서 돌아오는 길에 지난번 관찰사에게 제출한 청절왜사소 3소(請絶倭使三疏)와 또 한 통의 소장을 더 작성하여 반역이 일어나게 된 까닭을 논하니, 함경도 관찰사 권징이 또다시 이를 물리치며 말하기를

"역옥(逆獄)이 크게 일어나서 인심이 흉흉하고, 사신을 보내어 통호(通好)하는 것은 조정 의논이 이미 정해졌으니, 이 소장이 도움이 없을 뿐만 아니라 반드시 화를 한층 더 유발시키게 될 것이다. 우선 입다물고 시변을 살피라."

라고 하였다. 이에 조헌이 말하기를

"위망(危亡)의 기틀이 호흡 사이에 결정되는데 두려워하여 말하지 않는 것이 어찌 신하의 도리이겠는가. 그리고 죽은 정여립(鄭汝立)을 공이 이처럼 두려워하니 산 풍신수길(豊臣秀吉)이 오면 공은 어떻게 하겠는가?"

라고 하자, 권징은 마지못해 상소를 받아서 조정에 올렸다.

귀양에서 풀려났으나 돌아오는 발걸음이 결코 가볍지 못한 것은 번번이 상소를 묵살하는 조정의 무관심보다도 장차 나라의 앞날이 더 걱정이었을 것이다. 조헌은 마천령을 되돌아 넘는 감회를 다음과 같은 한 수의 시(還踰 磨天嶺)로 대신했다.

北闕君恩重　구중궁궐 임금님 은총 중하시고
南州母病深　남쪽 고향에는 어머님 병환 깊으신데
磨天有歸日　마천령 되 넘어오는 날
感淚自盈襟　감격의 눈물 옷깃을 적시 누나

한편, 조정에서는 귀양에서 풀려난 조헌에 대한 논란이 있었다. 임금이 이조판서 홍성민(洪聖民)에게 조헌의 서용(敍用)을 명하자 그를 성균관 전적(典籍)에 추천하였다. 이에 선조가

"조헌은 경솔히 임명할 수 없다."
라고 하자, 홍성민(洪聖民)은 직급을 더 높여 예조정랑(禮曹正郞)에 천거하였다.

이때 조헌이 귀양에서 돌아오며 상소를 올렸는데. 이 무렵에 호남의 유생 양산도와 김광운 등도 상소를 올린 바가 있었다. 대개가 당시 재신(宰臣)들을 지척(指斥-지적하여 탓함)하는 내용이었다. 선조는 조헌의 상소에서 현임 재상을 배척하는 내용을 보고는

"조헌은 하나의 간귀(奸鬼)이다. 아직도 두려워할 줄 모르고 조정을 격멸하며 더욱 거리낌 없이 날뛰니 그 사람은 다시 마천령을 넘게 될 것이다."
라고, 노여워했다. 그리고 전교하기를

"조헌은 간귀(奸鬼)로 그 마음이 몹시 흉악하고 참혹한데도 아직까지 현륙(顯戮-죄인을 죽여 여러 사람에 보임)을 모면한 것이 다행이다. 언로에 관계되어 바로 사면을 하였지만, 이 같은 사람을 물어보지도 않고 급급히 서용하여 인심을 현옥시키려 하였으니 그를 천거한 자를 체차(遞差 해임)하라."
고 하여 이조판서 홍성민(洪聖民)이 경상도 관찰사(慶尙道觀察使)로 좌천되어 내려가게 되었다.

한편, 지평 신잡(申磼)과 사간 오억령(吳億齡) 등이 상소에 연루되었다 하여 사직을 요청한다. 신잡은 전라도 유생 정암수 등의 소(疏)에 "조헌은 선견지명이 있는데 그때 삼사(三司)가 군부(君父)를 위협하여 먼 지역에 찬배시켰다고 하였습니다. 어찌 언관의 자리에 이대로 앉아 있겠습니까. 파직을 명하소서." 하고 청하자, 선조는 모두 물

러가 기다리라고 명하였다.

이에 사헌부와 사간원이 조헌의 찬출은 어쩔 수 없는 일이었고, 전라도 유생들의 상소에 궤괴(詭怪)한 말이 많으며, 이는 언로에 관계되는 일이라고 하여 신잡과 오역령을 극구 옹호함으로 체직을 면하였다.

조헌이 내려오는 길에 이러한 조정의 소식을 듣고는 곧바로 대궐 앞에 나아가 거적을 깔고 3일 동안 죄를 기다렸다. 이를 바라보는 성(城) 안 사람들은 조헌의 충의(忠義)에 감탄하지 않는 사람이 없었다.

3. 이발에 대한 변함없는 우정

1590년(선조 23년) 조헌의 나이 47세, 귀양에서 풀려나 옥천 향리에서 봄을 맞이했다. 정여립 역모 사건으로 죽은 이발의 어머니 윤 씨(尹氏)가 관가에 잡혀가게 되었다는 소식을 들었다. 자식을 잘못 둔 죄로 어머니까지 서울로 압송(押送)을 당하게 된 것이다. 소식을 들은 조헌은 급히 술과 옷가지를 마련하여 그가 지나가는 옥천의 길목으로 나갔다. 오랜 시간을 기다려서 먼 길을 걸어온 윤 씨(尹氏)를 만나게 되었다.

서로 얼굴을 마주했을 때 윤 씨는 조헌을 알아보지 못하였다. 이에 자신이 이발과 친구인 것을 밝히자 그제야 조헌을 알아본 윤 씨는 크게 놀라며

"공(公)이 어인 일로 이렇게 몸소 나를 만나러 오셨습니까? 내 아들이 공의 말을 들었던 들 어찌 역적모의(逆賊謀議)에 가담할 수 있었겠습니까."

하고 눈물을 흘렸다. 조헌 역시 백발이 된 윤 씨의 손을 잡고 흘러내리는 눈물을 억제하지 못하였다. 그가 준비해 간 술을 권하자

"내가 평소에도 술로 몸을 지탱해 왔음은 공도 잘 아는 바이지만, 아들의 역적모의가 있은 뒤로는 단 한잔에 술도 입에 대본 일이 없는데 공의 정성이 이와 같으니 어찌 사양하겠습니까?"

하며 여러 잔을 거듭 받아 마셨다. 조헌은 친히 털옷을 걸쳐주며 날씨의 차가움이 이와 같으니 이 털옷을 행자(行資)에 보태 쓰라고 신신당부하였다. 이 말을 들은 윤 씨는

"지하에 가서 죽은 자식을 만나면 이 일을 일일이 이야기할 것이다."

하며 또 통곡하니 조헌도 따라 통곡하였다. 울면서 윤 씨를 보내고 그의 뒷모습이 보이지 않은 연후에야 울음을 그쳤다.

이어서 이발의 첩(妾)도 잡혀서 옥천을 지나게 되자, 그에게도 한 벌의 옷을 주고 서로 울며 작별하였다. 그 뒤로 이발에 대한 말이 나오면 목이 메어 말을 잇지 못하니 옆에 있던 사람들도 모두 감동하였다.

다음은 은봉(隱峯) 안방준(安邦俊)이 전하는 조헌의 이발에 대한 변함없는 우정과 본받아야 할 사우(師友)의 도리에 대한 일화(逸話)이다.

"남창(南窓) 김현성(金玄成)이 일찍이 나(安邦俊)에게 말하기를, 분당(分黨)이 생긴 이후로 사우(師友)의 도리(道理)가 온전하지 못함이 매우 심하였는데, 오직 그 도리를 온전히 한 사람은 홀로 조여식(趙汝式)뿐이라고 하였다. 김현성이 말하기를, 전에 내가 금산 군수

(錦山郡守)로 나가 있을 때 조사(朝士-조정 신하)가 사명을 띠고 군(郡)에 내려왔었다. 마침 중봉도 옥천에서 왔었고 우리 세 사람은 모두 옛 친구들로 불을 밝히고 밤새 이야기를 하였었다. 얘기가 기축옥사(己丑獄事)에 이르자 여식(汝式)은 이발(李潑)을 생각하며 혀를 차며 애석해하였다. 조사(朝士)가 말하기를 이발이 역모에 동참하였으리라는 것은 만 번 이치에 없는 일이나, 원정(原情-사정을 하소연함)하여 정죄(定罪)하였으니 그의 죽음이 이상할 바 없다고 하였다.

그 말에 여식(汝式)은 술잔을 던져버리고 돌아앉아서 조사(朝士)에게

'이발은 공과 평소에 우정이 두터운 사람이 아니었는가. 이발이 죽지 않고 살아있다면 공의 말도 괜찮겠다마는 이발이 이미 원통하게 죽었다면 공이 어떻게 그런 말을 할 수 있으며, 사군자(士君子)의 사우(師友-스승과 벗)에 도리가 과연 이러한 것인가?'

하며 눈물을 흘려 마지않았다.

이에 조사(朝士)가 크게 부끄럽게 여기고 깊이 사과하였다. 그러나 여식(汝式)은 끝내 석연치 않게 여겼으니 비록 그가 과격한 것 같으나 역시 사우(師友)의 도리는 본받을 만한 것이다. (중략)

오늘날 당론(黨論)이 날로 심하여 가는데 그중에도 반드시 사우(師友)의 도리를 아는 사람이 있을 것이니 하루아침에 대오각성(大悟覺醒)하여 먼저 국가를 생각하고 사사로운 원수는 뒤로 미루며, 하나같이 선생(조헌)을 본받는다고 하면 화목하고 평화스러운 기상이 회복될 것이다. 그러니 어찌 이를 권하여 힘쓰게 하지 않을 것인가라고 하였다."

비록 조헌이 이발과 절교는 하였다 하나, 그를 향한 조헌의 우정은 조금도 변함이 없었다. 그리고 그가 곤경에 처하면서도 끊임없이 상소 하는 것은 사사로운 이익을 얻고자 함이 조금도 없는 순수한 충정(忠情)과 사우(師友)의 도에 있음이요, 편당을 한다는 평가는 잘못되었다는 것을 김현성은 말하고 있다.

4. 영남지방을 유람하다

이발의 어머니를 전송한 조헌은 비통한 마음에 젖어 논산에 있는 고운사(孤雲寺)를 찾아 한동안 머물다가, 다시 금천사(琴泉寺)에서 강학으로 여름을 보냈다. 12월 중순이 되자 그는 한겨울임에도 불구하고 영남지방으로 유람을 떠난다. 다음 해 1월까지 한 달 동안 영남지방 여러 곳을 돌아보고 많은 사람을 만나며, 그의 생애에서 가장 많은 시를 남겼다. 왜 추운 겨울에 그것도 영남지방으로 길을 떠났을까?

그는 3년 전부터 왜적의 침입이 눈앞에 다가옴을 예견하고 조정에 이에 대비할 것을 주장하는 상소를 5번이나 올린 바 있다. 일찍이 전라도 도사를 지냈으니 호남의 사정과 지형은 많이 알고 있었을 것이나, 영남지방에서 관직을 지낸 적이 없었다. 영남지방을 둘러보고 온 얼마 후에 그는 청참왜사소(請斬倭使疏)소와 함께 영호남비왜지책(嶺湖南備倭之策)을 올린다. 비왜지책(備倭之策)에서 왜적이 침공하면 호남 해안으로 들어오지 않고 반드시 경상도 해안으로 상륙하여 북상할 것을 주장했다. 그가 엄동에 경상도 지역을 돌아보고 한양에 이르는 주요 통로를 돌아본 것은 바로 이 비왜지책을 쓰기 위한 지형

(地形) 정찰의 목적이 아니었을까.

그가 경상도로 향한 것은 1590년 12월 14일이었다. 옥천 안읍 밤티에서 첫 발길은 경상도 상주(尙州)로 향했다. 상주는 대구에서 서울로 북상하는 통로 상에 있다. 상주에서 한양에 이르는 대로는 조령을 넘어 충주로 가는 통로와 보은을 거쳐 청주로 올라가는 두 길이 있다. 상주는 두 길이 갈라지는 분기점에 위치한 요충지인 셈이다. 그는 "상주로 가는 길에 옛 생각에 젖어"라는 시(尙州道中有感) 한 수를 읊는다.

経余偸得昇平暇　농사 끝 태평하고 한가로운 틈을 타서
行遍三韓故國墟　삼한의 옛터를 두루 돌아본다네
周道平平幾人履　이 큰길을 얼마나 많은 사람들이 밟았을까
最憐金氏向松都　가장 슬픈 것은 김 씨가 송도로 갔다는 것

12월 15일에는 해평현(海平縣-선산)에 도착해서 동쪽에 우뚝 솟은 금오산(金烏山)을 바라보며 길재(吉再) 선생의 충절을 사모하는 시를 읊는다. 고려 말 우왕(禑王) 때 문하주서(門下注書)를 지낸 치은(治隱) 길재(吉再) 선생이 바로 해평인(海平人)으로 금오산에 은거한 것이다.

16일에 영천 고을의 속현(屬縣)인 장수(長水)의 우헌(郵軒)에서 잠을 잤다. 마침 율곡 선생의 동생인 계헌(季獻) 이우(李瑀)의 시가 벽 위에 있어 그 시에 차운하여 주인인 찰방(察訪) 이태숙(李泰叔)에게 시를 지어 주었다. 영천에서는 척금(滌襟)의 잔치에도 참석하여

군수(郡守) 원언위(元彦偉), 경판(慶判) 이진지(李鎭之) 등 지역유지들과 시를 주고받으며 마음껏 취하기도 한다.

다음날에는 임고서원(臨皐書院)을 찾아 포은(圃隱) 정몽주(鄭夢周) 선생의 유상(遺像 초상화)에 글을 지어 제사를 지냈다.

> 임고서원제포은선생문(臨皐書院祭圃隱先生文)
> 1590년(선조 23년) 12월 20일

아! 선생은 삼강과 오륜을 한 몸에 맡으셨습니다. 이 백성들 모두가 힘입게 되었으니 우리의 도(道)가 더욱 빛나졌습니다. 공이 계실 때에는 나라도 있었고 공이 돌아가시고는 나라도 망하였습니다.

아! 선생은 나라와 더불어 존망(存亡)을 같이 하셨습니다. 학문은 주자(朱子)를 천명(天明)하셨으니 우리나라는 이 도(道)로 밝았습니다. 경륜(經綸)이 구비하셨으니 중화(中華)와 조선(朝鮮)이 일체(一體)로 되었으며, 효심(孝心)을 옮겨 충성(忠誠)을 다하셨으니 송도(松都)와 영천(永川)의 두 곳에 충신비(忠臣碑)와 효자비(孝子碑)를 세우게 되었습니다. 아! 선생은 만고에 그 이름이 빛나셨습니다. 생(生)이 술 한 잔 올리오니 뒤에 태어난 옛 도읍의 미친 선비입니다.

포은 정몽주 선생의 사당에서 그는 위급한 나라의 사정을 먼저 생각했다. 일본의 침략 의도가 눈에 보이건만 이를 모르는 것은 오로지 조정뿐이었다. '공이 계실 때 나라가 있었고 공이 돌아가시고는 나라도 망하였습니다.'라는 말에서 고려와 존망을 같이한 포은 선생의 우국충정을 깊이 생각하였을 것이다.

5. 어린 시절의 스승을 뵙다

　임고서원(臨皐書院)에 시 한 편을 남기고 영천 고을 동쪽 우항리 (愚巷里)에 있는 포은 선생의 효자비(孝子碑)를 둘러본다. 우항리는 포은 선생이 살던 옛 마을이다. 그곳에서 시로써 선생의 효성을 찬양하면서, 이 비가 유래하는 내력을 자세히 기록하였다.
　22일에는 하양(河陽)으로 가서 현감 조윤신(曺胤申)에게 송강의 시에 차운한 시 한 편을 주고, 23일에는 경산의 객관에 들렀다가 성현의 벽상 시에 차운하여 다음과 같은 시를 남겼다.

　　天寒心遂白雲飛　하늘은 차고 마음은 흰 구름 따라 나르는데
　　日暮冷侵遊子衣　날은 저물어 찬 기운 나그네 옷에 스며드네
　　孤館中宵聊仮寐　깊은 밤 외로운 여관에서 잠시 눈을 붙이는데
　　夢魂猶向故園歸　꿈에서도 혼은 고향을 향해 돌아가네

　12월 24일에 청도(淸道)로 향했다. 청도에는 12세(1955) 때에 김포 고향에서 시서(詩書)를 가르쳐 주신 김황(金滉, 1524~1593) 선생이 고을의 군수(郡守)로 있었다. 선생은 자(字)를 호연(浩然), 호(號)를 어촌(漁村)이라 불렀다. 1566년(명종 21년)에 별시 문과에 급제하여 청도군수(淸道郡守) 등 4개 군에서 군수를 지내며 선정을 베풀었다. 임진왜란이 일어나고 경기도 연천에서 계모의 시묘살이를 하던 중에 의병을 일으키기도 했다.
　청도로 가던 중 냇가를 건너며 길에서 어촌 선생을 만났다. 마침 실

가(室家-아내)를 맞이하러 성현(省峴-고개로 향하고 있던 것이다. 오랜만에 뵙는 스승은 많이 변하셨다. 그는 즉석에서 "청도군을 향해 가다 냇가 길에서 어촌 선생께 절하다(向淸道郡 路拜漁村先生)"라는 시로 인사를 드린다.

    九載隔顔範 아홉 해를 못 뵌 모습에
    天寒拜路頭 차가운 날 길가에서 절을 올린다
    故山新總角 고향에서는 총각 같았는데
    衰鬢颯成秋 어느덧 귀밑머리에 서리가 내리셨네
    嶺海治声洽 영해(嶺海)에는 치성(治声)이 가득하고
    江湖浪迹浮 물결같이 떠도는 발자취
    清涼如一日 청량하기 하루 같으시니
    逸氣當封侯 빼어난 기개 마땅히 아름답구나

오랜만에 만난 스승과 제자는 3일 동안을 동헌(東軒)과 청덕루(淸德楼)를 오가면서 시(詩)를 짓고 옛이야기를 나누며 밤을 지새웠다. 어촌 선생에게는 아들이 없고 무남독녀만을 두었다. 조헌에게는 그것이 마음에 걸리었고 선생의 후사를 세우기 바라는 시를 지어 주기도 했다. 마지막으로 "별산 동헌 시에서 차운하여 어촌 선생에게 드림(次鰲山東軒韻 呈漁村先生)"이란 시를 남기고 떠난다.

    父生君食不言功 낳은 아버지와 보살핀 임금의 공은 말하지 않는데

師教尤關三事中	스승의 가르침 세 가지는 더욱 관계가 있다네
苦味虞周倫紀敍	애를 써도 우주(虞周)의 윤리와 기강을 펴지 못하니
雖存耳目瞽聾同	비록 눈과 귀가 있어도 장님과 귀머거리 같구나
先生爲惠詩書教	선생께서 시서(詩書)를 가르쳐 주셨으니
小子頗蒙俊傑容	소자(小子)는 자못 준걸의 모습이 되어가네
願學欒共無隱語	난공(欒共)의 숨기는 말 없음을 배우기 바라노니
憧憧終夕慰孤蹤	애틋한 마음 밤새 외로운 자취 위로하네

　　*우주(虞周):「서경」에 나타난 요·순과
　　　　　　　夏·殷·周 3대의 태평시대

어촌 선생도 제자를 보내는 서운함이 이루 말할 수 없었다. 다시 만날 날을 기약할 수 없는 이별이었다. 이에 어촌 선생은 제자와 3일간의 짧은 만남을 뒤로 하고 떠나보내는 심정을 "조중봉(趙重峯)에게 운(韻)을 받아서 준다"라는 시로 전송했다.

　　그대는 호서(湖西)에 있고 나는 동쪽에
　　어찌 알았으랴 그대 또한 반 늙은이 인줄
　　서로 만난 사흘 만에 또다시 이별하니
　　청덕루(清德楼) 뜨락위에 아쉬움만 끝이 없어라
　　　　　　　　　　　　　　　－金澋－

6. 영남의 명사들과 시(詩)로 교우하다

12월 27일에는 청도군 서쪽 십 리 밖에 있는 탁영(濯纓) 김일손(金馹孫, 1464~1498)) 선생의 사원을 찾았다. 이곳이 곧 김일손의 집터였다. 탁영 선생은 김종직(金宗直) 선생의 문인으로 춘추관 사관(史官)을 지냈으며, 조의제문(弔義帝文) 사건에 관련되어 무오사화(戊午史禍)에 처형되었다. 어촌 선생의 사위 이태숙(李泰叔)과 더불어 애도하고 벽 위에 걸린 시(詩)에 차운하여 "탁영 김일손 선생 사원에서(濯纓先生祠院)"라는 시 한 수를 남겼다.

百年遺事問悠悠	백 년 전의 일 묻기가 아득한데
緑竹蒼松繞故丘	푸른 대나무 푸른 솔 언덕을 덮었네
絶學要須開日月	끊긴 학문 해와 달이 열리기를 기다려야 할지니
微言非是続陽秋	성인의 말씀 옳고 그름이 춘추를 이음이라
京生只爲劉哀惜	경생(京生)은 다만 한나라가 쇄함을 애석해하는데
石氏寧思黨禍謀	석 씨(石氏)는 어찌 당화(党禍)를 꾀하기 생각하는가
萬古憸人真戲劇	만고의 간교한 인간들 참으로 장난이 심한데
誦詩懷古淚先流	시를 읽으며 옛 생각에 눈물이 먼저 흐른다

12월 28일에 합천(陜川)으로 향했다. 합천에는 남명(南冥) 조식(曹植) 선생의 생가가 있고 신라시대 문장의 대가인 고운(孤雲) 최치

원(崔致遠) 선생이 만년에 가족을 데리고 가야산 해인사에 머물며 저술 활동을 한 곳이다.

합천으로 가는 길에 진주목사 최립(崔岦, 1539~1612)에게 절구(絶句) 5수를 보냈다. 그런데 이 시를 살펴보면 두 분의 관계가 예사롭지 않게 느껴진다. 그가 보낸 다섯 수의 시는 "그가 진주로 부임하며 옥천을 지나가는 길에 만나지 못함을 한(恨)하며"를 비롯하여 "옛날을 추억하며 가슴 아파함," "감사하고 그리워하는 마음을 적음," "옛일을 기록하고 지금을 생각함," 세상 사람들이 사설(邪說)에 미혹됨을 탄식함"이란 다섯 수이다.

최립은 조헌과 같은 시대를 살아온 문인 겸 문신으로 호는 간이(簡易), 본관은 통천(通川)이다. 선조 때에 8대 문장가로 시에도 능했고 외교문서의 대가로 중국까지 알려졌다. 율곡의 문인이며 명종 16년에 식년 문과 장원으로 급제했다. 1587년 진주목사로 외직에 전임되어 6년을 재임한다. 중봉이 절구 5편을 보낸 시기가 바로 진주목사로 재임하던 때였다. 이후에 형조참판(刑曹參判)과 동지중추부사 겸 승문원제조(同知中樞府事兼承文院提調)를 지냈다. 문집으로 간이집(簡易集)이 있고, 그 외에 다수의 저서를 남겼다. 능력은 뛰어났으나 가문이란 벽이 그를 크게 기용하는데 제한이 되었다고 한다. 중봉집에서 두 분의 관계에 대한 기록을 찾아볼 수는 없으나, 중봉의 시에서 각별했던 관계를 유추해 본다.

官罷無歸住管山 벼슬을 떠나 돌아가지 않고 관산(옥천)에 머무르니

鄕關迢遞道途艱　고향땅 아득히 멀어 가는 길이 험난하네
西亭一過無消息　서정을 한 번 지나고 소식이 없으니
想認吾耕畿縣間　내가 경기도 고을 사이에서 농사짓는 줄 아셨
　　　　　　　　으리
　　　－그가 진주로 부임하며 옥천을 지나가는 길에
　　　　　　참문(參聞)하지 못함을 限하며－

延津江上追陪日　연진강 가에서 따르며 모시던 날
矗石樓中獨坐時　촉석루 안에서 홀로 앉아 있을 때
十載風霜愁幾許　10년 바람 서리 시름은 얼마던가
令人憶者鬢成絲　옛 추억에 귀밑머리 실같이 세었네
　　　　－옛날을 추억하며 가슴 아파함－

　자여(自如-창원지방에 있던 역)에 찰방(察訪)으로 있는 하서(河西) 김인후(金麟厚)의 둘째 아들 계의(季義) 이종호(李從虎)에게도 절구(絶句) 다섯 수를 써서 부쳤다. 조헌과는 어떠한 관계인지는 분명하지 않으나 시의 내용으로 미루어 보면 8년 전 보은 현감 시절에 만남과 이별이 있었던 것으로 보인다. 다음은 그에게 보낸 5수의 시 중에 옛 기억을 담은 시 한 수이다.

一別三山八載余　삼산(보은)에서 이별한지가 8년인데
風霜千里鴈書疎　바람서리 천리 길 편지마저 드물구나
相應韜却牛刀手　응당 소 잡는 칼 솜씨 감출 것 없는데

脩竹林中坐自如　긴 대나무 숲 가운데 자여(自如)하게 앉아있네
＊牛刀 : 이종호의 재주와 능력이 크다는 뜻

　12월 29일, 대구로 올라왔다. 대구에는 남파(南坡) 최희(崔禧)가 대구 부사(大丘附使)로 있었고, 졸옹(拙翁) 홍성민(洪聖民)이 경상도 관찰사로 있었다. 최희(1535~1601)는 1565년에 문과에 급제하여 대구 부사를 거쳐 후에 형조참의, 판결사 등을 지낸 사람이다. 1575년 7월 그가 통진현감(通津縣監)으로 부임하였다가 12월에 이임하면서 조헌이 그 뒤를 이어 부임했었다. 최희가 일찍이 한강(漢江) 남쪽에 띠 집 몇 칸을 얽어 짓고 음애십경(陰崖十景)을 찾아 얻고서 헌(憲)으로 하여금 글을 짓게 하였다고 기록되어 있으나 그 시기는 정확히 알 수가 없다. 이때 조헌이 지은 시 10편이 전해오는데, 대부분 시국을 근심하는 일반적인 그의 작풍에 비해 대단히 서정적인 작품들이다. 이 작품을 쓴 그 무렵이 가장 한가하고 마음이 평안했던 시절이 아니었을까 하는 생각이 든다. 그중에서 몇 수를 소개한다.

江寺曉鐘
강가 절의 새벽종

滄江百里去如彎　백리에 푸른 강물 굽이져 흐르고
古寺晨鐘晻靄間　옛절 새벽 종소리 희미한 안개 속에 들려온다
喚起阿児灯未至　아이놈 불러 깨워도 등불 들고 나타나지 않더니
招招舟子已無閒　뱃사공 손짓하며 부르니 이미 한가하지 않은 몸이다

淸潭歸帆
청담 돌아가는 배

淸潭斜日晩風吹	청담에 해 비키고 저녁 바람 부는데
多少行舟恐去遲	저기 떠나가는 배들 더딜까 두렵구나
一片雲帆隨処挙	한 조각 구름 돛을 곳곳에 올리나니
渡頭時聽閙羣兒	나룻가에 아이들 노는 소리 정답다

*청담(淸潭) : 경기도 광주군 언주면 청담리 한강 연안

炭川秋光
탄천의 가을빛

晴川蕭瑟夜風涼	맑은 시냇물 쓸쓸하고 가을바람 서늘한데
稻熟西疇鴈叫霜	서쪽 논에 벼는 익고 서리 내리는 하늘 기러기는 우는 구나
大野黃雲民樂處	큰 들판 누런 구름 백성들이 즐거워하는 곳
荻花楓葉已秋光	억새꽃 단풍잎 이미 가을빛이로다

廣津漁火

광나루 고깃배 불

滿江漁火照人多　강물 가득한 고깃배 불빛에 비추이는 사람들
欸乃声随一曲歌　노 젓는 소리에 노래 한 곡 부른다네
擧網帰来供老食　그물 걷어 돌아온 노인에게 식사를 드리니
城中魚価問如何　성안의 고깃값을 묻는구나

7. 경상 감영에서 맞이한 새해

1591년(선조 24년) 신묘년(辛卯年) 정월 초하루, 새해 아침을 경상도 관찰사(慶尙道觀察使) 익성군(益城君) 홍성민(洪聖民)과 함께 맞이하였다. 홍성민은 조헌이 함경도 길주 유배에서 풀려났을 때, 이조판서로 있으면서 그를 성균관 전적(典籍)과 예조정랑(礼曹正郎)으로 천거하였다가 선조의 노여움을 사는 바람에 경상도 관찰사(慶尙道觀察使)로 내려온 사람이다.

홍성민(洪聖民)이 그의 먼 조상 되는 충평공(忠平公) 홍관(洪瓘)의 행장을 보여주기에 세 번 감탄하였고 또, 그의 선조 광정공(匡定公) 홍문계(洪文系)의 행장을 보여주었는데, 간신(奸臣)을 베어 버리고 사직을 편안케 한 공로가 우뚝하여 따를 자가 없었다. 조헌은 두 분의 행장에 감탄하여 시를 지었고, 아울러 탄식하며 자신의 후손들에게 꼭 기억하라는 교훈을 남기었다. 전조(前朝)에 조헌의 선대가 의(義)를 쫓지 않음으로써 멸문지화(滅門之禍)를 당하는 역사적인

사건이 있었다. 그것이 익성군(益城君)의 선조가 이룬 업적과 연계가 있었으니 홍문계의 행장을 보고 불현듯 그 생각이 떠오른 것이다.

조헌의 12대조 문주(趙文柱)공은 고려 고종 때에 병부상서(兵部尚書)를 지냈다. 그에게 아들이 둘인데 오(璈)와 진(珍)이다. 오(璈)가 원종조(元宗朝)에 동지추밀원사로 있을 때 일어난 사건이었다. 조헌은 이 사건을 들어 후손들로 하여금 의(義)를 보고도 행하지 않은 선대의 누를 교훈 삼아 이를 기억할 것을 다음과 당부하였다.

임연(林衍)이 원종(元宗)을 폐하고 창(倡)을 세울 때에 동지추밀원사(同知樞密院事) 조오(趙璈)는 병으로 일어나지 못하였다. 임연(林衍)이 권력을 휘두름에 미쳐 조야(朝野)의 인심이 조오(趙璈)에게로 돌아갔다. 장군 김문비(金文庇)와 윤수(尹秀), 조윤번(趙允璠 오의 아들)이 더불어 연(衍)을 베이기를 꾀하고 조오(趙璈)에게 알렸다. 그러나 오(璈)는 이에 따르지 않았다. 김문비(金文庇) 등은 일이 이루어지지 못할 줄을 알고 거꾸로 연(衍)에게 알렸으므로, 연(衍)은 오(璈)를 흑산도로 유배 보내고 그의 장자 조윤번(趙允璠)과 사위 비서랑(秘書郎) 장호(張顥) 및 그 일당 7인을 죽이고 그 집안을 적몰(籍沒)하였다. 또한 오(璈)의 막내아들 윤온(允溫)도 유배 보냈다.

아! 역사에 이르기를 오(璈)는 거처함에 늘 공손하여 자못 대중의 마음을 얻었다고 하였다. 만약 연(衍)이 역모할 즈음에 김문비(金文庇)와 윤수(尹秀)가 이미 아들 조윤번(趙允璠)과 더불어 연(衍)을 베일 것을 협모(協謀)하였으니, 오(璈)가 의연히 정의에 의지하고 분개하여 몸을 돌보지 않았으면, 나라 사람들이 누구라도 따르지 않으려고 했겠는가. 취일오연(取日虞淵)의 공을 거둘 수 있었을 것을, 거의(擧義)를 무서워하여 마침내 온 가족이 화를 입었으니 의(義)를 보고도 행하지 않은 책임을 어찌 면할 수 있겠는가.

　(중략)

　왕이 밤에 이분성(李汾成)을 보내 홍문계(洪文系)에게 말하기를
"경은 누대에 걸쳐 벼슬한 집안의 후예인데, 마땅히 의로운 세력을 헤아려 사직을 이롭게 하여 부조(父祖)를 욕되게 하지 마라."
하니 홍문계가 두 번 절하고 분성에게 집 문밖에서 기다리라 이르고 즉시 송례와 도모하였다. 송례의 두 아들은 위사장(衛士長) 염(琰) 및 분(玢)이라. 송례와 문계는 삼별초(三別抄)를 모아 사직을 호위하는 대의를 설명하고 유무(惟茂) 및 그 자부(姊夫) 대장군(大將軍) 최종소(崔宗紹) 잡기를 도모하여 저자에서 모두 참(斬)하니 조야(朝野)가 모두 크게 기뻐하였다. (중략)

8. 추풍령을 넘어 옥천으로 돌아오다

　정월 초2일에는 대구 교수(大邱敎授) 송광정(宋光庭)이 내·외조(內外祖)의 행장(行狀)을 보여 주었다. 고려 태조 때의 무신으로 개국공신 대장군을 지낸 장절공(壯節公) 신숭겸(申崇謙)의 행장을 보고, 신 장절공 행장 뒤에 씀(大邱敎授宋贊哉 出示其內外祖行狀 因題申壯節公行狀後)이란 시를 남겼다.

　　桐藪何年戰楚軍　어느 해에 동수(桐藪)에서 남쪽 군대와 싸웠
　　　　　　　　　　는가
　　同門一死漢王奔　동문(東門)에서 한번 죽으니 한(漢)나라 왕이
　　　　　　　　　　달아났네

> 分明紀信存劉氏　기신(紀信)이 분명하니 유씨(劉氏)는 살아났
> 　　　　　　　　는데
> 錯比鄂公玄武勳　악공(鄂公)의 현무문(玄武門) 공훈에 잘못
> 　　　　　　　　비교하는구나

1월 초3일에는 취금헌(醉琴軒) 박팽년(朴彭年) 선생의 5대손 박여술(朴汝述)의 집에 들렀다. 박여술은 무과(武科)에 급제하고 함창현감(咸昌縣監)을 지냈다. 조헌은 박팽년(朴彭年) 선생의 신위(神位)에 제사를 올렸다.

제평양박선생(팽년)문(祭平壤朴先生彭年文)

만력19년(萬曆十九年) 정월(正月)삼일(三日)에 후생(後生) 은천(銀川) 조헌(趙憲)은 평양(平壤) 박 선생의 신위(神位)에 감히 밝게 고하나이다.

아! 선비가 세상에 태어나서 몸을 바쳐 임금을 섬기는 사람은 억만(億萬)의 수효(數爻)로도 헤아릴 수 없을 것입니다. 그러나 그 진심으로 임금을 위하여 죽음의 뜻을 변치 않는 자는 오직 옛날 상(商) 나라의 백이(伯夷) 숙제(叔弟)와 진(晋) 나라의 난공자(欒共子)이며, 우리나라에는 전조(前朝)에 홍충평 '관'(洪忠平 灌)과 정문충 '몽주'(鄭文忠 夢周)등 몇 사람뿐으로 그 외에는 소문난 자가 없다고 하겠습니다.

이것은 당시의 사람들이 이(利)만 찾고 의리(義理)를 잊었기 때문에 어린 임금은 의탁할 곳이 없게 되었습니다. 이 어찌 임금이 불행하다 하지 않겠습니까? 이때에 선생은 성근보 '삼문'(成謹甫 三問)등 여러

사람과 집현(集賢)의 명을 함께 받았습니다. 인심이 돌아가는 바로 천명(天命)도 또한 고쳐지게 되었으나 오직 선생은 섬기셨던 임금을 생각하시는 그 마음을 만 번 죽어도 변치 않으셨습니다. 우리 동방의 인사들로 하여금 군신의 의(義)를 가진 사람은 천지간에 도망치지 못할 것을 알게 하셨습니다. 풍성(風聲)을 듣고 흥기(興起)하는 사람이 세대(世代)로 있었습니다. 선생의 절의(節義)는 일월과 같이 광명하고 선생의 이름은 천지에 드리웠으니 영원히 무궁하리다.

아! 선생은 참으로 백세의 스승이옵니다. 이제 헌(憲)은 노상(路上)에서 우연히 어진 자손을 만났습니다. 끼친 사당에 참배한 다음 경앙(景仰)의 뜻을 이기지 못하옵니다. 이에 벗의 술을 한 잔 부어 공경히 드리오니 아! 흠향하옵소서.

정월 초5일. 성주목사(星州牧使) 양호당(養浩堂) 이덕열(李德悅, 1534~1599)과 성주 경사당(敬事堂)에서 주연이 있었다.

정월 초6일 저녁에 금릉(金陵)에 들어갔다. 선산부사(善山府使) 윤면(尹勉)이 고강(考講-과거시험 중 책을 보고하는 구술시험)의 일로 먼저 와 있었다. 군수 임예신(任禮臣)에게 "보은현감 시절 군사를 점검한 회포를 서술함(夕入金陵 郡伯任丈 贈任天安時 憲自三山 点軍 故懷)"이란 시를 지어 주었다.

宣化樓前対酌時	선화루에서 마주 앉아 술 마실 때에
桓桓元帥選熊羆	군세고 굳센 원수(元帥)같이 용맹한 군사를 뽑았네
太平萬歲君恩重	만년(万年)의 태평함이 임금님 은혜 무거운데

覓酒江湖摠旧知　강호(江湖)에서 술을 찾으니 모두가 옛 벗일세

영남지역 주유는 금릉이 마지막이었다. 돌아올 때는 금릉에서 추풍령을 넘어 영동을 거쳐 옥천 실가로 돌아왔다. 약 한 달 정도 옥천-선산-영천-하양-경산-청도-합천-대구-성주-금릉-(추풍령)-(영동)-옥천으로 이어지는 길을 돌아왔다. 돌아본 곳은 부산에서 서울에 이르는 중로(中路)와 서로(西路)의 일부이다. 이 여행에서 돌아온 조헌은 왜적의 침공에 대비하여 영호남비왜지책(嶺湖南備倭之策)을 작성한다.

9. 가도입명(假道入明)을 요구한 일본

조헌이 영남지방을 주유하고 돌아온 그해 봄, 일본에 갔던 통신사가 열 달 만에 귀국했다. 조정에서는 작년 3월에 황윤길(黄允吉)을 정사로 하고, 김성일(金誠一)을 부사, 허성(許筬)을 서장관으로 하는 통신사를 파견하였다. 이는 서애(西厓) 유성용(柳成龍)의 주장에 의한 것이었다. 통신사가 출발할 때 조선에 와 있던 왜 사신 평의지(平義智)도 함께 출국했고, 귀국할 때는 평조신(平調信), 현소(玄蘇), 평의지(平義智) 등이 따라 들어왔다. 그런데 현소와 평의지는 조령을 거치고, 평조신은 죽령을 거쳐서 두 길로 나누어 서울로 들어온다. 그들의 목적이 침공을 위한 공격로 정탐에 있었던 것이었다.

1588년 함경도 길주로 유배가 있던 조헌은 왜국과의 통호를 반대하

는 청절왜사 1소(請絶倭使一疏)를 올렸으나 관찰사가 이를 받지 않았다. 그가 유배에서 풀려나면서 12월에 받지 않았던 제1소와 제2소를 써서 함께 직접 대궐로 나아가 직소했다.

1589년에 왜 사신 귤강광이 조선에 들어와 일본에 통신사파견을 요구하며 공공연히 국경 침범을 운운했다. 조헌은 우리가 일본에 사절단을 보내는 것은 풍신수길의 권력 찬탈을 인정하는 것이며, 그들의 속셈이 조선 침략의 야욕에 있다고 상소했다. 세 번이나 올린 청절왜사소(請絶倭使疏)에서 통신사파견을 극구 반대하는 주장을 분명히 했었다.

통신사가 일본에 도착했을 때, 이를 대하는 일본의 태도는 무례하고 도리에 벗어났다. 사신단이 대마도에 도착하면 영접사를 파견해서 사신 일행을 안내하는 것은 당연한 일이다. 그럼에도 일본은 이러한 조치를 취하지 않았다. 그뿐만이 아니었다. 사신 일행을 곧바로 대판 성으로 안내하지 않고, 먼 길을 돌아 몇 달을 지체하고서야 도착하게 했다. 대판 성에 도착해서도 풍신수길이 이런저런 핑계로 국서를 받지 않아서 5개월이 지체한 뒤에야 이를 전할 수 있었다.

사신을 접대하는 연회가 있었는데 풍신수길이 연회 중에 안으로 들어가 평복을 갈아입고 어린아이를 안고 나왔다. 아이가 옷에다 오줌을 누자, 시녀에게 아이를 주고 옷을 갈아입는 태도가 태연자약하고 방약무인했다. 또한 답서를 바로 주지 않고 지체하다가 겨우 나온 답서의 내용에 말투가 거칠고 거만해서 차마 받을 수가 없었다. 이에 수정을 요구해서 간신히 답서를 받을 수 있었다.

이러한 답서를 들고 귀국한 사신단의 정사와 부사의 보고가 정반대였다. 서인인 정사 황윤길과 서장관 허성의 견해는 일본의 모든 정황은 도발할 가능성이 매우 농후하다고 보고했으나, 동인인 부사 김성일은 풍신수길은 위협적이며 경망한 인사에 불과할 뿐, 실제는 일본의 도발 가능성이 없다는 정반대 의견을 보고한 것이다.

선조 24년 3월 1일 자 선조수정실록 기사에 다음과 같은 대목이 들어있다.

"당시 조헌(趙憲)이 화의를 극력 공격하면서 왜적이 기필코 침입할 것이라고 주장하였기 때문에 대체로 윤길의 말을 주장하는 이들에 대해서 모두가 '서인(西人)들이 세력을 잃었기 때문에 인심을 요란 시키는 것이다'라고 하면서 구별하여 배척하였으므로 조정에서 감히 말을 하지 못하였다.

유성룡이 성일에게 말하기를

'그대가 황윤길의 말과 고의로 다르게 말하는데, 만일 병화가 있게 되면 이를 어떻게 하려고 그러시오?'

하니, 성일이 말하기를

'나도 어찌 왜적이 침범하지 않을 것이라고 단정하겠습니까, 다만 온 나라가 놀라고 의혹될까 두려워 그것을 풀어 주러 그런 것입니다.'

라고 하였다."

정파의 이익을 위해서 나라의 운명도 개의치 않는 것이 당시 조정의 실정이었으니 기가 막힐 노릇이다. 이로 말미암아 조정은 혼란에 빠졌다.

일본의 침략 의도를 놓고 갑론을박 끝에 김성일의 주장에 무게를 두는 안일한 선택을 한다. 그리고 얼마 지나지 않아서 왜 사신으로 온 평조신으로 부터 1년 후에 가도입명(假道入明)을 요구하는 통보를 받는다. 즉 명나라를 치러 가는데 조선으로 하여금 길을 내놓으라는 황당한 통고를 받고서야, 비로소 풍신수길의 도발 위협에 관심을 갖기 시작했다. 그러나 오랜 기간 전쟁을 모르고 평화를 구가해 온 조선의 관리들은 일본의 침략에 의혹을 가지면서도 명분이 없다고 단정하고 소극적인 대책으로 일관한다.

10. 전하, 왜국사신의 목을 베소서!

통신사의 귀국과 왜 사신 평조신(平調信)과 평의지(平義智)가 동시에 입국한 소식에 조헌이 나라의 위기를 직감하고 다시 붓을 들었다. 그것이 청참왜사소 1소((請斬倭使一疏)이다. 그는 상소에서 왜 사신의 목을 쳐서 국가의 위엄을 보이고 명나라에 보낼 것을 주장한다. 임금과 조정 신하들로 하여금 위기의식을 일깨우려는 것이다.

1591년 3월(선조 24) 청참왜사 1소를 쓴 조헌은 옥천에서 백의를 입고 어깨에 도끼를 메고 상경하여 대궐로 향했다. 이것이 두 번째 지부상소였다. 그는 죽음을 각오하고 일본의 침공을 확신하고 이에 대비할 것을 절박한 심정으로 이렇게 지부상소(持斧上疏-도끼를 놓고 상소)를 하였다.

> 이제 들자오니 왜국에 갔던 사신의 배가 돌아왔는데 적선이 해안에 머물며 정람하고 있습니다. 저들이 우리를 점령하고 명나라를 정벌한다면 변명할 길이 없습니다. 변경의 방비가 소홀하여 대비 계획을 세워

야 할 지금, 경략도 없고 대비할 논의도 없으며, 나라를 그르친 무리만 수치도 욕도 모르면서 임금에게 화가 미치게 하므로 눈물을 씻고 말씀 드리지 않을 수 없습니다.

조헌이 근본적으로 걱정하는 바는 둘이었다. 하나는 왜적의 침공에 대비하는 것이요, 또 하나는 명나라의 오해로 분노를 사게 되면 이보다 더 큰 보복을 받을 수 있다는 것이었다.

신이 삼가 포로로 잡혀갔던 사람들의 말을 들건대, 왜적들이 우리나라 사람을 서남만제도(西南灣諸島)와 중국에 팔면 그들이 다시 되팔려 일본으로 되돌아온다고 하였습니다. 이것은 장사치들의 왕래가 베짜는 북처럼 왕래하고 다닌다는 증거입니다.
간교한 왜국이 우리에게 답한 글에 이미 자신들의 성세에 대해 극히 장황하게 늘어놓고 있는데, 하물며 남양(南洋)의 제국(諸國)에야 그들의 무력을 자랑하여 겁을 주지 않았겠습니까? 신은 황윤길의 배가 처음 대마도에 정박했을 때 저들은 반드시 먼저 남양(南洋)의 제도에 전파하여, 조선과 통신했다고 하면서 제도(諸島)를 복속시키려고 했을 것입니다. 그 말을 중국의 절동(浙東)과 절서(浙西) 지방 관리들이 듣지 못할 리가 있겠습니까. 따라서 황제에게 알리지 않았겠습니까? 중국이 우리를 의심하는 것은 실로 오래입니다.
더구나 이 교사스러운 일본이 항상 상대가 방비하지 않고 있을 적에 기습적으로 공격함을 이롭게 여기고 있으니, 만약 우리 변방의 장수가 능히 방비하여 절연히 침범하기 어렵게 되면, 저들은 반드시 중국을 침범하는 것이 이롭다고 여길 것입니다. 따라서 소주(蘇州)·항주(杭州)에 말을 퍼뜨리기를 "우리는 이미 조선을 복속시키고 군대를 이끌고 왔다"라고 할 것입니다. 그러면 이 말이 빠르게 전파되어 반 달이면 황제가 알게 될 것입니다.

"저자에 범이 있다"라고 여러 번 말하자 듣는 사람이 모두 그런가 하고 의심하였으며, "사람을 죽였다"는 말이 세 차례나 들려오자 증자(曾子)의 어머니도 베 짜는 북을 내어 던지고 달아났다는 것입니다. 우리나라가 호랑이와 승냥이 같은 사나운 나라들 사이에 끼어있고 성상의 학문이 일이관지(一以貫之)의 지경에 이르지 못하였으니 명나라 임금이 증자의 어머니가 되지 않는다고 기약할 수 없을 것입니다.

가령 명나라가 북쪽에 있는 오랑캐와 남쪽에 있는 왜적의 침공을 받아 소정방(蘇定方)과 이적(李勣) 같은 군대를 동쪽으로 파견하지는 못한다고 하더라도 중국 조정에서 우리나라를 일본과 내통했다고 여겨 허겸(許謙)이 후회하듯 하고 사가(史家)가 이러한 사실을 기록한다면 당당한 예의의 나라로써 또한 너무도 수치스럽고 오욕스러운 일이 아니겠습니까? (중략)

명나라에 사신을 늦게 출발시키게 되면 만사가 잘못되는 걱정이 있게 되는데도 잘못을 감추려는 신하들은 손을 잡고 화를 부르고 있으면서도 중국이 격노할 것을 걱정스럽다고 합니다. 그러니 성시(城市)와 촌야(村野)의 백성들은 모두가 입을 모아 왜사(倭使)를 베지 않으면 안 된다고 생각하고 있습니다.

일본의 의도는 명나라를 공격하겠으니 조선은 길을 내고 선구(先驅)가 되라는 것이었다. 통신사를 보내서 교린 한 조선이 일본과 공모한 듯이 하여 조선과 명을 이간시키고, 조선을 곤경에 몰아넣자는 심산이었다. 조헌은 임금에게 "만약 명나라에서 일본의 이러한 간교를 깨닫지 못하고 당의 이적(李勣)과 소정방(蘇定方)이 군사를 몰고 왔

청참왜사도

듯이 죄를 물어 온다면 어떻게 사과할 것이며, 우리의 백성이 어떻게 죽음을 면할 수 있겠는가?"라고 물었다.

이러한 상황은 조선에 뜻하지 않은 재난이요 위기라고 하겠으나, 어쩔 수 없이 부딪친 현실이었다. 그럼에도 조정에서는 자주적인 대비책을 세우지 못한 채 적의 세력에 위축되어 당혹할 뿐이었다. 이때 조헌은 분연히 일어나서 왜사의 목을 베지 않으면 이 어려운 정세를 떨쳐 일어날 수 없으며, 더 늦지 않게 명나라에 사신을 보내서 오해가 없도록 조속히 조치할 것을 간곡히 주장하였다.

이러한 긴박한 역사적 시련 속에서 그는 나라의 운명과 호흡을 같이 하면서 역사의 방향과 민족의 활로를 제시하기 위해 분투하였다.

신은 삼가 생각건대, 전하께서 나라를 다스리는 도리에 있어 스스로를 반성하며 늘 정직했고, 명나라에 대한 도리도 소홀하지 않았으며 이웃 나라를 돌보는 도리 역시 부끄러움이 없고, 백성을 보호하시는 인자함은 평범한 백성 하나라도 손상이 있을까 염려하였고, 변방을 공고히 하여 스스로를 잘 지켜 침략받는 일이 없게 하였으니, 이것은 바로 증자

(曾子)가 이른바 "상대가 부(富)를 들고 나오면 나는 인(仁)으로 맞서고, 상대가 벼슬을 들고 나오면 나는 의(義)를 가지고 맞선다."는 것입니다. 이를 확대해 나간다면 진(晉) 나라, 초(楚) 나라 같은 부강도 두려워할 것이 없는데 더구나 풍신수길(秀吉) 같은 필부의 용맹이겠습니까. 그가 칼을 품고 임금을 시해할 적에는 사람마다 드러내어 죽일 것을 생각했을 것이고, 그가 사람을 삼대를 베듯이 했을 때는 귀신도 은밀히 벨 것을 모의했을 것입니다. 그가 죄 없는 이들을 해치고 우리나라를 엿보니 자국이야 말할 것도 없습니다. 온 천하가 다 같이 분노한다면 수고롭게 전쟁할 것도 없이 저절로 죽을 것이니 사신을 빨리 보내지 않는다면 왜적이 뜻밖에 출동하여 중국이 크게 놀랄 것입니다. 자사(子思)가 "모든 일에 있어 미리 준비를 하면 그 일이 잘 되고, 미리 준비하지 않으면 잘못되는 것이므로, 미리 일에 대한 계획을 확정해야 잘못되지 않는다."고 하였습니다.

조헌은 일본의 도발을 기정사실로 보고 조속히 중국에 알릴 것을 촉구했다. 그는 풍신수길이 자기 왕을 시해하고 사람 죽이는 일을 삼대 베듯이 할 때에는 그 행실로 보아 천하를 침략할 것이 분명하다고 말했다. 따라서 온 천하가 다 같이 한뜻으로 왜적의 침공에 대비하여 미리 준비한다면 충분히 이를 막아낼 수 있다고 주장한다.

이제 수길(秀吉)이 우리나라에 대하여 나날이 삼켜 버릴 계책을 세우고 있습니다. 대마도주(對馬島主)를 죽이고 은밀히 자신의 복심인 평의지(平義智)를 보냈으니, 우리의 원손을 빼앗긴 셈으로 앞으로 첩보(諜報)를 얻을 길이 없게 만들었습니다.
또, 사신을 보내어 드나들며 정탐하게 하면서 탐문 할 곳에 가서는 사례까지 한다고 하니 이는 이미 출병할 계획을 세운 것입니다. 그리하여 지금은 대마도에 군대를 숨기더라도 모두가 말하기를 꺼리고 있습니다. 크게 거병하여 쳐들어올 근심이 있음을 알지 못하고 있으니 그 감춰진 재앙에 마음이 참혹합니다. 그런데 우리는 여전히 성대하게 갖추어 대접하는 것이 중국 사신을 접대함과 다름이 없습니다.

왜국 사신이 두 길로 나누어 올라옴에 접대하는 사람들도 양쪽으로 갈라서 대기하였으며, 영남·호남의 각 고을에서 백성을 동원하여 원역(院驛)에 나가 여러 날을 기다리다 맞이하였습니다. 시일은 자꾸 흘러가는데 우리는 하나도 방비에 대한 일을 하지 않고 있으니, 비록 안진경(顏眞卿)과 같은 선견지명이 있다고 하더라도 참호를 파고 성을 완벽하게 할 계책을 세울 겨를이 없을 것입니다.

저들이 우리 사신을 대우한 것은 매우 박하게 하였는데도 우리는 먼저 기운을 잃은 기색을 보여 우리 관리들에게 교만 하기를 천한 노예들에게 하는 것과 다름없어도 감히 한 마디 말도 못하고 있습니다. 이른바 후하게 대접하라는 분부는 실로 국명(國命)을 위축시켜 영원히 스스로 일어설 수 없게 하고 우리의 인력(民力)을 손상시켜 감히 적을 물리칠 수 없게 만드는 것이니 어찌 통곡할 일이 아니겠습니까.

풍신수길은 무력으로 일본 십도(十島)를 제압하였으니, 조선의 정복도 가볍게 생각한다고 판단했다. 조헌 자신도 왜적에 대하여 '천하의 강구(強寇)' 임을 시인하였다. 이것은 심히 경계할 일이다.

그리고 왜사(倭使)에 대한 지나친 접대가 오히려 적을 더욱 교만하게 하고 우리의 약점을 드러나는 크게 잘못된 일이라고 지적한다. 풍신수길은 한편으로 침략 준비를 착착 진행하면서 이와 같이 우리에게 오만한데도 불구하고 조선은 이들을 매우 환대하여 더욱 오만방자하게 만들고, 스스로 위축되어 떨쳐 일어나지 못하고 있으니 한심한 일이 아닐 수 없었다. 조헌은 임금에게 이 점을 엄중히 살필 것을 요구한 것이다.

소정방(蘇定方)과 이적(李勣)의 군대가 동으로 쳐들어 온 것은 백제와 고구려가 신라의 당나라로 가는 길을 끊으려고 하였기 때문입니다.
왜놈은 천하에 공포하기를 반드시 우리나라가 저들에게 복종하여 내조(來朝)한다고 할 것입니다. 우리가 명나라에 대한 은혜와 의리가 박하지 않았기 때문에 왜놈이 어긋나는 언사를 한다면, 마땅히 아침에 듣고 저녁에 알려야 합니다. 시일을 지연하여 때를 기다려서 알리려 한다면, 결코 명년 봄 안으로는 연경에 가지 못할 것이고, 왜놈이 붙인 격문은 반달이면 명나라 조정에 도착 될 것입니다.
명나라는 은애도 간절하지만 한번 노하게 되면 죄를 내리기가 일쑤인데, 만일에 우리의 능력은 고려하지 않고 왜국을 토멸하라고 하면, 우리의 약한 군대로는 방위에도 겨를이 없는데 어느 남는 힘이 있어서 왜적을 정벌할 수 있겠습니까?(중략)
신이 더욱 통탄하는 바는, 신이 올라온 길이 바로 왜국 사신이 올라온 길이었습니다. 자세히 듣건대, 저 왜국 사신이 우리를 업수이 여기고 거만 부리기를 명나라 칙사(勅使)와 같이 하였는데도, 우리의 관리들은 한결같이 기가 죽어서 힘을 다하여 여러 가지 술과 안주로 대접하고 방비는 전혀 잊어버리고 있었다고 하옵니다.
이 사신들의 왕래함을 보아도 가히 뒷날에 크게 패할 것을 알고 있습니다. 그런데도 우리나라는 조야(朝野)를 막론하고 바른 논의는 볼 수 없고 엉뚱한 소(疏)만 나오니, 앞으로 위급할 때도 이와 같이 앞장서서 구제하는 사람이 없다면, 임금께서는 문천상(文天祥)과 육수부(陸秀

夫)같이 의지할 사람이 끝내 누구이겠습니까?

　정몽주(鄭夢周)는 고려왕조의 위태한 시기에 벼슬하면서 오히려 그 혐의를 피하지 않고 널리 국사(國士)를 맞이하여 담론하기를 마지않았습니다. 그 시(詩)에 이르기를 "자리 위에는 늘 손님이 가득하고 술동이에는 술이 떨어지지 않노라"라고 하였으니, 일을 맡아 하는 신하가 문을 닫고 혼자 앉아서 중의(衆意)를 모으지 않으면서 능히 그 나라를 구한 사람은 예부터 있지 않았습니다.

　전하께서 신들을 세밀히 살피시고 의심이 될 만한 단서는 버리셔서, 남을 헐뜯어 고하는 자들의 입을 막으시면 사직이 크게 다행할 것이옵니다.

조헌은 상소에서 조선이 처한 현실과 활로를 명확하게 제시하였다.

　첫째는 왜적의 침략에 대비한 시급한 사전 준비이다. 조헌은 일본에 통신사를 파견하는 것을 반대하는 상소에서도, 저들의 강한 세력에 위축될 것을 염려하여 우리가 지금부터 준비하고 지형적인 조건을 이용하면 아무리 강한 적도 능히 막아낼 수 있다고 주장했다. 그러나 그의 말에 관심을 두는 사람은 없었다.

　둘째는 명나라의 오해로 야기될 보복성 문책에 대비한 사전 조치를 제시했다. 역사적 사실이 증명하듯이 일본의 침공보다도 명나라의 보복이 더 혹독하고 무겁다는 것이다.

　조선은 북으로는 명나라의 눈치를 보고, 남으로는 점점 조여 오는 일본의 틈바구니에서 조선은 생존의 길을 찾아야만 했다. 그것은 사대가 아니라 조선이 처한 불가항력의 상황에서 어쩔 수 없는 생존의 길이었다. 여기서 우리는 조헌의 혜안과 나라를 구하기 위해 몸부림치는 그의 심정을 가슴 저리도록 느끼게 된다.

셋째는 왜 사신의 목을 베어 조선의 확고한 의지를 천명하고 중국의 오해도 없애라는 것이다. 왜 사신의 위세 눌린 조정이 지나치게 위축되어 처신하는 것이, 결국은 장수(將帥)와 군사들은 물론 지방 관리와 백성들 모두가 적에 대항할 의지를 잃게 될 것을 크게 염려하였다. 더구나 일본 사신이 들어오며 공격할 길을 정탐하는데, 적을 방비할 준비는 하지 않고 오히려 조정에서는 이들을 후하게 대접하라고 지시하여 모두가 사신 접대에 매달리니 이 얼마나 한심한가. 조정은 물론 지방의 관리와 백성들까지도 일본의 위세에 한껏 위축되어 있으니, 저항 의지를 고양하는 것이 무엇보다도 시급하다고 주장하였다.

11. 대궐 주춧돌에 머리를 들이 받다

국내·외 정세에 밝았던 조헌은 사태를 올바르게 인식하고 있었으며, 자칫 나라가 패망할 수도 있는 위기라고 생각했다. 그러한 걱정은 일찍이 일본에 통신사를 보내는 것을 반대한 청절왜사소(請絶倭使疏)를 올릴 때부터 시작되었으며, 안일한 조정을 일깨우려고 모든 노력을 기울였다. 그가 바라보는 당시의 정세(情勢)가 얼마나 시급했고, 조정의 처신이 오죽 답답하였으면 극단적인 수단으로 지부상소(持斧上疏)를 결심하였겠는가.

선조수정실록에는 조헌이 일본의 침략에 대비할 것을 아뢴 청참왜사소(請斬倭使疏) 외에 첩황(貼黃)을 함께 올렸다고 되어있다. 여기서 말하는 첩황이라는 것은 무엇일까? 그것은 영호남비왜책 등 여섯 가지 문건이었다.

- 변란에 대하여 황조(皇朝)에 알리는 표문(表文)초안
- 유구(琉球) 국왕에게 보내는 국서 초안
- 일본국 유민(遺民) 부로(父老)들을 효유(曉諭-밝게 깨우치다) 하는 편지 초안
- 대마도의 부로(父老)를 효유(曉諭)하는 편지 초안
- 왜국 사신을 참(斬)하는 데 대한 죄목 초안
- 영남·호남 비왜책(備倭策)

선조실록에는 전 교수 조헌이 일본의 침략에 대비할 것을 아뢴 소장과 또, 첩황이 있었는데 그 대략에

"기밀(機密)스러운 일은 비밀히 하지 않으면 일을 이룰 수가 없는 것입니다. 이제 말에 능란한 적사(賊使)가 동평관(東平館)으로 들어오려 하니 신의 봉장(封章)이 또한 늦은 것입니다. 바라건대 신의 상소문을 머물러 두시고 대책을 은밀히 조처하시되, 동평관에 있는 사람으로 하여금 왜사가 알 수 없게 할 것은 물론, 신의 이름을 조보(朝報)에 싣지 않게 해 주시면 다행이겠습니다."
라고 기록하였다.

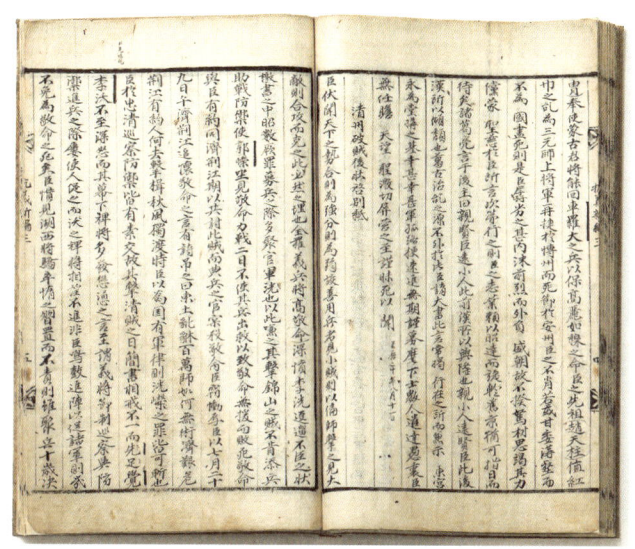

항의신편(抗義新編)

조헌이 지부상소(持斧上疏)를 올리고 3일을 기다려도 임금이 비답을 내리지 않았다. 조헌은 곧바로 그 자리에서 다시 상소를 쓰기 시작했다. 이것이 청참왜사소 2소(請斬倭使疏二疏)이다.

> 청참왜사소 2소(請斬倭使疏二疏)
> 1591년(선조 24년) 3월 15일

신은 생각하기를 변방에 급보가 들어오면 지령(指令: 看書)을 빨리 내리지 않을 수 없으며 필부가 나라 일을 어지럽게 하면 이들을 죽이지 않을 수 없을 것입니다.

그러므로 왜적이 명나라를 치겠다는 소식을 전해 듣고 머리칼이 곤

두서는 분노를 참을 수 없어 심혈을 기울여 성상께 소(疏)를 올립니다. 하루속히 옳지 못한 것을 고쳐서 위로는 명나라에 과오를 범하지 않고, 안으로는 종묘(宗廟)에 수치를 끼치지 않고, 밖으로는 왜놈에게 업신여김을 받지 않고, 아래로는 백성에게 재화(災禍)가 미치지 않게 하시면 신이 평생 글 읽은 힘으로 삼강(三剛) 오륜(五倫)을 붙들어서 우리 임금께서는 명나라의 문책을 받지 않게 하며 또, 신의 어머니는 포로가 되어 감을 면하게 하자는 것입니다.

　참으로 이와 같이 된다면 기름을 끓이는 가마솥이라도 달갑게 뛰어들 수 있을 것인데 소(疏)를 올린 지 3일이 지났어도 들리는 바가 없으니 이는 전하께서 너그러이 용서하시어 신을 죄주려 하지 않음임을 알겠습니다.

　그러나 신이 나라를 구제하고 어머니를 살게 하는 계책도 오늘뿐입니다. 왜적의 침입으로 변방의 티끌이 한 번 날리게 되면 탄식한들 무슨 소용이 있겠으며 명나라의 문책이 한 번 닥쳐오면 근심한들 무슨 보람이 되겠습니까? 이 어려운 시점을 한 번 고찰하시기 바라옵니다.

　신이 헤아려보건대 왜놈의 반복(反復)은 만 가지로 다 측량할 수가 없습니다. 옛날 금(金) 나라와 원(元) 나라의 사신을 후하게 대접한다 하여 그 나라가 남침(南侵)을 하지 않을 것이라고 한다면 이것은 진회(秦檜)와 가사도(賈似道)의 무리가 송(宋)나라를 어리석게 한 것입니다. 이제 왜놈은 그 임금을 죽이고도 오히려 애석하게 생각하지 않는데 그 이웃 나라를 엿보기만 하고 침공하지 않겠습니까? 고금을 통틀어 본다 하여도 결코 이러한 이치가 없사오니 명장을 시켜서 동남쪽의 바닷가를 방비하여야 되옵니다.

　청참왜사소 2소는 임금의 대답을 독촉하는 의미에 상소이다. 그는 앞서와 같이 일본의 침략과 더불어 명나라의 보복을 염려하였다. 또한 일본의 침공을 확신하고 스스로 분석하고 판단한 대로 동남쪽 바닷가를 상륙지역으로 판단하고 이에 대한 방비를 촉구하였다.

어떤 사람들은 조헌을 고집이 세다고 하고, 지나치게 솔직한 말로 직언을 서슴지 않기에 그를 미친놈이라고 하지만, 그것은 국내·외 문제를 꿰뚫어 보는 혜안으로 진정 나라의 앞날을 걱정하는 충심 어린 소신에서 나오는 것이었다.

지부상소를 올리고 또, 2소를 올린 다음 승정원 문밖에서 수일 동안 임금의 비답을 기다렸으나 끝끝내 대답이 없었다. 이에 답답한 심정을 금치 못하고 대궐 주춧돌에 이마를 들이받아 얼굴에 피가 낭자하게 흘러내렸다. 사람들이 모여들어 담을 치며 각각의 의논들이 분분한데 어떤 이는 고초를 자초하는 그를 비웃었고, 어떤 이는 그의 충심 어린 행동에 감동하였다.

조헌은 사람들을 향해

"명년에 산곡(山谷)으로 피난 할 때 반드시 내 말을 생각하리라."
라고 하고는 어찌할 수 없는 안타까움에 도성을 떠났다.

12. 조선 방어계획 『영호남비왜지책』

조헌이 일본의 조선 침략 의도를 미리 예견하고, 왜 사신의 목을 베어 명나라에 보내라는 청참왜사소(請斬倭使疏)와 함께 올린 여섯 가지 첨부한 문건 중 하나가 조선 방어계획인 영호남비왜지책(嶺湖南備倭之策)이다.

왜적이 침공한다면 어느 해안으로 상륙할 것이며, 어떤 통로를 이용해서 공격해 올 것인가? 이에 관한 올바른 분석과 판단은 조선 방어의 핵심이었다. 조헌은 이에 대한 자신의 판단과 대비책까지 상세하게 분석하여 제시했다. 비왜지책(備倭之策)이 조선의 운명을 좌우할 만한 귀중한 가치가 있었다는 사실은 임진왜란의 전개 과정을 살펴보면 쉽게 알 수 있다. 다만, 이러한 상소를 조정이 외면한 것이 역사의 비극이었다. 조헌의 혜안이 얼마나 뛰어났는지 다음의 영호남비왜지책(嶺湖南備倭之策)에서 우리는 그 깊이를 깨달을 수가 있다.

- 왜적이 침공 시 예상 상륙지역을 동남해안으로 판단하였다.

이때 조정에서는 왜적이 호남 해안으로 상륙할 것으로 내다보고 대비에 중점을 두고 있었다. 그러나 조헌은 조정의 판단과 달리 지형의 조건과 전례를 분석하여 동남해안으로 판단하였는데, 그 근거는 이러하였다.

▷ 남해 연안은 지형이 복잡하여 향도(嚮導-길 안내자)없이는 상륙하기가 어렵다.
▷ 과거에 왜구가 반도 깊숙이 들어와 노략질한 것은 남해 연안에 정박할 곳을 찾지 못한 까닭이다.
▷ 적은 남해안으로 상륙하기 위해서 큰 피해를 감수해야 할 것이며, 서해안 역시 경솔하게 정박할 수 없을 것이다.
▷ 적은 호남 해안보다는 익숙한 영남 해안으로 침입하여, 이곳을 발판으로 북상의 길을 트고 군사를 나누어 호남지방을 육로로 쳐들어가서 장악할 계책을 쓸 것이다.

그는 이러한 까닭에 적은 반드시 동남해안으로 상륙할 것으로 단언하였고, 상소문에서 이에 대한 사전 조치를 건의했다.

　전조(前朝)의 말기에 연안, 배천, 임천, 한산 등지를 약탈하였다 함은 대개 영남과 호남의 동남쪽 모퉁이에 방비가 없었기 때문으로 조종조(祖宗朝)께서 중진(重鎭)을 특별히 설치한 뒤로는 비록 적선이 간혹 출발하였어도 방자한 행위를 하지 못한 것은 연해(沿海) 여러 진(鎭)의 정박할 곳을 외국 사람은 실로 알 수가 없었기 때문입니다.
　그러므로 늘 흑산도, 추자도 등의 섬에서 복어잡이를 하는 어부를 포로로 얻으면, 큰 보배로 여겨서 복어를 많이 주고 향도인(嚮導人)을 삼고 있습니다. 그러하오니 전하께서는 이를 징계하여 생복어의 진상은 일찍 파하고 시중의 매매도 금하십시오. 그리고 양남(兩南)의 관찰사와 도사에 엄명을 내리어 이 어물로는 요리를 하지 못하게 하고 해채인(海採人-해초를 채취하는 사람)이 먼 섬으로 나가는 것을 금하지 못한 변방의 장수들은 왕명을 거역한 무거운 죄로써 다스리면 왜적은 결코 향도(嚮導)를 얻지 못할 것입니다.
　지난날에 저들이 포로로 잡아간 사람들은 혹은 늙고 혹은 쇠약해져서 이제는 모두가 배를 조정할 수가 없을 것이며, 호남 바다의 수로는 여러 차례 지내본 곳이 아니므로 이백 년 동안 한 번도 엿보지 못했습니다. 그런데 이제 왜적의 계획은 비록 동쪽에서 충돌하고 서쪽을 공격하고자 하지만, 감히 경솔하게 서해 변에는 정박하지 못할 것이고, 여러 차례 지내본 영남지방을 먼저 쳐서 곧장 올라오는 길을 열어 놓고 군사를 나누어 호남지방을 손아귀에 넣을 계책을 쓸 것입니다. 그러니 이곳에 대한 계획을 미리 세워서 수비를 잘하고, 향도만 없으면 이곳을 거쳐서 경기지역 바다를 엿볼 리는 절대로 없습니다. 우리나라의 조련을 제대로 받지 못한 군졸로는 평야 지방에서 왜적과 장기(長技)를 겨루는 것은 원래 승산이 없는 것입니다.

　신이 듣건대 조정의 의논은 왜적이 호남 해안의 여러 섬으로 침공하리라 하여 영남지방을 버려두고 거론하지 않는다고 하니, 이것은 크나큰 실책인 줄로 압니다. 전조에도 왜적은 매양 황산(黃山)의 강을 거슬러 올라와서 성주, 대구 등지를 침략하였으며 경오년(庚午年)의 적도 또한 웅천, 제포 등지에 출몰하였으니 영남의 방어를 조금이나마 소홀히 할 수가 있겠습니까? 이와 같이 명장을 선발하여 그곳의 원수(元帥)로 삼아 방어하라고 명하심이 옳을 것 같습니다.

● 명장(名將)을 미리 변방에 배치하라.

　먼저 왜적의 침공에 대비하는 군사의 운용에 있어서 큰 문제점을 지적하였다. 조정에서는 왜적이 상륙할 지역으로 영남지방을 버려두고 호남 해안만을 거론하고 있었다. 그리고 적의 예상 공격로와 주요 요충지에 조방장(助防將-주장을 도와서 방어하는 장수)으로 대비하다가, 적이 침공한 연후에 서울에 있는 명장이 출동하는 체제로 대비한다는 것이다. 이는 도성의 수비를 염려해서였으나, 공격하는 적의 기세를 조기에 꺾어 변방에서 적을 물리쳐야 하는 현실과는 서로 배치되는 것이었다. 만약에 변방의 방어가 소홀하여 조기에 무너진다면, 이 또한 서울도 온전할 수가 없는 것은 당연하다. 조헌은 이러한 문제점을 지적하고 사전에 명장을 4도의 변방에 미리 배치하여 적을 공격에 대비해야 한다고 주장하였다.

　신이 저보(邸報-조정에서 지방으로 띄우는 문서)에서 변방의 인사배치를 보니 조방장(助防將)만을 4도에 나누어 보내고 명장은 요충지에 미리 보내지 않으니, 신은 아무래도 이해할 수가 없습니다. 예부터 왜적이 침공할 때는 반드시 그 지방의 정예한 병사를 뽑아 선봉으로 삼아 공격해 왔습니다. 우리도 반드시 명장으로 대적하게 했다가 혹 기회를 보아 그 선봉을 꺾음으로써 후군을 무너뜨려 흩어지게 하거나 혹 싸우기가 어렵게 되면 성벽을 굳게 닫고 들에는 곡식이 없게 깨끗이 치우고 적의 굶주림과 피곤만을 기다려 버리고 있어야 합니다.

만일 풍신수길의 선봉 부대를 조방장(助防將)으로 넉넉히 맞아 싸울 수 있다고 한다면 큰 오산이라 생각합니다. 혹자는 근본 즉 서울이 염려됨으로 당대의 이름 있는 장수는 변방에 내보낼 수 없다고 하나, 반역도당을 모조리 무찔러 나라의 위세가 떨치고 있는 지금은 어진 신하가 잘 보좌한다면 조정은 안정할 것이니, 변방 관문이 무너지는 것이 더 큰 근심이 아니겠습니까.

어떤 사람은 왜적의 배가 정박할 곳이 하나둘이 아니어서 만일 호해(湖海-호남지역의 바다)와 기성(畿城-경기·충청·호남)의 지역에 나누어서 정박한다면, 명장이 안에 있다가 그 지역으로 가는 것이 좋은 계책이라고 하는데, 이것은 깊이 생각하지 않은 것입니다. 왜국 사신이 말하기를 중원(中原)으로 가는 길은 관문과 요새뿐이라고 하였습니다. 그러니 적이 와서 싸울 곳은 결코 이곳이 될 것입니다.

적이 오는 것을 보고 서울에서 명장이 출동하는 것은 시간상으로 너무 늦다는 것이다. 따라서 유능한 장수를 주요 상륙지역이나 관문의 요충지에 미리 배치하여 변방에서 적을 물리쳐야 한다. 그는 과거의 전례를 들어가며 유능한 장수를 미리 변방에 보내고, 아울러 장수를 선발하여 보낼 때는 백성들의 목숨을 함부로 하지 못하도록 엄히 명령할 것을 요구했다.

신이 정해년(丁亥年)에 남쪽을 정벌하는 군대를 보니 적선이 이미 물러간 뒤에 도착됨으로 적의 내습(來襲)을 막는 데에는 조금도 도움이 된 바 없었고, 역마(驛馬-각 역의 말)가 부족하다고 하여 역관만 죽음을 당했으며, 경계가 소홀하다 하여 변방의 장사가 박살 되었으니, 서너 사람의 장수가 바뀌어 수행한 뒤면 소읍(小邑)의 병방(兵房) 가운데 조금이라도 활을 잡을 줄 아는 사람은 낙심하고 얼굴빛이 변하지 않는 이가 없습니다.

오직 호령(號令)이 엄하기만 힘쓰고 이어 바칠 물건이 없음은 알지 못하므로 한 가지 반찬이라도 풍성하지 않으면 주리(主吏)를 태형으로 다스려서 거의 죽게 만들고, 한 가지 일이라도 잘못된 것을 알면 읍재(邑宰)를 때려 죽게 하니, 오직 포악한 형벌로 위엄을 할 줄만 알고 인의(仁義)로써 감동시킬 줄은 모르니 남쪽 백성이 이 같이 무거운 곤경에 처하여 고을이 하나도 온전한 곳이 없습니다.

원하옵건대 장수(將帥)로 하여금 우리의 관리와 백성을 잔인하게 죽이지 못하도록 하고 또, 자율적 정신으로 삼군(三軍)의 마음을 격동케 하여서 점점 윗사람을 섬기고 어른을 위하여 죽을 줄 아는 의리를 깨닫게 하십시오. 그리고 세 번을 명령하고 다섯 차례를 거듭 말하여도 행오(行伍)를 모르는 사람에 한 해서만 군율로써 다스리게 한다면, 위엄과 사랑이 겸전하게 되어 아무리 어려운 지경이 닥쳐와도 배반하려고 하는 마음이 없을 것입니다.

- 지역 특성을 고려한 세부 전투 방법을 제시하다.

▷ 적의 예상 공격로에 대한 전투 대비책

동남해안으로 상륙한 왜적의 다음 작전 단계는 한양을 점령하기 위한 북상이다. 조헌은 왜적이 북상하는 공격로를 열어 놓은 다음에 군사를 분할해서 호남지방을 손에 넣으려는 계책을 쓸 것으로 판단했다. 죽령 이남으로부터 황악(黃岳)의 북에 이르기까지는 대로(大路)와 중로(中路)가 각각 다섯이고 소로(小路)가 대여섯 곳이 된다. 해안으로 상륙한 왜적은 이 길을 이용해서 서울을 조기에 점령하기 위해 신속히 북상할 것이 분명하다. 이러한 적의 북상을 막으려면 주요 길목을 차단하는데 주안을 두고 방어를 해야 한다. 특히 낙동강 하류의 요새를 지키지 못하면 상주 이남은 험한 지형이 없어서 적의 공격을 방어하는데 매우 어렵다고 분석했다. 조선에 들어온 왜국 사신들이 조령, 추풍령, 이화령을 넘는 길을 찾고 있다는 사실은 이를 확신하게 했다.

대개 듣건대, 왜국 사신 의지(義智)는 조령(鳥嶺)으로 그리고 조신(調信)은 금산(金山-김천), 황간(黃澗), 죽령(竹嶺), 이화(伊火)의 고개로 군대를 인도할 길을 찾고 있다고 하니 한심합니다. 왜적이 부대를 나누어 대거 침입한다면, 변방 성(城)의 힘으로는 지탱하지 못할 것이니, 낙동강 하류의 요새지를 방어하지 못하면 상안(商顔, 상주) 이남은 다시 험절(險絶)한 곳이 없습니다.

▷ 지역 특성을 고려한 전투준비 및 전투 방법 제시

당시 조선 사회는 별다른 외환이 없는 오랜 평화가 200여 년간 계속되는 동안에 사치와 안일한 풍조로 기울어지고, 국방 체제는 점점 문란해졌다. 이에 비해 왜적은 조총과 신무기로 무장한 강한 세력이었다. 조헌은 제대로 훈련되지 않은 관군이 강한 왜적을 상대하기 위해서는 지형의 이점과 백성들의 적극적인 저항 의식이 중요함을 강조하였다. 그는 관군과 더불어 그 지역의 지리를 잘 아는 백성과 승려들이 함께 참여하는 전투를 미리 준비시킬 것을 강조하였다.

(1) 지형을 이용한 각종 장애물의 설치 운용이다.

지형에 익숙하지 않은 적은 심리적으로 불안하고 작은 위험에도 놀라 쉽게 달아난다. 흙을 쌓아 보루를 만들고, 적이 지나갈 통로에 목책과 함정을 설치하고, 여러 사람이 통과하기 어려운 좁은 길목에 돌과 재를 쌓아 두었다가 이를 굴려서 적을 살상하고 두렵게 해야 한다.

(2) 적극적인 복병전(伏兵戰)과 유격전(遊擊戰)의 전개이다.

강한 적을 정면으로 대적하는 것은 절대 불리하므로 가급적 복병(매복)을 두고 유격전을 꾀하는 것이 유리하다. 이는 지형에 익숙한 방자로서 강한 적에게 큰 피해를 줄 수 있고 아울러 백성들의 피해를 방지할 수 있는 가장 효과적인 작전이다. 왜적도 모두가 날카로운 칼을 가진 것은 아니니, 유격대를 편성해서 추격한다면 함부로 분탕질을 못 할 것이다.

(3) 청야작전(淸野作戰)의 전개이다.

만약에 적의 선봉을 꺾지 못한다면, 성문을 굳게 닫고 들판에 곡식을 비워 적들에게 식량이 모자라게 함과 동시에 속전을 피하고 장기전을 취함으로써 적을 피로하게 해야 한다.

(4) 적이 물을 건너는 목에 궁사(弓士)를 배치하라.

　　물이 깊고 얕음을 측량할 수 없는 곳은 건널목에 소수의 궁사를 배치하여 매복했다가 선두를 사살하면 본대가 쉽게 건너오지 못할 것이다. 을묘년(乙卯年)에 한 무사가 장흥(長興)의 한 고개에서 활을 당기고 있음으로써 보성(寶城)과 낙안(樂安)이 병화를 입지 않았고, 해남(海南)의 윤홍중(尹弘中)이 남교(南橋)의 두 곳에 매복함으로써 감히 적이 가까이 오지 못하였다.

　방어는 반드시 무사할 때에 미리 계획을 세워서 각 읍의 유망한 인물을 책임자로 선정하고 남은 장정과 각 사(寺)의 승려를 모아 편의(便宜)한 지형을 골라 혹은 흙을 쌓아 보루(堡壘)도 만들고, 혹은 돌을 모아 목책도 만들며, 혹은 좁은 도로에 복병을 매복하고, 혹은 함정을 험난한 보도(步道)에 설치하여 놓고서 만약에 낭떠러지나 급은 돌층계에서 사람이 병행(竝行)할 수 없는 곳이라면 그 위에다 별도로 돌과 재를 모아서 달아매 두었다가 그 밑으로 적병이 지나가거든 재를 뿌리고 돌을 굴리면서 크게 고함을 치면 비록 강력한 적병이라 할지라도 놀라서 도망치기에 정신이 없을 것입니다.

● 왜적의 예상 공격로 방어에 적합한 인물의 추천

　적은 동남쪽 해안으로 상륙하여 낙동강 하류를 점령한 후 북상을 기도할 것이다. 방어에 유리한 지형으로 죽령(竹嶺) 이남으로부터 황악(黃岳)의 북에 이르는 대로와 중로 각각 다섯 개와 소로 대여섯 개의 주요 길목을 이용하는 것이다.

　만약에 적이 호남지방으로 공격을 지향한다면, 진산(珍山), 고산

(高山), 금산(錦山), 무풍(茂豊) 등은 본래 험한 지형이라 지킬만한 곳이요, 연산(連山), 개태(開泰)는 지키기가 힘든 곳이고, 은진(恩津), 채운(彩雲)도 들이 넓어 매우 지키기가 어려운 곳이다. 전투를 지휘할 인물은 반드시 그곳 지리에 밝고 고향이 가까운 사람 중에서 선발하여 배치해야 한다. 조헌은 이에 적합한 인재로 다음과 같은 인물을 추천하였다.

신이 삼가 헤아리건대 죽령(竹嶺)의 이남과 황악(黃岳)의 이북에 대로(大路)가 다섯 곳, 중로(中路)가 다섯 곳, 소로(小路)가 대여섯 곳이 더 되지 않으니 군대 가운데서 그 지방 출신 무사를 골라 그 지방의 백성을 거느리고 지키게 하는데, 유식한 사람을 나누어 보내어 진수(鎭守)의 규칙을 알게 하고, 경보(警報)가 있는 곳에만 활 잘 쏘는 부대로써 구원하여 주며, 군량은 그 이웃 고을에서 보급하게 하면 지탱할 힘이 될 것입니다.

▷ 조령(鳥嶺) : 원신(元愼, 原州人), 조웅(趙熊, 忠州人), 우탁(禹鐸, 淸州人), 이봉(李逢, 忠義衛)

▷ 풍령(豊嶺) : 박몽열(朴夢旽, 永同人), 박정길(朴廷吉, 永同人), 박정량(朴廷亮, 幼学)

▷ 우명치(牛鳴峙), 적암(赤巖) : 김충경(金忠慶, 報恩人), 이명백(李明百, 報恩人), 유섭(柳涉, 淸州人), 김시민(金時敏, 木川人)

▷ 용화일로(龍和一路) : 김경백(金慶伯, 淸州人), 김가권(金可權, 報恩人)

▷ 상주하락(尙州河洛) : 경사(經史)를 널리 알고 백성들에게 신망이 있는 자가 의병(義兵)을 이끌도록 한다.

이외에도 청주의 전 찰방(察訪) 박춘무(朴春茂)는 생각이 깊으며 슬기롭고 민첩하다. 공주의 전 참봉(參奉) 정진생(鄭晉生)은 강개와 담략이 있는 자로 이들은 모두 한곳을 지키기에 부족함이 없는 인물들이다.

● 무관과 함께 문관의 배치를 강조

식견이 있는 사람을 무관과 함께 배치하라는 것은 까닭이 있었다. 고려 충렬왕 때에 떠돌이 몽고병의 집단인 합단(哈丹)이 침략했을 때, 철령(鐵嶺) 요충지를 방어하는 무장이 충분히 방어할 수 있음에도 불구하고 미리 겁을 먹고 도망한 일이 있었다. 이러한 전례를 들어 무장과 함께 주요 지역에 문관의 배치를 강조한다.

> 전조에 합단(哈丹)이 침입할 때에 철령(鐵嶺)을 무식한 무사에게 지키라 하였으므로 화주(和州)와 등주(登州)에 적병이 왔다는 소문만 듣고 도망치고 말았습니다. 그러나 합단은 감히 철령을 엿보지 못하고 세 차례나 주민을 보내어 방비가 없음을 살핀 뒤에야 제 마음대로 강원(江原) 일도(一道)에 날뛰었으므로, 세자를 금나라에 보내어 원병을 청해다가 이를 쫓았으니 신이 식견이 있는 사람을 초청하여 무장(武將)과 함께 지키게 하시라는 까닭은 바로 여기에 있습니다.

- 백성의 공훈에 대한 보상 기준을 공포하라

　조헌은 이외에도 백성들의 적개심과 적극적인 참여를 위해 적을 살상시키거나 공로를 세운 백성들에 대한 적절한 보상책을 널리 공포할 것을 요구했다. 이는 오랜 세월 평화를 이어오며 전쟁을 모르는 사회 분위기에서 대단히 중요한 문제였다.

　그가 제시한 포상 기준으로는 적의 약탈을 방지한 사람은 그 반을 상으로 주고, 적의 목 20급(級) 이상을 벤 사람은 천인(賤人)에서 양인이 되게 하고, 서얼(庶孼)은 벼슬길에 나아가게 하며, 적의 선봉 또는 고하인(鼓下人)을 죽인 사람은 그 수효가 적더라도 공을 더 많이 인정해 주고, 이를 위해서 집집에는 긴 낫을 만들어 준비하게 한다. 그러면 백성들이 자진하여 적과 싸우려고 할 것이다. 여기에는 나라를 지키기는 일은 온 국민이 하나가 되어 싸워야 한다는 총력전의 의의가 포함되었다.

　조헌이 제시한 영호남비왜지책은 임진왜란을 승리로 조기에 끝낼 수 있는 매우 현실적이고 구체적인 조선 방어계획이다. 우리 역사에 적의 침략에 대비하는 이러한 방어계획이 있었던가. 조헌의 놀라운 군사적 식견과 혜안에서 나온 비왜지책이다. 그러나 조정은 이를 철저하게 외면했다.

13. 상소를 받은 조정의 태도

조헌이 왜란을 예견하고 전란에 대비할 것을 처음 주장한 것은 1587년 일본이 조선에 사신을 보내와 통호를 요구할 때부터이다. 일본의 속셈이 조선 침략에 있다고 판단한 그는 일본과 교류를 반대하는 청절왜사소(請絶倭使疏)를 세 번에 걸쳐 상소한다. 세 번째 상소는 함경도 길주 영동역에 유배되어 있을 때였다. 그러나 조정은 그의 상소에 대해 아무런 대답도 조치도 없었다. 1589년, 그가 적의 침공이 임박했음을 예견하고 다시 청참왜사소(請斬倭使疏)와 영호남비왜지책(嶺湖南備倭之策) 등을 올린 것이다.

그가 제시한 영·호남 비왜지책은 대단히 실효성 있는 조선방어책이라고 할 수 있을 것이다. 충청 이남의 지리를 세밀하게 분석하고 전례를 고려하여 왜군의 공격기도(攻擊企圖)를 판단하고, 이에 대한 자세한 대비책을 구체적으로 제시했다. 성공적인 전투를 보장하기 위해서는 지형에 밝은 사람을 현지에 배치하는 것이 매우 중요하다. 적의 예상 기동로와 주요 요충지에 배치할 유능한 인물까지 추천했다. 또한, 현지 군(軍)과 백성들의 전투의지를 고양할 방도까지를 망라하고 있다. 그러나 조정의 견해는 조헌의 생각과 달랐고, 그의 주장은 시작부터 무시되었다.

임진왜란이 일어나고 왜적의 공격이 진행된 결과를 살펴보면, 놀라울 정도로 조헌의 판단과 똑같이 전개되었음을 알 수 있다. 왜적은 상륙지역으로 부산을 선택했고, 주력은 3개의 대로(大路-추풍령, 조령, 죽령)를 이용해서 속전속결로 공격했다.

만약에 조헌의 비왜지책을 채택하였다면 왜란은 어떻게 달라졌을까? 그 결과를 쉽게 예측할 수는 없지만, 어쩌면 전쟁을 예방할 수도 있었을 것이고, 침공한 왜적이 속전속결의 이점을 얻지도 못했을 것이고, 서울까지 진출을 허용하지도 않았을 것이고, 전란이 그렇게 오래가지도 않았을 것이라고 충분히 짐작할 만하다.

조헌의 상소를 받은 선조가 옆에 있는 신하들에게 말하기를
"조헌은 여러 차례 미치고 망령된 소를 올렸기 때문에 귀양살이까지 하였으나, 오히려 상소하는 것을 그치지 아니하니 참으로 부끄러움이 없는 자이다."
라고 말했다. 조헌이 승정원 문 앞에서 3일 동안 비답이 내리기를 기다렸으나 끝내 내리지 않았다. 답답한 마음을 금할 수 없는 그는 대궐 주춧돌에 머리를 들이받아 얼굴에 피가 낭자했다.

임금의 비답이 내리지 않자, 조헌이 다시 올린 청참왜사 2소(請斬倭使二疏)와 비왜지책(備倭之策) 등을 접수한 승정원(承政院)에서는 말이 상서롭지 않다는 이유로 이를 받지 않았다. 그러자 그 이튿날 대사간(大司諫) 홍여순(洪汝諄)이 임금께 계(啓)를 올려 말하기를
"조헌이 올린 소(疏)를 승정원에서 받지 아니하니, 비록 소의 내용을 알지 못하나 어쨌든 언로(言路)를 막는 폐단이 있으니 담당 승지(承旨)를 파직시키소서."
하고 청했다. 그러나 선조는 그 승지를 추고(推考 잘못을 살펴봄)하라는 가벼운 명만 내렸다. 이로써 조헌의 비왜지책(備倭之策)은 빛을 보지 못한 채 묻혀버리고 말았다. 참으로 안타까운 일이 아닐 수

없다. 그뿐만이 아니라 그가 올린 모든 상소에 조정은 묵묵부답이었고, 그의 충의에 감복한 백성들은 안타깝게 바라보고 있었다.

조헌은 자신의 상소가 무참하게 묵살 되자 나라의 일이 어찌할 수 없음을 알고 옥천으로 돌아와 천정만 바라보며 탄식할 뿐이었다.

14. 나라가 어찌 망하지 않을 수 있겠는가

당시 조정의 상황을 우국의 학자 안방준의 기록으로 살펴보고자 한다. 은봉 안방준(隱峯 安邦俊, 1573~1654)은 임진왜란에 관한 주요 기사를 『은봉야사별록(隱峯野史別錄)』에 남겼다. 그는 성혼(成渾)의 제자로 성리학에 밝았으며, 포은(圃隱) 정몽주(鄭夢周)와 중봉(重峯) 조헌(趙憲)을 지극히 존숭하여 두 분의 호에서 한 자씩을 받아 자신의 호를 은봉(隱峯)이라고 지었다. 임진왜란과 병자호란에 의병을 일으켰으며, 문집으로 은봉전서(隱峯全書)가 있다. 그는 국난을 당하여 살신성인한 의인과 열사들의 업적을 글로 전하는데 힘썼다. 특히, 조헌의 사적(史蹟)이 멸실되는 것을 안타까워하며 이를 보전하기 위해 많은 노력을 기울였다.

은봉야사별록에는 임진왜란의 전말과 군·관·민이 분전하는 사실을 기록하고 있으며, 조헌(趙憲)과 칠백의사 순의(殉義)를 기록한 「임진기사(壬辰記事)」, 이순신(李舜臣)의 용전과 전사를 기록한 「노량기사(露梁記事)」, 진주성의 혈전을 기록한 「진주서사(晋州敍事)」 3편으로 구성되어있다.

다음은 조헌이 왜란을 대비하라는 상소를 올릴 당시, 조선 조정의 한심한 실정을 기록한 안방준의 「임진기사(壬辰記事)」의 일부분이다.

당시 조정에서는 왜적이 쳐들어 올 것인가를 의심하여, 통신사가 돌아오기도 전에 각도에 여러 조방장(助防將)들을 나누어 파견, 미리 방비책을 마련하였다. 그러나 통신사가 돌아오고 나서는 김성일의 말만 믿고 여러 방비하는 일들을 모조리 그만두어 버렸다.

하루는 임금이 대신들 및 비변사(備邊司)의 여러 재신(宰臣)들과 함께 명나라에 변고를 알려야 할 것인가의 여부를 논의하였다. 서애(西厓)의 대답은 전과 같았고(반대의견) 나머지 사람들은 모두 말을 하지 않았다. 임금은 마침내 알릴 것을 결정하고, 황정욱(黃廷彧, 1532~1607)으로 하여금 주본(奏本-임금에게 올리는 글)의 초(草)를 작성하도록 하였는데, 거기에는 왜적의 실정이 자세하게 실려 있었다.

서애는 이것을 꺼려하여 통신사를 보냈다는 항목을 삭제하고, 모나지 않게 하려고 하절사(賀節使) 김응남(金應南, 1546~1598)에게 별도로 (명나라의) 예부에 보고하자고 힘껏 청했다. 김응남이 말하기를 "이와 같이 큰일을 순부(順付)하는 것은 옳지 못한 것 같으며, 또한 통신사를 보냈던 항목을 주본(奏本-임금에게 올리는 글) 가운데 언급하지 않는 것은 무슨 이유인가? 라고 물었다.

서애가 대답하기를 "일본과 통신한 것은 예로부터 있었던 일로써, 비록 명나라에 알리지 않는다 하더라도 의에 무슨 해로움이 있겠는가? 그러나 끝내는 별도로 주문(奏聞)을 갖추어 보고해야 할 것이다."라 하고, 이어서 한응인(韓應寅, 1554~1614)을 사신으로 보내서 별도로 명나라에 알리도록 하였다.

뒷날, 명나라 남변(南邊)의 장리(將吏-고을의 수령)가 우리나라와 왜가 통하였다고 보고하자, 명나라 조정의 대신들이 우리나라에 죄를 물으려 하였다. 이것은 조중봉(조헌)이 일찍이 예견하였던 것과 일일이 들어맞는 것이었다. 그러나 우리나라에서 먼저 명나라에 알렸기 때문에 명나라 조정에서 크게 칭찬하여 장려하고 은과 비단을 내려 주문(奏聞-명나라에 알릴 것을 주장한 사람)을 주장했던 여러 신하와 장수들에게 나누어 주도록 하였다.

이때 해원부원군 윤두수는 홍원(洪原)에 귀양 가 있었는데, 임금은 그가 명나라에 알릴 것을 청했던 사실을 기억하고, 그날로 풀어서 돌려보내도록 하였다. 그러나 그것에 대하여 다시 말하는 사람이 있는지라, 일단 가까운 해주로 옮기도록 하였다. 이에 서애(류성룡)와 해원(윤두수)등 제공(諸公)이 모두 은과 비단을 얻었다.

대개 명나라에 알리자는 한 가지 일은 전적으로 조중봉(조헌)으로부터 나온 것인데, 서애와 해원은 한마디 사양하는 말도 없이 도리어 자득한 것처럼 하였다. 대신들의 염치없음이 이와 같은데, 나라가 어찌 망하지 않을 수 있겠는가?

일본의 침략 의도와 교류한 사실을 명나라에 조속히 알릴 것을 주장한 사람은 조헌이지만, 명나라에서 내린 포상은 정작 이를 반대한 대신들이 전적으로 자기의 공로로 삼았으니 이런 나라가 온전할 수 있겠는가. 명나라에 알리는 것을 반대한 유성룡과 한마디 거들은 윤두수가 자기의 업적처럼 포상을 챙기는 것을 보고는 대신들의 염치없음이 이러하니 나라가 어찌 망하지 않겠는가 하고 한탄한 것이다. 안방준은 그의 저서를 통해서 세상에 드러나지 않은 사실들을 증언하고 있다.

15. 명년의 병화(兵禍)에 대비하라

조헌이 청참왜사소(請斬倭使疏)와 비왜지책(備倭之策)등을 상소하였으나 받아들여지지 않았다. 나라의 위기가 눈앞에 닥쳤다고 판단한 그는 답답한 마음을 억제하지 못하고, 승정원 문주에 머리를 찧어 얼굴에 피가 낭자하여 "명년에 산으로 도망갈 적에 내 말이 생각날 것이다"라고 하며 물러났다.

그는 일찍이 임진왜란이 일어나기 3년 전부터 일본의 침략 의도를 예견하고, 이에 대비할 것을 주장하는 상소를 지금까지 다섯 건이나 올렸다. 함경도 길주로 귀양을 가서도 상소를 했고, 옥천에서 도끼를 메고 올라가서 내 말이 그르다면 이 도끼로 내 목을 치라는 결연한 의지의 지부상소(持斧上疏)도 했다. 선조와 대신들은 그런 조헌을 미친 사람 취급을 했고, 그의 충언을 무시했다. 그럼에도 왜적의 침입에 대비할 것을 주장하며, 임금과 대신들을 일깨우기 위한 그의 노력은 끈질겼다. 그가 제시한 영호남비왜지책이 빛을 봤더라면 왜적의 침공과 그 양상은 크게 달랐을 것이다.

1591년 3월에 올린 청참왜사소(請斬倭使疏)를 마지막으로 그는 왜란이 일어나기 전까지 더는 상소를 하지 않았다. 끊임없는 노력에도 묵묵부답인 조정에 상소한다는 것은 의미가 없다고 판단했을 것이다.

마지막 상소를 올린 그는 결국 임금의 비답을 받지 못하고 허탈한 심정으로 대궐 문을 나왔다. 그의 발길은 김포 선영으로 향하고 있었다. 이 답답한 마음을 부모님 묘소를 찾아 풀고 싶었을 것이다. 조헌의 김포 행적에 대해서 유사(遺事)에서 이덕동(李德洞)이란 사람의 증언을 이렇게 기록하고 있다.

이덕동은 1597년 정유재란 때에 호우(湖右)지방에서 김포로 이주했다. 김포로 이사한 그가 6년이 지난 후에 들은 이야기이다. 그는 1591년 김포 선영을 찾았던 조헌 선생의 일을 다음과 같이 들어서 알고 있다고 했다.

이덕동이 살던 곳은 조헌의 선대 묘에서 오리(五里) 가량 떨어져 있었다. 옛 노인들의 말이 신유년(辛酉年, 1591년)에 조헌이 성묘 차 와서 매일 같이 통곡 했다고 한다. 이웃 마을 친구들이 찾아오면 그는 길게 탄식을 하면서 영결(永訣)하는 뜻으로 말했다. 사람들이 그 까닭을 물으니

"명년에 반드시 병란(兵乱)이 있을 것인데, 남과 북을 막론하고 많은 사람이 죽을 것이고 후일에 다시 상면하기가 어렵기 때문이다."

라고 말했다. 이때는 조선이 평화를 누린 지 200여 년으로 사람들은 전쟁이란 것을 알지도 못하고 있는 터에 그 말을 듣고는 모두 놀라고 두려워하면서도 그를 가리켜 괴망(怪妄)하다고 했다. 그러나 개중에는 피난을 가는 사람도 있었다. 조헌은 읍재(邑宰)를 찾아가 앞으로 나라가 병화(兵禍)를 입을 것이니 미리 대비하라고 일렀다. 당시의 현령(縣令) 이조(李調)는 그러한 조헌을 오히려 이상한 사람으로 대했다.

조헌의 일가 중에 조안현(趙安賢)이란 사람이 있었다. 나이도 많고 덕행도 있어 그분을 공경스럽게 섬겼다. 하루는 조안현이 조용히 조헌을 불러서 이르기를

"자네가 도끼를 메고 대궐에 들어가 자리를 깔고 임금님께 상소하여 많은 사람의 조롱을 받는다는 말을 들었는데, 오늘날 또다시 망언을 하여 향리 사람들을 놀라게 하는가. 모름지기 다시 한번 잘 생각해 보게."

라고 말했다. 이 말을 들은 조헌은 분연한 태도로 말했다.

"내가 천문을 보니 명년에 병화(兵禍)가 있을 것이고, 그것은 이 나라의 개벽(開闢) 이후로 일찍이 없었던 큰 변란일 것입니다. 바라건대 아저씨는 다시는 내 말을 망언이라 하지 말고 미리 피난할 계획이나 마련하십시오."

라고 하자, 그 이후로는 아무 말도 하지 않았다고 한다. 이듬해에 과연 왜적들이 대거 침입하여 팔로(八路)가 물 끓듯 하며 백성들이 도탄(塗炭)에서 헤매고 종묘(宗廟)와 사직(社稷)이 폐허화 되었다. '임금은 멀리 의주로 피난하는 비운이 하나같이 조공(趙公)의 말과 같았으니 이상한 일이라 하지 않으리오.'라고 이덕동은 자기가 들은 이야기를 진술했다고 전해온다.

16. 아들 완도를 평안도로 보내다

그가 옥천으로 내려온 것은 윤 3월 중순경이다. 탄식으로 몇 날을 보내던 그가 아들 완도(完堵)를 불렀다. 완도는 사계(沙溪) 김장생(金長生)에게서 공부했는데 어느새 22세의 청년이 되어 아버지를 돕는 든든한 아들로 성장했다. 그는 완도에게 평안도 관찰사 권징(權徵, 1538~1598)과 연안 부사 신각(申恪, ?~1592)에게 보내는 편지를 전하도록 했다. 자식을 먼 길에 보내려니 마음이 편치는 않았으나 두 분과의 교의를 생각해서 환난에 대비할 것을 미리 알려주는 것이 도리라고 생각했다. 편지의 내용은 왜적의 침공이 머지않으니 해자(垓字-성 밖으로 빙 둘러 파놓은 못)를 깊이 파고, 성곽의 보수 등 닥쳐올 전란에 미리 대비하라는 것이었다. 편지를 받은 관찰사 권징은 크게 웃으며 말하기를

"황해도·평안도에 어찌 왜적이 쳐들어올 리가 있겠는가. 그대의 아버지를 모든 사람이 요망하다고 지목한다. 돌아가서, 다시는 이러한 말을 하지 말도록 말씀드려라."

라고 하였다. 그러나 신각은 조헌의 말을 믿고 그대로 준비하였다. 그 결과 임진왜란에 온전히 성을 지킬 수 있었고, 백성들이 그의 업적을 기리는 비석을 세웠다.

선조 수정 실록(선조 24년 3월 1일)에 "전 교수 조헌이 일본의 침략에 대비할 것을 아뢴 소장과 첩황"이란 기사에서 다음과 같은 기록을 볼 수 있다.

  조헌이 옥천으로 돌아가 아들 조완도(趙完堵)를 시켜 평안감사 권징(權徵)과 연안 부사 신각(申恪)에게 글을 보내어 참호를 깊이 파고 성을 완전히 수리하여 전쟁에 대한 준비를 미리 하도록 권하였는데, 권징은 그 글을 보고 크게 웃으면서 말하기를 "황해도·평안도에 어찌 적이 쳐들어올 리가 있겠는가. 돌아가 그대 부친에게 부디 다시는 이런 말을 하지 말라고 하라."라고 하였다. 신각은 그 말을 옳게 여겨 기계(器械)를 대대적으로 수리하고 성내(城內)에 봇물을 끌어들여 큰 못

을 만들었다. 뒤에 왜란이 일어나자 이정암(李廷馣)이 성을 지켜 온전할 수가 있었으므로 고을 사람들이 신각이 사전에 준비한 공로를 추모하여 아울러 비석을 세워 그 공을 기렸다.

옥천에 은거하면서부터 가장 가깝게 지내는 사람 중의 하나가 문인 전승업이었다. 그는 조헌 선생의 후율정사(後栗精舍)가 마주 보이는 건너편 산 아래 인봉정사(仁峰精舍)를 짓고 학문을 익히고 시국을 논하며 조헌 선생과 함께했다. 조헌 선생이 옥천에서 지낸 8년의 세월은 그의 일생에서 가장 중요한 역사적인 사건들이 계속 일어난다. 그때마다 전승업은 항상 그의 곁에 있었다.

그가 청참왜사소(請斬倭使疏)와 비왜지책(備倭之策)등을 상소하고, 김포 선영을 다녀서 옥천에 내려와 전승업에게 편지를 보낸다. 그 서신이 인봉유고(仁峰遺稿)에 전해온다.

> 중봉(重峯) 선생이 전승업에게 보낸 회신
> 1591년 윤3월 19일

요즈음 김포에서 돌아와서 보낸 혜문(惠聞)을 받고 세 차례 반복하여 읽고 감탄했으며, 오늘도 마음이 편안하지 않은 데 우중(雨中)에 어떤 사람이 절 밖에서 기척이 있었으니, 이는 바로 우리 효선(孝先-전승업의 字)의 노복이구려. 소매 속의 서찰을 내어주기에 살펴보니 권권(眷眷-사모하는 모양)이 초청하는 뜻이 있기에 시름없는 모습으로 감개했음을 어찌 다 말하리오. 바로 오늘의 일상이 모두 편안함을 알게 되니 기쁨과 위로가 지극합니다.

지난날 낮에 그대의 이웃 사람에게 전유(傳諭-임금의 유지를 전함)하지 못함이 한이 되나, 인하여 봉의(奉疑)를 천석(泉石)의 가운데에서 얻었고 잠만 깨면 탄식이니 어쩌리오, 어쩌리오. 헌(憲)은 어른을 모시고 아직은 보존하고 있으나 다만 세상이 부질없이 근심하는 까닭에 시대와 세상이 꺼려하는 것을 접촉하니 남은 환란이 언제 박두할지 모르겠구려. 더구나 자식을 평안도로 가게 했으니 이처럼 어려운 때에 부자가 이별하려니 그 민망함을 어찌 다 말하겠소. 여기 절에서 친구와 같이 정회를 펴고 돌아가는 길에 김도사(金都事)를 찾아보고 저물녘에나 군(郡)으로 돌아가니, 내일모레 사이에 혹 여가가 있으면 여헌(汝獻)의 병문안을 하고 고병(高屛)에 나아가 정회를 펼까 하오. 만일 그렇지 않으면 자식과 작별한 뒤에 한 번 인봉(仁峰)을 방문하리다.

하늘을 우러르니 형혹성(熒惑星-화성, 재화나 병란의 징조를 보여준다는 별)이 겨우 미기(尾箕-미성)의 자리를 금방 떠나, 방금 남두(南斗-남쪽 하늘에 있는 여섯 개의 별)로 들어갔으니 이와 같은 중벌(重罰)은 운수(運數)인지 모르겠으나 끝내 1년을 보존토록 환난이 없으리오. 억조창생이 장차 어육(魚肉)을 면할 수 없음이 두려우니 괴롭고 괴로운 일이오.

집을 건축하는 일은 아마도 시급한 계획이 아닌가 하오.

아들 완도가 평안도로 출발하기 직전에 쓴 서신으로 보인다. 전승업에 대한 고마운 뜻과 먼 길을 떠나는 아들 완도에 대한 어버이의 정이 담겨있다. 그리고 장차 환난으로 겪을 백성들의 고통과 나라에 대한 걱정으로 가득하다.

아들 완도를 평안도로 보낸 조헌은 속리산에 있는 작은 절에서 머물고 있었다. 그 절에는 지현(智玄)이란 중이 있었다. 그가 조헌의 일상을 살펴보니 잠을 자지 않고 아침을 기다리는 날이 십여 일을 계속했다. 어느 날 저녁에는 밤이 새도록 홀연히 엎드려 슬피 울면서 조반을 드려도 드시지 않는 것이었다. 지현이 이상히 여겨 그 까닭을 물었으나 대답을 하시지 않았다. 그 뒤 며칠이 지나서 지현에게 이르기를

"지난밤에 성진(星辰)의 변괴가 몹시도 심했으니 시사(時事)를 가히 알만하다. 내 어찌 슬프지 않으랴."

하고는 소리 높여 통곡하니, 중들은 모두 미친 사람으로 생각할 뿐, 아무도 왜란이 일어날 것을 상상도 하지 못했다.

왜란이 일어난 후에 일이다. 안방준(安邦俊)이 자부인 박종정(朴宗挺)과 월출산 도갑사(道岬寺)에 갔었다. 그 절에서 70이 넘은 지현(智玄)을 만났다. 그때 지현이 지난날을 되돌아 탄식하며 말하기를

"조 제독(趙提督)은 성인(聖人)이다. 당시의 사대부들의 애군우국(愛君憂國)이 모두 조 제독만 같았던들 국사가 어찌 이 지경까지 이르렀겠는가."

라고 한탄을 하였다. 안방준이 그때의 일을 그대로 기록했다.

17. 지당에 비 뿌리고

윤 3월 그믐께, 조헌은 박로(朴輅), 전승업(全承業) 등 문인들과 함께 옥천의 서정천(西亭川) 하류에서 노닐고 있었다. 서정천 하류라고 하면 지금의 이지당(二止堂) 아래 하천이 아닐까 싶다. 당시는 이름이 각신서당(覺新書堂)으로 그는 평소 그곳의 경치를 매우 좋아했

다. 이러한 연유를 알고 있는 송시열은 훗날에 그곳 암벽에 "중봉선생 유상지소(重峯先生遊賞之所)"라고 친필로 음각을 해서 지금도 선명하게 남아있다.

조헌이 그 자리에서 문인들에게 말하기를

"내가 왜국 사신을 목 베어 명나라에 아룀으로써 뒷날의 책망을 면하고자 했으나 조정 신하들이 내 말을 듣지 아니했다. 늦여름이나 초가을에 반드시 유구(琉球)의 고변(告變)이었을 것이고, 우리나라에 화가 언제 닥쳐올지 모르니 제군은 이런 때에 어찌 피를 찍어 상소함으로써 임금을 깨닫게 하지 못하는가."
라고 하며 눈물을 흘리는 것이었다.

여기에서 조헌의 대표적인 시조 한 수를 소개하고자 한다.

> 지당(池塘)에 비 뿌리고 양류(楊柳)에 내 끼인 제
> 사공은 어디 가고 빈 배만 매였는고
> 석양에 짝 잃은 갈매기는 오락가락 하노매

비 오는 날의 한가한 풍경을 연상시키는 대표적인 서정시이다. 부슬부슬 비가 내리는 연못가에 사공 없는 빈 배, 안개 속에 숨은 듯 희미하게 비치는 버드나무, 해가 질 무렵에 한가로이 나는 갈매기의 풍경이 평화스럽다. 그는 이 시조를 통해서 과연 무엇을 말하고 싶었을까? 당시의 불안한 국내·외 정세 속에서 안일한 조정의 태도를 바라보며, 조선의 안위를 걱정하는 심정을 이 시에 담고자 했던 것은 아닐까. 안개 속에 가려진 듯 내일을 기약할 수 없는 어두운 나라의 운명, 후줄근

히 비에 젖은 버드나무에서 느껴지는 백성들의 고통이며, 부지런히 노 저어 갈 배는 갈 곳을 잃어 물가에 매여 있고, 한가로이 나는 무심한 갈매기의 정경은 현실을 인식하지 못하고 태평하기만 한 조선의 모습이 아니었을까.

이 시의 배경과 시기는 기록에 남기지 않았다. 혹자는 고향인 김포의 한강 변에 있는 대감 바위라고도 추정하는데, 단순히 평화로운 자연의 풍경을 읊은 서정시로 본다면 김포 고향에서 보낸 한때의 작품에 이의가 없을 것이다. 그러나 당시 혼탁한 정세를 여기에 담았다면 또 다른 추정이 가능하다.

임진왜란이 일어나기 전 해에 조헌이 대둔산에서 한 달여를 머물고 있었다. 그는 글 읽는 일을 일과로 삼지 않고, 날마다 산곡(山谷)이나 높은 산봉우리에 올라가 먼 곳을 조망하며 풀잎을 뜯어 물에 흘려보냈다. 그것은 근심을 달래고 슬픔을 달래 보자는 것이요, 그곳의 경치를 즐기려는 것은 아니었다. 그는 신발이 떨어지면 스스로 얽어서 신었고 중의 손을 빌리지 않았다. 늘 말할 때 "쯧쯧" 하는 소리가 입에서 끊이지 않았다. 때로는 밥을 먹다가도 수저를 놓고 탄식하는 소리를 하니, 중들은 그 뜻을 헤아리지 못하였다.

하루는 대둔산(大屯山)에서 네 사람의 중들과 같이 밥을 먹는데, 그가 먼저 두어 술을 뜨더니 나머지 밥을 4명의 중들에게 밀어주면서
"내년에는 반드시 왜란이 있을 것이고 나는 응당 의병을 일으켜 임금을 위해 충성을 다할 것인즉, 오늘 이밥을 같이 먹는 자는 내가 의병을 일으켰다는 말을 들으면 곧 나에게로 와서 일을 같이 도모하자."

라고 하였다. 이에 중들은 그의 말을 괴이하게 여기면서도 건성으로 그렇게 하겠다고 응낙했다. 이듬해 임진년에 과연 변란의 소식이 들리자 중들은 놀라고 감탄하면서 앞을 다투어 의(義)를 쫓는데, 4명 가운데 한 명은 이미 죽었고, 한 명은 발에 병이 나서 걷지 못하고, 나머지는 조헌 선생과 함께 싸우다 죽었다.

그 후 1596년에 안방준이 사자산(獅子山)에 갔을 때, 발에 병이 나서 의병에 나가지 못했던 중을 만났다. 안방준은 그가 나에게 대둔산에서 있었던 일을 소상하게 들려주었고, 조헌 선생과 함께 죽지 못한 것을 한스럽게 여기며 오래도록 눈물을 흘렸다고 하였다.

18. 천문을 보고 왜적의 움직임을 예언

조헌은 위로는 천문을 보았고 아래로는 세상일을 살펴서 변란이 있을 것을 미리 알았다. 그가 마을에서 동네 부인들로 하여금 돌을 광주리에 담아 그것을 머리에 이고 날마다 산판(山坂)을 오르내리게 하였다. 이 괴이한 행동에 주위 사람들이 그 까닭을 물으니

"나는 수고스러움을 머리에 익히게 하여 장차의 변란에 대비하려 한다."

라고 하였다. 그러나 사람들은 그 뜻을 알지 못하고 모두가 우스꽝스럽게 여겼다.

1591년 7월 2일. 금산 군수(錦山郡守) 김현성(金玄成)을 찾았다. 이때 박정노(朴廷老)라는 사람이 그를 따라갔다. 박정노는 조헌의 문

인으로 다음 해에 중봉 의병에 참여한다. 그는 영벽루(映碧楼)에 올라 경치를 구경하고 있었다. 금산 군지에 의하면 영벽루는 군 동쪽에 있었는데 지금은 없어졌다고 한다. 영벽루(映碧樓) 기(記)에 "서대산이 북쪽을 지키고, 진악산이 남쪽을 기렸으며, 서쪽에는 대둔산을 비롯한 여러 산이 병풍처럼 빙 둘러 솟았다. 금천의 물은 서쪽에서 흘러와 영벽루 뒤에서 물을 끌어들여 못이 되니 산빛과 물빛이 종횡으로 짙고 푸르다"라고 기록되어 있어 사방의 경치가 매우 아름다운 누각이었던 것으로 보인다.

그가 영벽루의 절경에 취해 있을 때 어느덧 한낮이 기울어 오후 3시 가량 되었을 무렵이었다. 별안간 붉은 요기(妖氣)가 동쪽 하늘에서 일어나더니, 세 갈래로 나뉘어져 한 줄기는 북쪽을 향하여 길게 하늘로 뻗었고, 또 한줄기는 서쪽으로 향했으며, 또 다른 한줄기는 서남 간으로 길게 뻗었는데. 그 빛이 매우 밝았다. 이것을 살펴본 조헌이 박정노(朴廷老)에게 말하기를

"수길(豊臣秀吉)의 군대가 이미 행동을 개시했으니 명년 봄에는 이 적기(赤気-붉은 기운)와 같이 대거로 우리 땅에 침범할 것이다. 나는 장차 모친을 모시고 공주로 피난할 것이니 자네도 나를 따르는 것이 좋겠다."

라고 했다. 이튿날, 금산 군수(錦山郡守) 김현성(金玄成)에게 어제 있었던 천문에 대한 자신의 의견을 말했다. 그리고 이 사실을 전라 감사에게 보고하고, 조정에 전문(轉聞-간접으로 전함)하여 급히 방어 대책을 강구 하도록 하는 것이 좋겠다고 청했다. 김현성은 조헌의 요구대로 상세한 도형(圖形)을 그려서 전라 감사(全羅監司) 이광(李

光)에게 보고했다. 그러나 이광은 이를 묵살하고 어떤 대책도 없었고, 조정에 보고도 하지 않았다

조헌의 왜란에 대한 예고는 1589년 함경도 길주 유배지에서부터 한결같았다. 그는 왜적의 침공에 대한 확신을 가지고 매사에 임했던 것을 알 수 있다. 그래서 그의 선견에 놀라지 않을 수가 없는 것이다.

11월에 공주 공암에 있는 고청(孤青) 서기(徐起)가 세상을 떠났다. 토정(土亭) 이지함(李之菡)의 제자로 그곳에 서원을 내고 후학을 가르치고 있었다. 서기는 토정 선생의 주선으로 교분을 맺게 되었고 나이 차이는 있었으나 가까운 벗으로 지내는 관계였다.

1573년에 교서관 정자로 향실을 관리하는 직무를 맡고 있을 때 불사(仏事)에 향을 올리는 것은 법도에 어긋나는 일로 차마 봉향을 하지 못하겠다는 내용의 논향축소(論香祝疏)를 올리고 파직을 당한 일이 있었다. 이때 토정 선생과 더불어 두류산을 유람할 때 서기도 함께 했었다.

1587년에는 일본에 사신이 들어와서 조선에 통신사를 보내 줄 것을 요구하자, 이를 단호히 거절하라는 청참왜사소(請絶倭使疏)를 직소(直疏)한 일이 있었다. 조헌의 상소를 받고 노한 선조가 소장을 불태워 버렸다. 그가 옥천으로 내려오는 길에 공암에 있는 서기를 방문했었다. 서기는 직소를 한 것은 잘못이라고 조헌을 꾸짖었다. 그러나 조헌이 건네주는 소장을 읽고 나서는 갑자기 의관을 바로한 후에 재배하고 "공의 이 소(疏)에 의존하여 우리나라는 장차 화를 면할 것이다"라고 감탄한 일도 있었다. 서기는 조헌이 토정 선생을 스승으로 모시고

가르침을 받을 때부터 오랜 기간 학문과 우정을 나눠온 사이였는데, 안타깝게도 세상을 뜨신 것이다. 조헌은 공암으로 찾아가 서기의 죽음을 애도하였다.

19. 임진년(壬辰年)이 밝았다

신묘년(辛卯年, 1591년) 겨울은 안심사(安心寺)에 머물고 있었다. 혹자는 중봉이 머문 곳이 충북 청원에 있는 안심사(安心寺)로 소개되어 있으나 여러 정황을 살펴볼 때 전북 완주군 운주에 있는 안심사로 보는 것이 타당할 것으로 보인다. 안심사는 전북 완주군 운주면 완창리 대둔산 자락에 있는 사찰이다. 당시에는 경내에 적설루(積雪樓)가 있었고, 많은 명사들이 남긴 서문과 시가 있었는데 율곡 선생이 남긴 시도 있었다. 그는 이곳에서 "신묘동유숙안심사 경차율곡선생제적설루운(辛卯冬留宿安心寺 敬次栗谷先生題積雪楼韻)"이란 제목의 시를 지었다. 안심사에 머물러 묵으며 삼가 율곡 선생의 적설루(積雪楼) 시를 차운한다는 뜻이다. 이 시를 지은 시기는 정확하지 않다. 그러나 전라도사 시절이 아니면, 이때 머물며 지었을 것이란 추정은 가능해진다.

玉韻思工部　구슬 같은 시 공부(工部)를 생각게 하고
霜髭対遠公　서리 같은 수염 원공(遠公)을 마주한 듯
谷転清渓外　골짜기는 맑은 시내 밖으로 돌아가고
山明畫楼中　산은 그림 같은 다락 가운데 드러나네

磬度層巖月	경(磬)쇠 소리 달빛 비추는 층암(層岩)을 넘어오고
筝鳴靜夜風	쟁(筝)은 바람 부는 고요한 밤에 우는 구나
添灯作綺語	등불 돋우고 비단 같은 말 지으려 하니
塵慮自然空	티끌 같은 생각 저절로 사라지누나

　　*공부(工部) : 당나라 시인 두보(杜甫)
　　*원공(遠公) : 진나라 고승 혜원(慧遠)
　　*경(磬) : 옥이나 돌로 만든 악기의 한 가지
　　*쟁(筝) : 현악기의 하나

　1592년(선조 25년) 조헌 선생의 나이 49세, 임진년(壬辰年) 새해가 밝았다. 전란을 예견한 그에게는 어느 해보다도 무겁고 두려운 마음으로 새해를 맞이하였을 것이다. 그는 왜적이 조선 침공을 위해서 군사를 움직였다는 사실을 이미 예언한 터였다. 그래서 새해와 더불어 평안한 한 해가 되기를 바라는 마음이 더욱 간절했을 것이다. 그는 남쪽의 왜구와 북쪽의 오랑캐가 이 땅을 넘보지 못하도록 새해의 안녕과 경사를 비는 시를 지어서 집안에 걸었다.

壬辰春祝
　　　　임진년 새봄을 축복하며

新年至樂在吾廬	새해에는 즐거움이 우리 집에 가득하여서
母疾康寧妻病除	어머니 강녕하시고 처(妻)의 병도 낳기를
弟妹有田多菽粟	아우와 누이들도 논밭에 식량이 많이 나고

児孫無事誦詩書　어린 손자들도 무사하게 공부하기를
山蔬野菜登盤富　산과 들에 풍성한 채소가 상위에 오르고
邊患民虞入耳疎　변방의 우환과 백성들의 근심은 성글게 들리기를
四十九年非漸覺　사십구 년의 잘못을 점점 깨달으니
不妨閒臥伴樵漁　한가로이 나무꾼과 어부들을 벗함도 괜찮으리
〈右內慶 오른쪽은 내경〉

皇明萬世一車書　명나라는 만세에 문물과 제도가 한결같고
箕國千年聖主居　천년 기자의 나라 우리 임금님 계신 곳
相得良平侍帷幄　良·平 같은 재상 얻어 장막 안에 모시고
將多頗牧倚邊廬　頗·牧 같은 장수 많아 변경이 의지하길
東倭永折西魚楫　길이 꺾으리라 동쪽 왜국 서쪽으로 고깃배 노저어 옴을
北虜常摧南冠車　늘 꺾으리라 북쪽 오랑캐 남쪽으로 도적질하는 수레
俗美歲豊民樂処　풍속 아름답고 풍년 들어 백성들 즐거워하고
狂夫保族老耕鉏　미친 사나이 친족 보호며 늙어 농사 짓기를
〈右外慶 오른쪽은 외경〉

*良·平(양평) : 한나라 고조의 명재상 장량(張良)과 진평(陳平)

*頗·牧(파목) : 전국시대 조(趙) 나라 명장 염파(廉頗)와 이목(李牧)

20. 부모님 묘소에 마지막 하직 인사를 올리다

임진년(壬辰年) 2월 18일에 부인 영월 신 씨(辛氏)가 오랜 병고 끝에 세상을 떠났다. 신 씨의 소생으로는 아들 완기(完基) 하나였다. 완기가 장지를 김포 선영이 있는 곳으로 정하려 하자 조헌은

"변란이 곧 일어날 것이다. 시신을 길가에 버리게 되느니 보다 차라리 여기서 장사를 지내는 것이 좋겠다."

라고 하여, 우선 신 씨를 격식에 따르지 않고 급히 임시로 장사를 지냈다. 임시로 부인의 장례를 치른 그는 김포 선영으로 출발하는데, 떠나기 전에 인봉(仁峰) 전승업(全承業)에게 편지를 보낸다.

　　임진년(壬辰年, 1592년) 2월 30일
　헌(憲)이 전합니다. 내 집의 화고(禍故)로 형부(荊婦-자기 아내)가 마침내 병고에서 일어나지 못하고 32년간 같이 고생하다가 객우(客寓-임시로 머무는 집)에서 사람을 잃으니 외로워서 아프고 슬픔을 견디지 못하겠으나, 유명(幽明)의 길이 다르며 시국의 돌아가는 형편이 근심스러워서 그믐에 길이 안장(安葬)하고자 하오, 모든 일을 조처할 수가 없어서 어제는 군수를 찾아가 인사를 했고, 또한 직접 만나야 할 일이 있어서 잠깐 관부(官府)에 들렀더니 멀리서 와 위문했다 하니 곡하고 하소연하는 슬픈 정을 말하지 못함이 한이 됩니다.
　오늘 향교에서 자고 아침에 읍내에 들어가 노복 한 사람을 얻고, 김포에 가서 전장(田庄-농토)을 환매할까 하며, 낮에는 부현(婦峴)을 넘으려 하오. 그대가 만약 일이 없으면 잠시 강가에 나오던지 또는 부현(婦峴)의 고개 위에서 기다리는 것이 어떠하겠오.

정사(靖師)가 가르쳐 준 곳은 응당 가 보려 하오. 간절히 바라노니 먼저 가서 정하고 나로 하여금 추후에 따라가도록 하길 바라오. 만나서 하소연을 못하니 목이 메일뿐이오. 삼가 글을 올리오.

그가 김포로 가는 까닭은 두 가지 목적이 있었다. 생활이 궁핍했던 그는 부인의 장례비를 감당할 능력도 되지 않았다. 장례 경비를 마련하기 위해 김포에 부모님이 남기신 전답을 팔려는 생각이었고, 또 하나는 전란이 일어날 것을 예견하고 선친 묘소에 생전에 마지막 하직 인사를 드리려는 것이었다. 그는 왜적의 침공이 머지않았다는 자신의 판단을 확신하고 있었다. 장차 나라의 위기에 무엇을 할 것인지에 대한 자신의 결심이 확고히 서 있었던 것 같다. 김포에 도착한 그는 선친 묘소에 이렇게 축문을 써서 제사를 지냈다.

아버님! 어머님! 불초 소생이 옥천에서 먼 길을 걸어 여기에 왔습니다. 이제 곧 왜적의 무리들이 이 강토를 침범하게 되옵니다. 소생은 그때를 당하여 이 한 몸을 나라에 바치려 하옵니다. 제 생애 마지막으로 드리는 인사이오니, 기쁜 마음으로 받아 주시옵고 편안히 잠드시옵소서. 또한 저의 부인(辛氏)도 지난 2월 18일 세상을 떠났습니다. 부모님 곁에 장례를 치러야 마땅하옵니다만, 시세가 여의치 못해서 옥천에서 임시로 장사를 치렀습니다. 너그러이 용서하시옵소서!

이때 여러 친구가 성묘에 참석했다. 친구들은 그의 태도가 너무 엄숙하고 심각해서 반신반의하는 마음으로 이렇게 물었다.
"그대가 곧 난리가 일어날 것처럼 말하는데, 만약 왜적이 쳐들어오면 어디로 피난해야 살 수 있겠는가?"
라고 물었다. 그러자 그가 대답하기를

"강화도 마니산으로 들어간다면 난을 면할 수 있을 것이다."
라고 대답했다. 과연 그의 예언은 그대로 들어맞아서 임진왜란이 일어나고 이곳으로 피난했던 고향 사람들은 전란의 피해가 없었다고 한다.

조헌이 왜란에 의병을 일으킨 것은 일시적인 의분이나 감정으로 시작된 것은 아니었다. 그는 오래전부터 만약에 왜적이 쳐들어와 나라의 위기가 닥쳐온다면 의병을 일으켜 나라를 지켜야 한다는 말을 자주 했었다. 그가 왜란이 임박함을 느끼고 찾아온 부모님 묘소에 고한 축문에도 이러한 결심이 그대로 들어있고, 이전에 대둔산에서 만난 중들과의 약속도 그러하였다.

2월 말에 김포에 갔다가 옥천으로 다시 돌아온 것은 3월 21일경이었다. 그는 곧 전승업에게 편지를 보내는데, 경제적으로 어려운 사정과 전승업의 도움에 대한 감사한 마음 그리고 김포 생가를 매매했다는 말이 편지에 나타나 있다.

임진년(1592년) 3월 23일
헌(憲)이 전합니다. 그저께 고향에서 돌아와서 그대가 서신으로 많은 부의(賻儀)를 하였다는 말을 들었다오. 지극히 궁핍한 때에 연하여 역사하는 인부들에게 술과 음식을 먹여 모든 장례를 계획하였다 하니, 만일 그대의 지극한 정성과 도움이 아니었다면 어찌 환란이 많은 이때 도와줌이 이와 같겠소. 감탄함이 진실로 깊소이다.

임군(任君)이 조문을 와서 다 들었거니와 조용히 정사(精舍)에 기거하면서 날마다 요순(堯舜)의 정치를 강의한다 하니, 요순을 추모함이 더욱 깊겠소이다. 나는 공교롭게도 일마다 어그러져서 전답을 매매하는 한 가지 일마저도 능히 이루지 못하였으며, 사변이 일어나 세상이 혼란해지면 기근이 있을까 두려워합니다.

선유주인(仙遊主人) 김군일(金君一)이 정사(靖師)와 제휴하여 은거하기로 약속하였다는데, 그가 아무 말 없이 홀로 은둔하였으니, 우리들의 은거함은 어찌할 수가 없게 되었소. 섶을 쌓아 불을 지르고도 걱정이 없다는 것과 같으니, 그대는 먼저 가서 계책을 헤아림이 어떻겠소. 나에게 집을 매매한 돈이 있으니 다행히 정사(靖師)와 같이 상의하여 산간(山間)의 토지를 매입한 뒤에 계량(繼糧-1년의 추수한 것으로 1년 양식을 이어감)함은 되겠는가. 혹은 곡식을 팔아 황무지를 개간하는 것이 오히려 생활을 이어나갈 계책이 되겠소. 아니면 선유동에 방천을 막아 논을 만들까도 생각하였지만, 시절이 늦어져서 가을에 수확을 보지 못하니 탄식과 탄식하오이다.

좌우에서 다들 말하기를, 이는 이미 나의 물건이 되었고 그것을 잘 경영하면 식량난의 걱정은 없을 것이다, 라고 하니 깊이 바라고 깊이 바라는 바입니다.

병든 말을 끌고 왔는데 뼈대만 앙상하게 서 있은지가 이미 오래되었으니, 어떻게 원행(遠行)을 하겠소. 며칠 사육하라고 명하였으니 아마 걸어가는 것은 대신할 것이외다. 이때까지 묘지를 택정 하지 못하고 매장함을 사면팔방으로 논의하였으나 이루지 못할까 두렵소이다. 근심하고 민망함을 이기지 못합니다. 삼가 임군(任君)이 가는 편에 공손히 서신을 보냅니다.

이 서신에서 그가 김포를 다녀오는 동안에 전승업이 신 씨 부인의 장례에 필요한 재물을 지원한 일과 김포에 가서 부모님이 살던 집을 매매한 사실, 그리고 선유동(仙遊洞)에 관한 3가지 내용이 관심을 끈다.

　1584년 보은 현감에서 파직되고 이곳 도래 밤티라는 궁벽한 산골에 들어와서 호구지책을 이어가기도 어려웠다. 김포로 떠나기 전에 전승업에 보낸 편지에서 고향의 전답을 처분하려는 의사를 밝혔었다. 그러나 일이 마음대로 되지 않아서 전답 대신에 집을 매매한 것으로 보인다. 그의 생가는 지금은 선생을 모시는 우저서원(牛渚書院)이 있는 자리이다. 조헌의 사적 보존에 많은 노력을 기울인 안방준(安邦俊)이 조헌 선생 순절 후에 이를 다시 구입하여 기증한 것이라고 그의 후손이 전언한다.

　선유동(仙遊洞)에 관해서는 전승업의 유사(遺事)에 간략하게 다음과 같이 언급되어 있다.

　"선생(전승업)께서는 이서계(李西溪, 德胤)와 김칠송(金七松, 敬白)과 더불어 흉금을 트고 지냈으며, 그래서 또 정사(精舍)를 청북(淸北)의 선유동(仙遊洞)에 지었다. 선유동은 비록 수석이 기이하고 수려하며 산과 골이 고요하고 깊었으나, 가산(佳山)의 건물만은 못하니, 그러므로 선유동의 건물은 타 일에 우거(寓居)할 곳으로 예비하여 두었다."

는 기록에서 선유동의 위치가 충청도 북쪽이라고 명시하였으니, 괴산군 청천면의 선유동 계곡을 말하는 것으로 짐작할 수 있는데, 일찍이 조헌과 전승업은 이 선유동을 전란의 피난처로 준비했던 것으로 보인다. 김포의 생가를 매매한 것도 선유동에 농토를 마련하여 차후 피난할 식솔들까지도 살아갈 대책을 마련하기 위한 뜻으로 추정할 수 있다.

제 5부

오직 한 번의 죽음이 있을 뿐이다

1. 임진왜란, 비극의 전쟁이 시작되다

풍신수길은 조선의 통신사파견을 일본의 위력에 대한 굴복으로 받아들였다. 그래서 조선에 국서를 보내 명나라 침공에 향도가 되라고 강요한 것이다. 그러나 냉담한 조선의 태도에 무력으로 제압하려고 나선 것이었다.

풍신수길은 1591년 8월 전국에 대명(大名)들을 교토(京都)로 소집하여 조선 출병을 결의하고, 나고야성을 구축하여 조선 침공의 전략본부인 대본영(大本營)을 설치했다. 1592년 1월 6일에 동원령을 하달하여 30만 명의 병력을 소집하여 다음과 같이 편성한다.

- 제1병단 : 조선 출정 부대   9개군   158,700명
- 제2병단 : 대본영 대기 부대 8개군   102,960명
- 수   군 : 작전 및 엄호부대 4개 대   9,200명

- 대본영 직속부대 : 5개 부대　　　　29,000명

모든 부대는 1592년 2월 21일까지 각 영지를 출발하여 2월 말까지 나고야에 집결하도록 했다. 병력이 나고야에 집결할 무렵 풍신수길은 각 대명(大名)에게 조선 출병계획을 하달하였다.

○ 작전 방침

조선 출병부대인 제1선 병단(158,700명)은 조선에 상륙 즉시 가능한 한 빠른 속도로 한양을 향해 진격하여, 한강 이남 지역에서 조선군 주력을 섬멸하고 전국을 점령한다.

○ 작전 부서
- 총대장 : 우끼다 히데이에(宇喜多秀家)
- 참　모 : 마스다(增田長成), 이시다(石田三成)
- 선　봉 : 고니시 유키나카(小西行長), 가토오 기요마사(加籐淸正)
- 수군장 : 구키(九鬼嘉隆), 토도(藤堂高虎)

○ 공격 경로
- 중로 : 부산 - 대구 - 조령 - 충주 - 용인 - 한양
- 동로 : 울산 - 경주 - 죽령 - 원주 - 여주 - 한양
- 서로 : 김해 - 상주 - 김천 - 추풍령 - 청주 - 한양

○ 부대편성
- 제1군 : 고니시 유키나카(小西行長) ──── 18,700명

- 제2군 : 가토오 기요마사(加藤淸正) ──── 22,800명
- 제3군 : 구로다 나카사마(黑田長政) ──── 11,700명
- 제4군 : 모리 요시나리(毛利吉成) ──── 14,700명
- 제5군 : 후쿠시마 마사노리(福島正則) ──── 25,000명
- 제6군 : 고바야카와 다카가케(早小川隆景) - 15,700명
- 제7군 : 모리 데루모토(毛利輝元) ──── 30,000명
- 제8군 : 우키다 히데이에(宇喜多秀家) ──── 10,000명
- 제9군 : 하시바 히데스카(羽紫秀勝) ──── 11,500명
- 수군 : 구키 모시타카(九鬼嘉隆) ──── 9,200명

1592년(선조 25년) 4월 13일 오전 8시경, 대마도(對馬島) 이즈하라(嚴原)항을 출항한 왜선 7백여 척의 대선단이 고니시 유키나카(小西行長)가 이끄는 제1군(선봉군) 18,700명을 싣고 부산으로 항진을 시작하였다. 그로부터 일본군 선단이 부산 앞바다에 모습을 나타낸 것은 오후 5시경이었다. 이로써 임진왜란(壬辰倭亂)이 시작된 것이다.

적선은 아무런 저항을 받지 않고 부산 해안 가까이 접근하여 절영도(絶影島) 앞바다에 정박했다. 다음 날 아침, 해안으로 상륙한 적은 부산진성(釜山鎭城)을 공격할 준비를 하면서 '길을 빌려 달라'는 편지를 성안으로 보냈다. 부산진은 경상도 제1의 해상관문으로 조선 땅에 상륙하려면 반드시 거쳐야 하는 요지였다.

부산진 방어를 담당한 수군절제사(水軍節制使) 정발(鄭撥) 장군이 이를 묵살하자, 왜적은 전 병력을 투입하여 성을 포위 공격하였다. 당시 부산진의 군사는 1천 명 남짓했다. 성내의 군민이 혼연일체가 되

어 사력을 다해 싸웠으나 병력의 열세와 왜군의 신무기에 오래 버틸 수가 없었다. 정발 장군이 전사하자 성은 허무하게 무너지고 적에게 함락되고 말았다. 부산 해안방어를 책임지고 있던 경상 좌수사(慶尙左水使) 박홍(朴泓)은 부산진성이 함락될 때까지도 앞바다에 왜적이 나타난 줄도 모르고 있었다.

부산진성을 점령한 왜적은 15일 오전 6시경 동래성으로 향했다. 동래부사 송상현(宋象賢)은 성안의 부녀자까지 동원하여 버티었으나, 그날로 부사는 순절하고 동래성도 허무하게 함락되고 말았다. 동래성까지 점령한 왜군은 양산, 밀양 쪽으로 북진해 갔다.

18일에는 가토오 기요사마(加藤淸正)가 지휘하는 제2군 22,800명이 상륙했고, 19일에는 구로다 나가마사(黑田長政)가 지휘하는 제3군 11,700명이 낙동강 하구 죽도(竹島)로 상륙했다. 제3군의 상륙을 순조롭게 성공시킨 왜군은 한성을 향해 북상을 시작한다. 사전에 계획한 대로 제1군은 중로로 북상하고, 제2군은 동로, 제3군은 서로를 이용해 북상을 시작했다. 이에 대항하여 각 진(鎭)을 방어해야 할 수령들은 왜군을 보기만 해도 백성들과 함께 성을 버리고 도망가기에 급급했고, 왜군들은 별다른 저항을 받지 않고 북상을 할 수 있었다.

이때 조선 조정은 17일에 왜적의 침입 사실을 접수했으나, 1선에서 충분히 격퇴할 것으로 믿고 대수롭지 않게 여겼다. 그러나 급보가 계속 들어오자 비로소 사태의 심각성을 인식하고, 중로, 동로, 서로와 조령(鳥嶺), 죽령(竹嶺), 추풍령(秋風嶺) 3개 요충지에 대한 방어책임을 부여한다.

▷ 중로(조령 방면) : 순변사 이일(李鎰)
▷ 동로(죽령 방면) : 좌방어사 성응길(成応吉)
▷ 서로(추풍령 방면) : 방어사 조경(趙儆)
▷ 조령(鳥嶺) : 조방장 변기(邊璣)
▷ 죽령(竹嶺) : 조방장 유극량(劉克良)

그러나 중로를 지킬 임무를 부여받은 순변사 이일(李鎰)이 도성에서 출정하려고 했으나, 모병이 이루어지지 않아 겨우 3일 뒤에야 군관 60명만 이끌고 출발한다. 이처럼 허술한 조선군의 방어 태세에 왜군은 파죽지세로 북상하여 고니시의 제1군은 26일에 중로의 관문인 조령에 진출하였고, 서로를 담당한 구로다의 제3군은 28일에 추풍령까지 진출하였다.

한편 조정에서는 순변사 이일이 상주에서 패했다는 소식을 듣고 서둘러 도성 수비에 대한 대책을 강구한다. 중신들 사이에서는 왕의 피난에 대한 논의가 시작되었다. 4월 29일에 신립(申砬)이 충주에서 패했다는 보고를 듣고는 이튿날 30일 새벽 선조는 세자 광해군과 1백여 명의 수행원을 데리고 황급히 북행길에 오른다.

선조가 개성에 이르렀을 무렵인 5월 2일 정오경 가토오가 이끄는 제2군은 한강 남쪽까지 진출했다. 선조가 빠져나간 도성은 백성들이 관청을 약탈하고 방화를 하는 등 아수라장이 되었다. 도성을 수비하는 도원수 김명원은 한강 남안에 전개한 왜군의 위세에 눌려, 병기를 강물에 던져버리고는 왕이 북상한 임진강 쪽으로 북상하고 말았다. 이렇게 조선군은 제대로 전투도 해보지 않은 채 허무하게 무너지고, 왜군은 이튿날 3일에 남문에 이르렀다. 제1군 역시 충주-여주-양평을 거쳐 3일에 동대문에 도착했다. 4월 14일에 부산진에 상륙한 적이 20일 만에 한성까지 점령한 것이다.

2. 부인 신 씨의 장례와 구국의 각오

왜적의 주력이 부산지역으로 대거 상륙할 그 무렵, 지난 2월에 부인이 세상을 떠나자 임시로 장사했는데, 서둘러 부인의 장례식을 치른다. 18일에 그가 전승업에게 보낸 서신에 그 내용과 더불어 왜적의 침공 소식이 나타나 있다.

> 임진년(壬辰年, 1592년, 선조 25년) 4월 18일
> 요사이 방문하여 주셔서 구구하게 깊이 감탄함을 견디지 못하겠소이다. 서군(徐君)이 와서 편지를 받게 되었고 읽어보았소이다. 또한 지극히 슬픈 참상을 당했으니 어찌 그 슬픔을 견디겠소. 더구나 간악한 왜적이 갑자기 나와서 침략의 화가 현자(賢者)에 미쳤으니, 어찌 하늘이 내린 화란(禍亂)이 이렇게 크고 혹독합니까. 백방으로 생각해도 보전할 계책이 없으니 어찌합니까.
> 자식이 어제 돌아왔으니 널을 사이에 두고 물으면 20일이면 영폄(永窆, 완전하게 장사를 지냄)이 거의 될 것이니, 죽은 자는 돌아가려니와 나는 어른을 모시고 어린 자식을 이끌고 어느 곳에서 화를 피하리오. 사방을 둘러보아도 움츠린 몸 맞을 곳 없고, 살아있다 해도 온갖 재앙을 만나리니 어디로 돌아가겠는가. 죽음을 기다릴 뿐이외다. 삼가 회신을 드리오.

4월 20일 부인 신 씨를 집 뒤에 장사 지냈다. 장례를 치를 때에 많은 친지들이 함께했다. 그는 문인들에게

"옛사람의 시에 말하기를 '남들은 모두 울지만 나는 와서 노래 부르노라, 그대와 같이 땅에 묻히는 이는 적고, 묻히지 못하는 이는 많도다'라고 한 것은 바로 이것을 두고 말함이로다."라고 말했다. 그 뜻은 이미 벌어진 전쟁에서 얼마나 많은 사람이 곳곳에서 희생될 것인지, 안타까운 마음으로 한 말이었다.

부인 신 씨의 시신을 막 묻으려는 순간, 별안간 하늘에서 큰 소리가 들려와 사람들이 깜짝 놀랐다. 조헌은 사람들에게 이렇게 일렀다.

"이 소리는 천고(天鼓)라는 것으로 왜적이 바다를 건너 우리를 침범하는 것이다."

그는 비통해하며 호상하는 친구들에게 재촉했다.

"빨리 돌아가 피난할 준비를 하는 것이 좋을 것이다."

그러나 주위 사람들은 무슨 영문인지 몰라서 이를 이해하지 못했다. 결국 왜적이 침범했다는 비보를 들은 조헌은

"이제 올 것이 오고 말았다. 내가 일찍이 여러 차례 상소를 올려 대비책을 구했건만, 그 누가 귀를 기울였단 말인가. 오직 외로운 마음으로 임금과 백성을 구하는 일만 남았도다."

하고 비장한 결심과 각오를 했다. 그는 즉시 어머니와 가족을 청주 선유동(仙遊洞)으로 피난시키고 즉시 이를 행동으로 옮길 준비를 한다.

3. 1차 기병의 실패와 보은 차령 전투

임진년(壬辰年, 선조 25년) 5월 3일. 청주에서 이우(李瑀), 이봉(李逢), 김경백(金敬伯) 등이 조헌 선생을 기다리고 있었다. 모두가 선생의 문인들이다. 왜적에게 짓밟히고 있는 강토와 백성들이 겪는 수난에 분개하고 걱정을 했다. 파죽지세로 북진하는 적의 기세가 등등한데 이를 막아야 할 관군은 겁을 먹고 도주하기에 급급하고, 임금마저도 도성을 버리고 북으로 몽진했다는 소식은 더욱 암울하기만 했다. 나라의 운명이 풍전등화의 위기에 놓인 것이다.

조헌 선생과 그의 문인들은 의병을 모아서 근왕(勤王)을 도모하기로 의견을 모았다. 밤을 새워가며 의병을 모집하는 격문(檄文)을 작성해서 요로에 보냈다. 그러나 오랫동안 전쟁을 겪지 않고 평화를 누려온 백성들에게는 아직도 절박한 위기의식을 느끼지 못하고, 의병이라는 의미조차 제대로 깨닫지 못하였다. 이러한 상황에서 의병을 모집한다는 것은 매우 어려운 일이었다. 결국은 별다른 호응을 받지 못한 채 실패로 돌아갔다.

그가 청주에서 왜적을 토벌하려고 1차 기병을 도모하던 당시의 전황을 살펴보면, 중로(中路)로 북상 중인 고니시의 제1군이 4월 19일에 상주에 도착했다. 상주에는 목사 김해(金澥)와 군관들이 모두 산속으로 달아나고 아무런 방비도 없는 상태였다. 중로 방어 임무를 부여받은 순변사 이일이 한성에서 출발하여 4월 24일에 겨우 상주에 도착했으나 이마저도 싸워보지도 못하고 패하고 말았다. 28일에는 기대하던 삼도순변사 신립(申砬)도 충주 탄금대 전투에서 처참하게 패했다.

한편, 서로(西路)를 공격하는 구로다의 3군은 창녕에서 두 개 제대로 나누어서 28일에 추풍령에 진출한 후에 다시 합류한다. 추풍령을 넘은 왜적은 도로를 따라 청주에 진입하고, 이어서 별 저항을 받지 않는 상태에서 한성까지 이르렀다. 조헌이 청주에서부터 첫 기병 활동을 시작할 때는 왜적이 충청좌도 지역을 지나 한성에 도착한 바로 그 시기였다.

5월 중순, 청주에서 의병 모집에 실패한 조헌은 다시 옥천으로 내려온다. 조헌이 기거하는 안읍 후율정사(後栗精舍)에 전승업(全承業), 김절(金節), 김약(金篛), 이우(李瑀), 전충남(全忠男) 등 그의 문인들이 모였다.

기병에 실패한 경험으로는 당장에 대규모의 의병을 모집한다는 것은 쉽지 않다고 판단했다. 우선 향병(鄕兵)을 모아서 인근 지역의 왜적부터 소탕하기로 뜻을 세웠다. 그 지점을 왜적 제3군의 후방 증원 및 보급로인 보은 차령(車嶺-일명 수리치)으로 잡았다. 보은에서 회인현(懷仁縣)을 지나 청주로 이어지는 길목의 험한 고개이다. 그 길로 적의 주력이 북상한 후에도 후속부대와 지원 병력의 이동이 빈번했다. 험한 지형을 이용하면 적을 쉽게 공격할 수 있는 유리한 지형이었다.

이제 향병(鄕兵)을 모으는 일이 우선이었다. 문인들이 앞장서서 각 지역으로 나아가 중봉 조헌 선생이 우리 향토를 스스로 지키기 위해서 향병을 모집한다는 뜻을 널리 알렸다. 이때 전승업의 활동이 두드러졌는데, 그의 제자인 진사 남익명(南益明)이 쓴 전승업의 행장에 다음과 같이 기록했다.

> 선생(전승업)은 미리 군복 100여 벌을 만들고 두었고, 이때를 당하여 노비 100여 명을 내었으며, 또 어려운 중에도 집 안에 있는 벼와 잡곡 100여 섬을 수습하여 먼저 군량미로 쓰게 했다. 또, 식량을 모은다는 격문을 청산과 영동지방에 전하고, 중봉을 의병장으로 추대하고, 막중한 소임을 맡아 일에 따라 주선하였으며, 충성과 정성을 다하기로 하였다.

보은 차령(車嶺) 전투에 관한 기록은 미흡해서 극히 단편적인 내용을 바탕으로 유추할 수밖에 없다.

차령 전투가 이루어진 시기는 5월 중순 추정되는데, 이는 청주에서 1차 기병에 실패하고 옥천에 내려와 얼마 지나지 않아서이다. 이는 3차 기병의 격문을 6월 12일에 보낸 것을 보면, 차령 전투는 바로 그 이전인 5월 중순에서 말 사이에 있었다는 추정을 가능하게 한다.

중봉집(重峰集)에 차령전투에 관한 기록이 간략하게 기록되어 있다. 의병 활동에 대한 자세한 기록을 찾을 수 없는 것은 매우 아쉬운 점인데, 중봉집(重峯集)은 차령 전투에 대해 다음과 같이 기록하고 있다.

> 선생은 할 수 없이 (청주에서) 옥천으로 돌아와서 문인(門人) 김절(金節), 김약(金籥), 박충검(朴忠儉) 등과 더불어 향병 몇백 명을 모집하여 보은(報恩)의 차령(車嶺)을 막았다. 이곳에서 왜적과 맞닥뜨려 거의 죽게 되었는데, 문인들이 힘써 싸운 끝에 적병을 물리치니, 이로부터 왜병(倭兵)은 감히 이 길을 통하여 서쪽으로 가지 못했다.

후율사(後栗祠)

차령 전투에 동원된 향병의 규모는 어느 정도였을까?

전승업 행장에 "5월 초4일에 의병을 모집하니 시골 장정 230인이 모집되었다"라는 말이 들어있다. 5월 초4일은 조헌이 청주에서 기병을 준비하고 있던 시기였다. 행장의 앞뒤 문맥으로는 모집 날짜와 230인이란 향병의 숫자는 차령 전투뿐만 아니라 이후 조헌 선생이 공주에서의 모병 활동까지 연결하고 있다. 따라서 조헌 선생이 옥천으로 내려와 향병을 모았다는 기록을 고려한다면, 중봉집에 나와 있는 몇 백이란 숫자에서 3~4백 명 수준으로 추정된다.

차령 전투에 참여한 향병의 무장은 어떠했을까?

향병은 옥천을 중심으로 하는 인근 지역의 조헌의 문인과 평범한 백성들이다. 그들이 별다른 준비 없이 단기간에 모집되어 전투에 임했다면, 일상에서 사용하는 살상 가능한 농기구나 가재도구 등을 개조한 보잘것없는 수준이었을 것이고, 일부는 활과 화살, 도검과 같은 급조된 무기도 가능했을 것이다. 이러한 빈약한 무기로 강한 적을 상대한다는 것은 어려운 일이지만, 향토와 나라를 지킨다는 대의 앞에 오로지 적을 소탕하려는 의지만으로 전투에 임했을 것이다.

향병은 어떠한 전술로 적을 공격하였을까?
향병을 지휘한 조헌은 그 지역 지리에 밝았고, 향병 역시 모두가 이 지역 사람이다. 지형의 이점을 충분히 활용할 수 있다는 것은 전승에 매우 중요한 요소이다. 더구나 조헌은 병법에도 밝은 분이었다.
강한 적을 상대로 하는 전투는 유리한 지형을 이용한 매복과 기습 그리고 신속한 도피가 최선이다. 지세가 높은 곳을 선점하고 은밀히 매복해 있다가 올라오는 적을 향해 불시에 바위와 돌 등을 굴려 살상하는 전술은 매우 효과적이다. 차령 전투 역시 이러한 수단과 방법으로 적에게 큰 피해를 주고 공포심을 유발하였을 것이다. 기록에서도 매복과 투석으로 전투를 수행했다는 것은 이러한 전술을 사용했다는 사실을 뒷받침한다.

임진왜란에서 보은 차령 전투에 의의는 무엇일까?
적이 조선을 침공하고 충청지역에서 이루어진 최초의 전투이다. 관군들은 제대로 싸워보지도 않고 적에게 길을 내줬다. 충주 탄금대에서 신립의 관군도 패했다. 비록 규모는 작지만, 보은 차령 전투는 충청지역에서 왜적을 공격해서 거둔 귀중한 승전인 셈이다. 무엇보다도

이 전투의 가장 큰 의미는 거침없이 전진하는 적에게 심리적 부담을 주고, 우리 백성들에게는 적에 대한 저항 의식과 자신감을 주는 기회가 되었다.

조헌의 기병(起兵) 의도는 애초부터 근왕(勤王)에 있었다. 그가 향병을 모아 전투한 것은 일시적인 활동이었다. 그는 다시 대규모의 의병을 모집할 준비를 한다.

4. 공주에서 다시 격문을 띄우다

6월 상순(上旬)이었다. 보은 차령에서 왜적의 토벌을 성공적으로 수행한 조헌은 문하생 전승업(全承業), 김경백(金敬伯), 이우(李瑀) 등과 함께 공주로 갔다. 이제는 백성들도 왜적의 만행을 실감하고 나라의 위급한 상황을 충분히 인식하였다. 조헌은 대의를 위하여 의병을 모집한다는 뜻이 담긴 격문을 각 지역으로 보낼 준비를 서둘렀다. 6월 12일에 호서(湖西)와 호남(湖南), 영남(嶺南) 등지에 중봉 조헌이 의병을 모집하여 왜적을 토벌한다는 격문이 보내졌다. 이번이 세 번째로 기병을 시도하는 것이다. 다음은 조헌 선생이 삼도(三道)에 보낸 격문의 주요 부분이다. 조헌이 애국심을 호소하는 절절한 전문을 실었다.

기의토왜적격(起義討倭賊檄)

　만력 20년 6월 12일(萬曆二十年六月十二日)에 전 제독관(前提督官) 은천(銀川) 조헌(趙憲)은 팔도의 문무동료(文武同僚) 임학동지(林壑同志) 승민부노(僧民父老) 호걸(豪傑) 등에게 공경히 고한다.

　하늘과 땅의 큰 덕은 바로 낳는 것이다. 그러므로 만물들이 각각 머물 곳 얻기를 생각하며, 귀신과 사람들이 다 같이 원망을 품은 것은 바로 이 왜적인 것이다. 때문에 저 원수(怨讐)를 저의 나라에 돌아가지 못하도록 모두가 맹세한다. 이목을 가진 사람이라면 누구인들 분노하지 않겠는가.

　우리나라는 태평한 세월이 오래였던 까닭으로 방어에 너무나 소홀했으나, 저들이 미친개처럼 이렇게도 우리나라를 짓밟을 줄은 미처 몰랐다. 불행하게도 조령의 수비에 실패하였음이 슬프고, 임금이 의주로 파천(播遷)하게 되었음이 민망스럽다. 한중(漢中)이 병화(兵火)로 빛나게 되었음은 마음 아픈 일이고, 북진(北辰-임금을 지칭)하여 변방을 바라보게 됨이 한없이 슬픈 일이다.

　우리의 수십 고을에 용감한 사람이 있는 줄을 꿈엔들 생각을 했겠는가? 총칼로 춤을 추면서 침입하는 것은 예로부터 드문 일이다.

　백성들의 원한은 날로 쌓이고, 의사들의 울분은 날로 더해 간다. 하물며 신첩(臣妾)들이 도망하여 숨음이 금수들의 음람(淫婪)보다도 더 심하랴. 사람의 모양을 가진 자라면 사람의 마음이 있으련만, 저들은 딱하고 가여움과 부끄러움은 도무지 생각하지 않는다. 우리는 천명을 받들어 토벌한다면, 어찌 강량(强梁)을 두려워하겠는가?

　요즈음 우리의 군사(軍士)를 지휘하는 사람은 대부분이 황금대(黃金帶)만 띠고 있을 뿐이고, 포장(襃獎)한 교지(敎旨)만 중하게 여길

뿐이라, 영호남을 돌아다니면서 군부의 걱정은 알지 못하고, 임금 주위를 머뭇거리면서 원수들의 병력만 굳게 만든다. 3도의 임무를 가지고도 먼저 싸움에 나간 자를 구원하지 않고, 한 차례 싸움에 패전한 뒤로는 다시 일어날 기세마저 잃었다.

그 왜구를 기른 자를 논하면 어찌 병사(兵使)와 수사(水使)의 대권(大權)이 합당하겠는가? 묘당(廟堂)이 멀리 떨어져 있는 땅에는 군대가 여러 차례 패하였음이 한탄스럽고, 왜적이 첩첩으로 쌓인 곳에는 민생이 소생할 길이 끊어졌다. 만일 이와 같은 난리가 그치지 않는다면 반드시 백성들은 모두가 죽음을 당하고야 말 것이다. 기자(箕子)의 교화를 받은 예의의 나라로서 영원히 저 섬 오랑캐의 나라가 될 것인가.

그러나 하늘이 우리 조선을 도우사 오히려 호해(湖海)의 한 지역이 온전한데 백성들이 모두 나라를 생각하고 있으니, 반드시 섬 오랑캐를 섬멸할 인물이 있을 것이다.

그대들은 모두가 힘을 모아 격전(激戰)에 조금도 꺼려하지 말고 대승의 성공을 기하라. 마땅히 한목소리로 호응함이 있을 것이다. 뿐만 아니라 온 천하가 멀리서 믿을 줄 알고 있다. 해이하지 않는 곳에 신과 사람이 모두 감동하여 따르는 것이며, 일을 성공시키려 하면 천지신명이 도와주는 법이다.

우리나라의 산하는 실로 인재의 고장이라 하겠다. 고려 말기에 여러 차례에 걸쳐 왜구의 변란이 있었으나 선배들의 힘으로 이를 물리칠 수 있었고, 을묘년(乙卯年) 여름에 갑자기 변방에서 일어난 오랑캐 명사의 티끌은 뛰어난 호걸들에 의하여 안정되었다. 우리나라는 이제 백년의 태평을 누렸던 탓으로 국방에 약간의 허슬한 점이 있기는 하였으나 사람들은 모두 그 가슴속에 만병(萬兵)의 정신을 저장하고 있다. 백 보 밖에서 버들잎을 화살로 꿰어뚫을 정예의 무술을 가진 사람도 있을 것이며, 대릉(大陵)을 뛰어넘어서 맹호를 사로잡을 장엄한 무사도 있을 것이다. 그러나 오늘날에는 너무도 군사의 방비가 약화되어 나라에서 문무의 길을 달리하여 혹심(酷甚)한 차별을 하였던 까닭이라 하겠으니, 조정의 꾀하고 의논함이 실책이었음이 가히 한탄스럽다. 그리고 국가의 염려를 자기 몸 생각하듯 하는 신하의 직분을 다하는 사람은 보기조차 어렵게 되었다.

  우리는 옛일을 거울삼고 전철을 징계하여야 마땅할 것이다. 진실로 천지를 회전(回轉)시키려는 사람은 나라 또는 산하(山河)와 운명을 같이하는 일에 아끼지 않을 것이다. 삼도(三道)의 힘을 합하여 이 나라의 위급을 해방케 하는 것은 오직 이때가 적당한 시기라 하겠다. 일생 동안 기른 재주를 다하여 이 고난을 널리 구제하는 것도 바로 오늘이라 하겠다. 나는 원하노니 우리 동지의 의사들은 이 얻기 어려운 기회를 아끼어라. 우리들은 활시위에 화살을 당기어 옛날 발도(拔都)의 목구멍을 쏘듯이 한다면, 저들은 스스로 놀래어 흩어질 것이다. 그러면 백성들은 다시 고향으로 돌아가 밭을 갈고 집을 수리하게 될 것이다. 우리는 호·영(湖嶺)의 도로를 하루빨리 열어 상객(商客)들이 통행할 수 있게 하고, 임금을 삼파(三巴, 의주)에서 모셔 와서 애통한 교서를 내리시게 하고 사방의 이목(耳目)을 밝히시게 하는 한편, 신하들은 계속해서 약석(藥石, 훈계)의 말을 아뢴다면, 옛날의 폐단(弊端)은 스스로 제거될 것이며 태평 세대의 은혜로운 덕택(德澤)이 퍼질 것이다. 이것은 우리가 일전(一戰)에 힘을 다하는 것이 후손에게 편안하게 남겨주는 것임을 알아야 한다.

  이 격문이 가거든 마땅히 충분히 상의하여 오직 나라를 위하여 왜적의 토벌에 함께 마음과 힘을 다하라. 식견(識見)과 사려(思慮)가 있는 사람은 원대한 꾀를 다하고, 대담하고 용맹스러운 사람은 완력을 다할 것이며, 재산이 있는 사람은 군량(軍糧)을 보조하고, 체격이 좋은 노비를 가진 사람은 군병(軍兵)을 보조하라. 그렇게 하면 곧 담당관에게 보고하여 공문(公文)에 등재(謄載)할 것이니, 그대들은 서슴지 말고 이 보내는 격서(檄書)에 유의하라.

남방(南方)의 군병(軍兵)이 도착하는 것을 기다려 크게 협공할 책략(策略)을 꾀하려고 한다. 왜적의 공격에 합력(合力)하지 않기를 바란다. 만일 선산(善山)과 김해(金海) 같이 하는 자가 있다면 도적들을 도와서 내통한다고 지목할 것이니, 나라 일이 평정되는 날에는 마땅히 그 죄를 논할 것이다.

왜적들이 소수일 때는 굳세고 날랜 병사를 매복(埋伏)시켰다가 저들을 사로잡고, 만일 다수일 때에는 몇 군이 합세하여서 저들을 공격하라. 조그만 이익을 탐하여 우리의 정예한 병졸이 좌절되는 일이 없게 하며, 유언비어에 현혹하여 군기를 저해하는 일도 없게 하라. 나라 안에 난동하는 섬 오랑캐의 격멸(擊滅)에 맹세하여 이 씨(李氏) 종사(宗社)를 부지하도록 하는 것이 심히 다행한 일이라 하겠다.

만일 시일이 흐르기만 하고 하늘의 구원이 있기만을 기다려서 저 왜적들이 경계를 벗어나게 놓아둔다면, 왜적들로 하여금 제멋대로 불태우고 약탈(掠奪)하도록 만들어서 한결같이 청주(淸州)의 호걸(豪傑)들이 모조리 화변(禍變)을 입었던 것과 마찬가지로 되지 않겠는가.

이것이 헌(憲)의 혈성(血誠)을 다하여 고하는 것이니, 이 기회를 잃지 말고 반드시 저 왜적을 토벌하기 바란다.

말이 너무도 부질없이 길게 된 것을 여러분은 가상히 여겨 동정(同情) 하기 바라며 삼가 고함.

5. 의병의 호응과 관군의 방해

조헌이 삼도(三道)에 격문을 띄우고 전국의 의인 열사들이 호응하기를 기다렸다. 그의 격문에는 왜적에 대한 적개심과 나라의 운명을 이 지경으로 만든 대신들의 무능함과 이러한 국난을 함께 극복할 것을 바라는 솔직하고 격동적이며 강한 호소력이 담겨있었다. 평범한 백성들이 활과 칼을 들고 전장에 나선다는 것은 대단한 결심이 필요하다. 그러므로 의병장에 대한 신뢰와 명망이 절대적이었다.

비록 공주에서 다시 격문을 띄우고 대대적인 모병에 들어가긴 하였으나 어려움이 한둘이 아니었다. 그중에서도 관군과의 관계가 가장 큰 문제였다. 충청도 관찰사(觀察使) 윤선각(尹先覺)은 지방 수령들과 논의하여 병정으로 나갈만한 장정들이 의병으로 나가게 되면 관군에 불리하다는 이유로 의병 모집을 방해했다.

조헌은 순찰사 윤선각(尹先覺, 1543~1611, 字 國馨)을 찾아갔다. 당시 관찰사(觀察使)가 각 도(道)의 군사 지휘권을 가진 순찰사(巡察使)를 겸하게 되어있었다. 윤선각은 충청도 관찰사(忠淸道觀察使) 겸 순찰사(巡察使)로 행정과 군권을 모두 쥐고 있었다. 조헌은 의병을 일으키는 대의(大義)를 역설하고 순찰사의 협조를 요청했다. 다행히 윤선각은 조헌이 내 세우는 대의명분(大義名分)에 동조하고 함께 일하기를 청하면서 의병 모집을 서두르기로 합의하였다. 관군과의 문제가 원만하게 해결되자 일은 순조롭게 진행되어서 며칠 사이에 1,000여 명의 의병이 모여들었다.

조헌 선생의 기병 소식에 의병을 지원하는 사람들이 순식간에 구름같이 모여들자, 뜻밖에 음흉한 인물이 이를 시기하고 모함하는 바람에 모든 일이 무산되고 만다. 순찰사 윤선각의 밑에는 안세헌(安世

獻)이란 음흉한 인물이 있었다. 그는 본래 포악하고 행실이 좋지 못하여 임진란 초에 우리나라 사람을 많이 죽여 그 머리를 베어서 왜적의 수급(首級)이라고 속이고 공훈을 요구했다. 조헌이 그 죄를 말한 적이 있었다. 안세헌은 그 일로 조헌에게 원망과 앙심을 품고 의병 모집을 방해하는 술책을 부렸다. 그가 순찰사에게 이간질하기를

"공은 한 도(道)의 병사와 말을 가지고도 일찍이 조그만 공로도 세우지 못했습니다. 그러나 조헌이란 사람은 가진 것이라고는 하나도 없는데, 공보다 먼저 채찍을 잡지 않았잖습니까. 그가 만약 의병을 얻게 된다면 싸움터에 나서기를 꺼린 공의 죄를 반드시 다스리게 될 것입니다."

라고, 조헌에게 협조 할 경우에 앞으로 큰 화가 미칠 것이라고 모함했다. 윤선각은 안세헌의 말이 옳다고 여기고, 관할 수령들에게 공문을 보내 의병에 나선 자들의 부모나 처자식을 모조리 잡아 가두게 하였다. 이때 청양 현감 임순(任純)도 공주 감옥에 갇혔다. 순찰사는 임순(任純)이 조헌의 의병 모집에 100여 명의 사졸(士卒)을 보냈다는 명목으로 현감을 잡아 가둔 것이다. 순찰사가 안세헌의 농간에 넘어가서 의병을 압박하자, 의병에 나선 장정들은 고향에 부모와 처자식이 감옥에 갇혔다는 소식을 듣고 발길을 돌려 뿔뿔이 흩어지고 말았다.

이 무렵 각도에서 크고 작은 규모의 의병이 일어나 적과 맞서 싸우기 시작했다. 당시의 의병 상황을 선조수정실록에 이렇게 기록하고 있다.

선조수정실록,
선조 25년 6월 1일 자, 각도에서 의병이 일어나다

제도(諸道)에서 의병(義兵)이 일어났다. 당시 삼도(三道)의 수신(師臣)들이 인심을 잃은 데다가 변란이 일어난 뒤에 군사와 식량을 징발하자 사람들이 모두 밉게 보아 적을 만나기만 하면 모두 패하여 달아났다. 그러다가 도내(道內)의 거족(巨族)과 명인(名人)이 유생들과 함께 조정의 명을 받들어 창의(倡義)하여 일어나자 듣는 사람들이 격동하여 원근에서 응모하였다. 크게 성취하지는 못했으나 인심을 얻었으므로 국가의 명맥이 그들 덕분에 유지되었다. 호남의 고경명(高敬命), 김천일(金千鎰), 영남의 곽재우(郭再祐), 정인홍(鄭仁弘), 호서의 조헌(趙憲)이 가장 먼저 의병을 일으켰다. 이에 관군과 의병이 서로 갈등을 일으켰고 수신(師臣, 장수와 신하)들 거개가 의병장과 화합하지 못하였다.

적이 온 강토를 휩쓸고 임금이 국경 끝 의주까지 피난하는 급박한 상황에도 관군과 의병장의 갈등은 심했고, 순찰사 윤선각 역시 조헌이 기병을 성공하기 일보 직전에서 약속을 저버리고 안세현의 모함에 빠져 의병 모집을 훼방했다. 이러한 상황에서 더는 공주에서 의병 모집을 계속할 수는 없게 되었다.

6. 적을 치지 않는 순찰사를 책망하다

조헌은 순찰사 윤선각이 안세현의 농간에 넘어가 의병에 나온 가족들을 잡아 가둔 사실을 알고, 일도의 군권을 쥔 순찰사로서 전투를 회피하는 처사를 질타한다. 그는 윤선각에게 편지를 보냈다. 백성들이 힘을 합하여 싸우라는 임금의 교서가 내렸음에도 의병 모집을 방해하고 심지어 왜적을 치지 않고 회피하는 까닭을 물었다.

> '여호서순찰사 윤선각(與湖西巡察使 尹先覺)'

헌(憲)은 아뢰옵니다. 여러 날을 이곳에 머물렀으나 한 부대의 군사도 응모해 오지 않으니, 의기가 꺾인 서생(書生)들은 왜적(倭賊)을 토벌하지 못할 것으로 알고 있는가 봅니다. 저의 생각으로는 저 백성들의 분발(奮發)하는 힘을 합하여 싸운다면 곧 산천의 귀신들도 하늘의 노하심을 마땅히 도우리라고 생각합니다. 임금님의 애통한 교서(敎書)가 내렸음에도 그 명령을 받들지 않는 것은 무엇 때문입니까?

앞서 왜적의 방어에 대하여 회인(懷仁)과 옥천(沃川)에 나아가 둔병(屯兵)을 하자고 청한 것은 저 한 사람의 사사로운 계책이 아니라, 호서 지방(湖西地方) 백성들의 동일한 소원(昭媛)이었습니다. 뿐만 아니라 부사(府使), 목사(牧使), 참좌(參佐)들도 또한 그곳으로 진군하여 수비하는 것이 지당하다고 했습니다. 그러나 합하(閤下, 정일품 벼슬아치의 높임말)만은 혼자서 무슨 마음으로 시시한 서생들의 고자질하는 말만 믿고, 적병의 찰날이 회인과 옥천을 두루 엿보게 하여 장차 온 호서지방으로 하여금 모두 왜적의 점거지가 되게 했습니다.

합하는 왜 계책을 이렇게 아름답지 못하게 하여 적들을 키워주고 국가에 대한 염려는 하지 않는 것입니까? 합하의 생각으로는 부장(副將)만으로 군병을 영솔(領率)하게 하여도 능히 이 왜적을 대적할 수 있다고 했을 것입니다. 그러나 부장들은 명령을 받고도 오래 있다가 이제야 길을 떠났습니다. 그러므로 험애(險隘)한 산천은 이미 저 왜적들로 하여금 먼저 점거하게 했으니, 이것이 과연 도주(道主, 순찰사)의 명령이라고 하겠습니까? 탄식할 일입니다.

조정의 명령은 한 도(道)에서 행하지 못하고 도주(道主)의 명령은 부장에게 행하지 못하여 나라가 망하는데도 까마득히 생각을 아니합니다. 만일 이 왜적이 평탄한 길로 몰아닥친다고 하면, 무슨 계책으로 방어하시겠습니까? 도무지 알 수 없는 일입니다.

헌(憲)은 군중(軍中)에 떠도는 말을 두루 들으니 만인(萬人)의 입에서는 한결같이 왜적을 죽이고자 합니다. 그러나 징병(徵兵)을 시작한 지 이미 여러 달이 되었어도 관속(官粟-나라의 곡식)을 소비해 가면서 양성한 수천 명의 사졸들은 강(江)을 경계로 하여 자위(自衛)만 하고, 비장(裨將)한 사람을 보내서 왜적 하나 참살(斬殺)했다는 말은 들어보지 못했습니다. 합하는 그저 이러고 있기만 하니, 민생이 모두 어육(魚肉)이 된 다음에야 한 번 싸워볼 작정입니까?

이미 토적(討賊)도 미처 못하고 또 근왕에도 뜻이 없어 다만 한날 서생의 의논만을 믿고서 충신과 의사들의 기세(氣勢)를 억제하고 있으니, 합하의 뜻을 알 수가 없습니다. 제가 약관(弱冠)에 합하를 받들고 놀았습니다. 이제는 다 같이 백발이 되었습니다. 당시의 친분을 어찌 쉽게 잊을 수가 있겠습니까? 그러므로 이 환난(患難)에 임하여 말씀을 다하지 않을 수가 없습니다. 그러나 비루(鄙陋)한 말씀이 너무나 직언이었으므로 합하의 노여움을 범할까 두렵습니다. 하지만 천 사람의 옳다는 말이 결국에는 한 선비의 곧은 말씀만 같지 못할 것입니다. 넓으신 아량으로 너그럽게 받아들여 주시옵기를 엎드려 바라옵니다.

순찰사 윤선각을 향한 조헌은 책망은 신랄했다. 그러나 나라가 위급한 이때 전투를 회피하고 미온적인 조치로 일관과 순찰사는 할말이 없었다. 이와 같이 순찰사를 책망한 사실은 선조수정실록(선조 25년 6월 1일 자)에 이렇게 기록하고 있다.

왜병이 성주(星州), 무계현(茂溪縣)으로부터 금산(錦山), 지례(知禮), 지경을 경유하여 무주 용담현으로 들어와 금산에 진을 치고 있다가, 충청도 옥천, 영동의 여러 고을로 들어가 청주에 진을 치고 있으면서 사방으로 나아가 방화하며 노략질하였다. 그러나 충청감사 윤국형(尹國馨, 윤선각)과 병사 이옥(李沃)은 군사를 모아 방위만 하면서 감히 진격하지 못하자, 조헌(趙憲)이 국형(선각)에게 편지를 보내어 머뭇거리면서 적을 치지 않는 것을 책망하니 듣지 않았다.

7. 문인들과 충청우도로 향하다

공주에서 의병 모집은 성공 일보직전에서 순찰사의 방해로 실패하고 말았다. 더는 순찰사와 맞선다는 것이 좋을 게 없다는 것을 그는 잘 알고 있었다. 의병 모집을 포기한 조헌은 옥천으로 내려온다. 미리 전갈을 받은 문인들이 회덕현(懷德縣)에서 기다리고 있었다. 전승업(全承業), 박운(朴芸), 박정량(朴廷亮), 김절(金節) 등과 만나 성공을 눈앞에 두고 실패한 원인과 차후 대책을 논의했다. 그때 정립(鄭雴, 1554~1640)에게도 통지하였으나 병으로 인하여 회덕으로 오지는 못하고 쌍봉에서 기다리고 있었다. 정립은 호가 고암(顧菴)이다. 87세를 살았는데 군자감정(軍資監正)까지 올랐다. 조헌은 쌍봉(双峯, 옥천 동이)에서 정립을 꼭 만나야 하는 이유가 있었다. 정립의 일기에 그 까닭을 이렇게 기록하고 있다.

> 만력 임진(1592, 선조 25년) 6월 18일,
> 조중봉(趙重峯)이 내포(內浦)에서 회덕현(懷德縣)으로 오겠다고 공문으로 먼저 통지했다. 나도 군사(郡舍)에 모이려고 했으나 병이 있기 때문에 편안함을 쫓아 쌍봉(雙峯, 옥천 동이)에 나아가 기다리고 있었더니, 9일(19일로 추정) 중봉이 이르렀고 바로 전승업, 박운, 박정량, 김절 등과 숙박했다.
> 중봉이 나에게 이르기를
> "내가 충청도에서 의병을 모집해서 이미 군대의 위용을 갖추었으나 순찰사 윤선각(尹先覺)이 사감을 품고 일을 저해하여 군병이 이미 흩어졌다. 그래서 생각하길 차라리 동지들과 더불어 사병(私兵)을 모집하여 처음에 계획했던 일을 연속하고자 하나, 지금 그대가 병중에 있으므로 원읍(遠邑)을 다닐 수가 없으니, 그대는 즐거운 마음으로 군량(軍糧)의 총책이 되어 동남 5읍의 식량을 모을 수 있겠는가."
> 라고 하기에, 나는 처음에는 이렇게 병중에 있는 뜻을 말한 것이나, 서증(暑症, 더위 먹은 증세)은 오래지 않아 반드시 차도가 있을 것이고, 그리고 이 일은 본래 스스로 감당하기로 기약한 것이기 때문에 그렇게 하겠다고 승낙하고, 드디어 식량을 나르는 것과 활과 창을 김절(金節)에게 부탁하고, 이튿날 중봉과 4인이 더불어 영동(永同)으로 향했다.

관찰사의 방해로 비록 모병에는 실패하였으나 조헌의 기병 의지는 조금도 변함이 없었다. 쌍봉에서 정립을 만난 것도 그에게 군량과 무기 등 물자를 획득하는 중대한 일을 맡기려는 것이었다. 정립을 만난 그가 문하생들과 영동으로 가는 까닭도 의병활동에 필요한 식량과 물자를 확보하기 위한 노력이었다.

조헌이 공주에서 의병을 모집한 시기는 6월 초순이었다. 의병을 모집하는 격문에 6월 12일로 명시되어 있다. 그리고 회덕현에서 문인들과 정립을 만나고 다시 영동으로 가는 시기는 6월 19일경이었다.

영동은 이미 왜적의 수중에 들어가 있었다. 22일에 영동으로부터 옥천으로 돌아오는 길목인 적등진(赤登津-지금의 이원면 원동리)에 이르렀을 때 금강을 두고 관군과 왜군이 서로 접전하고 있었다. 이제는 옥천에도 왜적의 발길이 들이닥치고 있었고, 앞으로의 활동이 자유롭지 못할 것을 염려하지 않을 수 없게 되었다.

조헌은 문인들과 상의하여 아직은 안전한 충청우도로 가서 의병을 모집하기로 방향을 잡았다. 속수무책으로 북상하는 왜적을 토벌하기 위해서는 하루가 급한 상황이었다. 6월 하순(下旬), 조헌과 문인들은 충청우도로 발길을 돌린다. 그는 먼저 노모를 청주 선유동(仙遊洞)에 피난시켰다. 선유동으로 피난시킨 까닭을 살펴보면, 전승업의 유사(遺事)에 "선유동에 정사(精舍)를 지어 필요할 때 거처할 집으로 예비해 두었다"는 말이 있다. 전승업이 중봉의 후율정사 곁에 지은 인봉정사 외에도 후일을 예비하여 선유동 또 다른 정사를 지은 것이다.

그는 큰아들 완기(完基)에게

"너는 집에 머물러 있으면서 할머니를 봉양하라."

고 일렀다. 그러나 완기는

"아버지가 사지(死地)로 가시는데, 자식이 어찌 따르지 않겠습니까."
라고 하며 끝내 부친을 따라나섰다. 그가 충청우도로 가는 길에는 아들 완기(完基)와 완도(完堵) 두 아들이 따랐다.

8. 충청우도에서 올린 충의(忠義)의 깃발

충청우도에서 조헌은 의병 모집에 들어갔다. 격문이 작성되고 주변 고을과 호서·호남으로 전달되었다. 조헌이 의병을 모집한다는 소문이 각지에 전해졌고, 그의 충의를 흠모하는 선비들이 순식간에 모여들었다. 이때 기병을 적극 도운 인물로 옥천에서 동행한 문인 외에 이광륜(李光輪), 장덕개(張德盖), 신난수(申蘭秀), 고경우(高擎宇), 노응탁(盧應晫) 등이었다. 이러한 선비들이 힘을 모아 조헌을 적극 도왔다.

의병 모집은 생각보다 짧은 기간에 매우 순조롭게 진행되었다. 원근의 의사들은 마치 조헌을 기다렸다는 듯이 며칠 만에 구름같이 모여들었다. 의병에 지원한 사람 중에서 관군으로 나가야 할 사람들은 모두 돌려보냈다. 그리고 남은 의병이 모두 1,600여 명이었다. 실로 며칠 만에 이루어진 놀라운 성과였다. 비록 전날에 순찰사와 크게 마음 상하는 일이 있기는 하였으나 다시금 힘과 용기가 솟아났다.

홍주에 사는 전 참봉(參奉) 이광륜(李光輪)은 아버지께 재배(再拜)로 결별하고, 부인으로 하여금 내복에 문(文) 자를 새기도록 한 후에 향병(鄕兵) 수백 명을 모아 참여하였다.

공주에 사는 노응탁(盧應晫)과 응환(應晥), 응호(應皓) 3형제가 함께 의병에 참여했다.

평소 조헌 선생 곁에서 활동하던 옥천의 선비 김절(金節)은 동생 김약(金籥), 김로(金輅) 등 형제와 더불어 향병 등을 모집하여 참여했는데, 김로는 조헌 선생의 사위이다.

문과에 급제하여 양사(兩司)를 거쳐 평택현감을 지낸 명광계(明光啓)가 수백 명의 의병을 이끌고 가담했다.

무과에 급제하여 부사과(副司果)를 지낸 양철(梁鉄)은 향병 수십 명을,

참봉(參奉) 김형진(金亨進)은 백여 명을 모집하여 참여했다.

이허(李許)도 향병 수십 명을 모병했고,

김결(金潔)은 가정(家丁) 70명과 병기와 군량을 싣고 의병진에 합류했다.

한응성(韓應聖)도 가동(家童) 수십 명을 모집하고

강위구(姜渭龜)는 장사들을 모아왔다.

참지(參知) 이윤(李潤)은 남원에서 가동과 함께 올라와서 의병에 합류했다.

또, 남원의 정민수(鄭民秀)는 조헌이 의병을 일으켰다는 소식을 듣고 그의 삼종제 회(繪)와 창의하여 장정 105명을 거느리고 합류했다.

이외에도 여러 선비와 중봉의 문인 등이 의병을 모아 참여함으로써 군소 집단들이 모여들어 1,600여 명의 큰 의병부대를 구성하게 된 것이다. 중봉 의병의 특징은 이와 같이 그를 흠모하는 선비들이 의병을 모아 집단으로 합류하여 구성된 것이었다.

이러한 중봉 의병의 면면을 살펴보면 조헌과 친족관계에 있는 사람도 있으나, 대부분 학문적인 관계에 바탕을 둔 문인들이 주축이 되었다. 조헌은 일찍이 정주, 파주, 홍주목 교수(敎授)와 공주 제독관(提督官) 등 교육을 담당하는 관직을 두루 거쳤다. 그때 인연을 맺은 문하생들이 선생의 기병 소식을 듣고 적게는 수 명으로부터 많게 수백 명에 이르는 의병을 모집하여 가담한 것이다. 김절, 전충남, 전설, 박충검 등은 옥천의 문하생이고, 박사진, 김성원, 조경남, 고명원, 윤여익, 정린, 양응장, 노응환, 백호섭 등은 조헌이 관직에 있을 때의 문하생들이다.

그 외에도 문·무관으로 관직에 나아갔던 사람, 옥천 동향의 문인 등 조헌과 인연이 있는 인물들이 참여했다. 대과에 급제한 정립, 군수와 현감을 지낸 한호, 정담, 양응춘, 명광계, 교리 성호선, 판관 오대걸, 주부 박광조, 정기룡, 참봉 이광륜, 황진, 조방장 백강언, 병사 서건, 만호 변계온, 선전관 김응수 등은 전직 관료 출신이다. 특히, 무과에 급제하거나 무예에 특출한 사람들도 많았는데, 양철, 오대걸, 박광조, 금응신, 김응수, 김헌 등이 무과 급제자이고, 김성진, 임정식, 곽자방 등은 무예에 특출하거나 문무를 겸비한 사람들이다.

이와 같이 중봉 의병은 대부분 조헌의 문하생들을 비롯한 선비들이었지만, 전직 관료, 무관, 장사 그리고 향병(鄕兵-그 지방 사람으로 참여한 사람), 가정(家丁-집에서 부리는 일꾼), 가동(家童-집에서 심부름하는 아이) 등 양반과 천민을 막론하고 다양한 신분의 사람들이 의병에 참여함으로써 전란에 임하여 국가의 위기를 극복하려는 충의로 가득했다.

조헌의 기병은 문하생과 선비들의 적극적인 지원을 받으며 이루어졌다. 그리고 그의 주관하에 성공한 단독 기병이라는 점이 의의가 크다. 이는 당시 조헌의 사회적 명망과 학문적 위치를 말해주는 것이다. 중봉 의병이 왜적과의 전투에서 뛰어난 용맹을 떨칠 수 있었던 것도 문·무를 겸비한 의병들이 조헌 선생을 구심점으로 절의 정신의 토대 위에서 강한 결속력을 발휘할 수 있었기 때문이다.

이번의 기병은 네 번째 시도 끝에 성공한 것이었다. 여러 어려운 과정을 거치며 실로 약 두 달 만에 이룩한 성과였다. 그동안의 기병 과정을 정리해 보면, 지난 5월 3일 청주에서 처음으로 기병 활동에 나섰으나 시기적으로 백성들의 호응을 받지 못해 실패한 것이 1차 기병이라고 할 수 있다. 2차 기병은 다시 옥천으로 돌아와 소규모의 향병을 모아서 보은 차령전투를 성공적으로 치렀다. 그러나 왜적에 조직적으로 대항하기 위해서는 보다 더 큰 규모의 강력한 의병부대가 필요했다, 다시 공주에서 기병하여 3일 만에 1,000여 명의 의병이 모여들어 막 성군이 될 즈음에 관군의 방해로 모두 흩어지고 말았다. 이것을 3차 기병이었다.

충청도 감영은 공주에 있었다. 지난날, 관찰사 윤선각(**尹先覺**)에게 기병을 방해한 행위에 대하여 강한 책망의 서신을 보냈었다. 그리고 지금 우도에서 모병에 성공했으나 관군의 방해를 염려하지 않을 수가 없었을 것이다.

평소에 글이나 읽던 선비와 생업에 종사하던 평범한 백성들이 국난을 당하여 갑자기 칼을 들고 전쟁에 나간다는 것은 자신의 목숨을 내거는 위험한 일이다. 군인도 아닌 그들은 의병에 나갈 의무도 없었고,

위험을 무릅쓰고 참전할 책임도 없었다. 오로지 위기의 나라를 구하려는 자발적인 충성심에서 나온 것이었다.

　1,600여 명의 의병이 적과 싸울 수 있는 군대로서의 능력을 발휘하기 위해서는 먼저 조직과 편성을 갖추고 훈련을 하는 일이 시급했다. 이를 위해서는 각기 가지고 있는 재주와 능력을 파악하여 적재적소에 배치하는 것이다. 중봉 의병이 어떠한 조직과 편성으로 활동했는지 자세한 기록은 발견되지 않았다. 다만, 조헌의 문집인 중봉집(重峯集) 순절(殉節)편에 나오는 인물들의 직책을 기준으로 편성의 대강을 추정해 볼 수밖에 없다. 이러한 중봉 의병부대의 조직 및 인물 배치는 다음과 같았다.

・의병장 : 조헌(趙憲)
・참　모 : 이광륜(李光輪 참봉), 구항(具恒), 정민수(鄭民秀 참봉)
・선전관 : 김응수(金応寿 무과 급제)
・종사관 : 곽현(郭賢), 송제민(宋濟民)
・척후장 : 임정식(任廷式 전 봉사)
・편 장
　김헌(金献 진사), 변계온(邊継溫 전 만호), 양응춘(楊応春 전 현감), 이양립(李養立 선비), 곽자방(郭自防 전 봉사), 강인서(姜仁恕 전 부사과), 정원복(鄭元福 충순위), 이인현(李仁賢 전 사과), 김인남(金仁南 선교랑), 황삼양(黄三讓 충무위), 한기(韓琦 전 사맹), 박찬(朴賛 무 재 특출), 김희철(金希哲 무인), 박춘두(朴春逗 무재 특출)

의병부대는 각자의 직책과 임무가 부여되고 군대로서의 위용을 갖추기 시작했다. 여기에 훈련을 시키고 무기만 든다면 능히 왜적을 제압할 수 있을 것이다.

조헌이 기병한 목적은 도성을 버리고 함경도 의주로 피난한 선조를 가까이에서 근왕(勤王)을 하려는 것이었다. 그는 일찍이 1587년에 임금에게 올린 상소에서 "조용히 생각해 보니, 우주가 생긴 이래 천신(賤臣)보다도 더 군소(群少)들에게 미움을 심하게 받은 사람은 없습니다."라고 스스로가 많은 미움을 받고 있다는 사실을 토로한 바가 있었다. 그는 끊임없는 상소를 통해 임금과 조정의 실정을 비판하고, 부패한 대신을 지적하고, 백성들의 어려운 사정을 호소함으로써 나라를 바로 잡으려고 애썼다. 이러한 일로 대소 신료는 물론 선조로부터 많은 미움을 받았다. 그러나 굽힐 줄 모르는 절의 정신과 임금에 대한 충성심은 변함이 없었다. 이제 비로소 왜적을 토벌하고 근왕(勤王)을 할 만한 병력을 갖추게 된 것이다.

◇ 공주 용당에서 올린 기의시제(起義時祭)

임진년(壬辰年) 7월 4일, 조헌은 웅진(熊津, 공주) 금강 변에 위치한 용당(竜堂)에서 하늘에 기의시제(起義時祭)를 올렸다. 이러한 의식을 통해서 충성을 맹세하고 전투의지를 다짐한다. 비록 군복도 없고 무기도 제대로 갖추지 못했으나, 이 강토를 침범한 왜적을 섬멸하고야 말겠다는 전투의지만큼은 어느 군대보다도 높았다.

근왕창의도

제사에 임하는 의병들의 분위기는 엄숙하고 결연했다. 조헌을 중심으로 참모와 편장들이 휘하 부대를 정돈하여 대오를 갖추고 명령에 따라 움직이며 이 강토를 짓밟고 백성들을 살육하는 무도한 원수의 왜적을 복수하게 해달라고 천지신명께 빌었다.

이날 제사에 올린 기의 제문이다.

> 기의시제웅진용당문(起義時祭熊津龍堂文)
> 　임진 7월 초4일

꿈틀거리는 왜적은 우리나라의 원수다. 몰래 군대를 이끌고 바다를 건너와 삼강(三江)에 돌입하였다. 이미 중요한 관문과 중요한 지형을 잃었으니 이를 막을 사람이 없도다. 여러 백성들은 어육(魚肉)으로 칠묘(七廟)는 잿더미가 되었도다. 전쟁이 일어난 지 석 달 만에 대가(大駕-임금의 가마)는 피난하시고 한 나라의 윤리와 기강은 흩어지고 어지러워 구제할 수 없게 되었다.

아! 우리의 삼한(三韓) 땅은 예의가 본래 밝았고 기자(箕子)의 규범이 전한 바로 강산마저 편안하였다. 그러나 이제는 이 왜적으로 하여금 제 마음대로 사람을 마구 죽이게 하였으니 백성들이 무슨 죄가 있기에 이 같은 쓰라린 고통을 겪게 되었는가? 이에 모든 의사(義士)들은 왜적을 토멸(討滅)하기를 원하고 있다. 미천한 헌(憲)으로 의병장(義兵將)을 삼으니 나 자신은 대적하기가 어려운 줄 아오나 임금께서 피신하고 계시니 신하로써 걱정이며 생민(生民)이 모두 죽게 되니 산하(山河)도 수치스럽게 여긴다. 의병(義兵)을 규합하는 이 자리에 감히 뜻을 모아서 맹세하노라.

맹단(盟壇)에 올라 실천할 것은 오직 나라를 위할 뿐입니다. 이 용강(龍江)을 보살피는 신령(神靈)은 우리나라를 도와주시어 저 무도한 왜적들을 당장에 무찌르게 해야 할 것입니다. 금수(禽獸)의 발자취로 하여금 우리의 강호를 더럽히게 하지 말 것이며 흉악한 칼날로 하여금 우리의 죄 없는 백성들을 죽이지 말도록 할 것이니 상제(上帝)께 밝게 고하시어 천둥과 번개를 일으키어 백성을 위하여 복수(復讐)시켜 주시옵소서. 그리하여 왜적의 조각배도 살아 돌아가지 못하게 하시면 우리 임금은 신명(神明)에 공경하여 반드시 끝과 처음이 있을 것이옵니다. 신명께서는 이 고하는 말씀을 들으시고 나의 떨어뜨리는 눈물을 보살펴 주시옵소서!

삼가 돼지와 단술과 쌀밥 등 온갖 것으로써 깨끗이 올리오니 흠향(歆饗)하시옵소서!

제사를 마친 일천육백 중봉 의병의 사기는 충만했고 그 위세는 하늘을 찔렀다. 이러한 기세라면 능히 어떠한 적과도 대결할 만했다.

그다음 날 아침 일찍 군사들과 음식을 함께 나누며 위로하고, 오직 국난과 진격만을 생각하라는 맹세를 한다. 그리고 의병이 반드시 명심하고 지켜야 할 사항으로 다음과 같은 군령을 하달하였다.

호군서사(犒軍誓辭)

(1) 시끄럽게 떠들지 말고, 게으름을 부리지 말고, 대오를 잃지 말고, 자리를 떠나지 말라.
(2) 남을 해치지 말고, 적병을 두려워하지 말며, 오직 군령만을 생각하고, 국난만을 생각하며, 진격만을 생각하라.
(3) 감히 물러나지 말고, 오직 큰 적을 죽이며, 작은 이익을 탐내지 말라.
(4) 마음과 힘을 하나로 하면 마침내는 공훈이 있을 것이나 마음과 힘을 하나로 하지 않으면 벌이 있고 후회가 있으리라.
(5) 오직 의로움만을 처음부터 끝까지 생각하라.

이러한 대장의 명령에 의병들은 스스로 복종하는 마음으로 마지막 순간까지 항상 엄정한 군기를 유지하였고, 적진에 임하는 정신자세를 확고히 하였다.

9. 군량과 무기 지원을 호소하다

의병은 모았으나 식량과 무기가 문제였다. 조헌은 본래 가난하여 스스로 재원을 충당할 능력은 없었다. 이 일은 한두 사람의 힘으로 해결 할 수 있는 문제가 아니었다. 이를 해결할 방안으로는 관(官)으로부터 지원을 받거나 백성들의 도움을 받는 수밖에 없었다. 조헌이 이곳 우도(右道)로 오기 전에 옥천의 정립(鄭雴)에게 식량을 모으는 일을 맡긴 것도 의병 활동에 우선 해결해야 할 일이기 때문이었다.

그러나 관(官)의 사정도 그리 좋지 못했고 또한, 왜적이 나라의 대부분을 점령한 상황에서 백성들의 지원도 쉽지 않았다. 조헌은 식량과 물자를 구하기 위해 동분서주하는데, 각계에 지원을 호소하는 서신이 남아있다.

다음은 왜적의 피해가 없는 호서지방 연해(沿海)의 여러 고을 수령과 유지들에게 도움을 요청하는 편지이다.

> 여호우연해열읍(與湖右沿海列邑)
> 선조 25년 임진 6월 27일, 공주 향사당(鄕社堂)에서

이 왜적이 멸망하지 않는바 우리는 의병을 일으키는 데 있어서 일이 많습니다. 왜적의 방어에 여러분의 근심이 어떠하겠습니까? 바다와 산이 막혀있으므로 비록 여러분을 직접 절하고 뵈옵지는 못하나 서로가 같이 근심하게 됨은 이때를 당하여 더욱 심할 것입니다.

헌(憲)은 일찍이 종군(從軍)의 뜻을 품었습니다. 하지만 이제는 머

리가 희어졌습니다. 의병을 모집해서 몇 백 명을 얻었으니 이들의 여력(膂力)은 가히 왜적을 죽일 수 있을 것입니다.

그러나 이들은 모두가 손에 토막 칼 한 개도 가지지 못하였으니 맨손으로 사나운 범을 치기는 매우 어려운 일입니다. 장사들은 배부르게 먹어야만 기력을 발휘할 수 있는 것입니다. 그러나 병란을 겪은 지방에서는 군량 한 되를 얻기가 힘들게 되었으니 모든 일을 이루기가 힘들 뿐만 아니라 나라를 위하여 왜적을 토벌하고자 하는 소원을 이루지 못하게 될까 두렵습니다.

그런데 오직 바닷가에는 군기(軍器)와 군량(軍糧)이 쓸모없이 많이 쌓여 있을 줄로 생각합니다. 여러분들은 잘 생각하여서 각자의 힘이 닿는 대로 활과 화살과 창과 곡식 등을 우리 의병이 진군하는 곳에다가 수송하여 주십시오. 소수를 모아서 다수를 이루는 것입니다.

우리 장사(壯士)들은 자신을 갖고 가는 곳마다 효과적으로 이 왜적을 쳐부술 것입니다. 호남 의병들의 움직임은 실로 주현(州縣)의 보조 역할이 큽니다. 여러분은 더욱 힘껏 도와주시어 이 왜적을 격멸시키도록 하는 것이 어떠합니까? 또 읍내에서는 부호(富戶)들이 나라를 위하여 서로 재물을 바치면서 군병들의 흥기(興期)에 수급(受給)하기를 마치 호남(湖南)의 의민(義民)들과 같이 하고 있습니다. 여러분은 널리 권고(勸告)해서 양곡을 내는 수량에 따라 그 명부(名簿)를 작성하여 보내 주시면 그 수량을 따져서 자급(資級) 별로 후히 보수하는 국가의 은혜가 있을 것입니다.

나는 하나의 서생(書生)으로서 이러한 계책을 발표하는 것은 본의(本意)에 어긋나는 듯하오나, 이 왜적의 극심한 난동(亂動)이 평정(平定)되지 않으면 우리는 상하가 모두 편안할 날이 없을 것입니다. 그러면 생령(生靈)이 모두 어육(魚肉)이 되어 버리고 예의(禮義)의 나라가 오랑캐의 지경(地境)이 될까 두렵습니다. 그러므로 나는 의사(義

士)들의 도움을 얻어 평생의 힘을 다해볼 생각이오니 여러분도 여기에 다 같이 분개할 줄로 믿습니다.

왜적의 수중에 들어간 지방에서는 군량과 무기를 구할 수 없으니 호서의 각 고을에 지원을 요청한 것이다. 호남지방의 의병들은 지원이 잘 이루어져서 의병 활동에 큰 도움이 되고 있다는 점을 강조했다 당시 호남 의병의 규모가 비교적 큰 이유도 이러한 군수지원이 원활했기 때문에 가능했다. 조헌은 충청도 지방에서도 이와 같이 의병들이 활동할 수 있도록 힘을 모아 줄 것을 간곡히 호소한다. 기병과 더불어 의병의 활동을 유지하기 위한 절절함으로 가득하다.

조헌은 호서의 백성들은 물론 관군에게도 지원을 요청했다. 관군에게 우선 한 달분의 군량을 요청하였는데, 다행히 순찰사가 6백 석의 군량미를 허락은 하였으나 현품이 없어 확보할 수가 없었다. 그는 충청도 수군절도사(忠淸道水軍節度使) 변양걸(邊良傑, 1546~1610)에게도 서신으로 지원을 요청했다. 변양걸은 1572년 무과에 급제한 사람으로 작년에 충청도 수군절도사로 부임했다. 그에게 편지를 보내 다음과 같이 물자 지원을 호소한다.

여호서수군변절도(與湖西水軍邊節度) 양걸(良桀)

저번 옥천(沃川)에 순찰(巡察)하러 오시던 날에는 일이 있어 밖에 나갔기 때문에 뵈지 못하고 다만 깃발만 바라보며 생각할 뿐이었습니다.

 이제 때는 늦여름 찌는 듯한 무더운 날씨에 존후(尊候)가 어떠하온지요? 극심한 적란(賊亂)은 평정하지 못하였는데 벌써 군량이 없어 근심을 하게 되니 적을 토벌(討伐)하고 난을 평정할 계책은 어떤 방법으로 하여야 할지 모르겠습니다. 오직 충성하고 의리 있는 군사를 모집하여 가지고 온 힘을 다해 싸워서 적을 영구히 징계한 뒤에야 백성은 편히 살 수 있을 것입니다. 나의 게으르고 약한 자질(資質)은 참으로 보잘것 없으나, 임금께서는 서쪽으로 피난하셨고 적병들이 노략질을 하고 있으니, 가슴속에 늘 죽음을 각오하고 먼저 적의 주둔지에 올라가서 그 장수(將帥)의 목을 베려고 합니다.

 요즈음 호서지방의 충의(忠毅)로운 군사들은 활과 칼과 장대를 가지고 임금이 계신 곳으로 달려가서 호위하려 하니 이 훌륭한 뜻을 져버릴 수 없을 것입니다.

 그러나 육로는 막힌 곳이 많아서 전진하기가 어렵고 또, 새로 모집한 의사들은 단 한 사람도 무기를 가지지 않았으니 적병을 대적하기 어렵습니다. 또 황계(黃溪)로부터 상산(常山)까지의 가옥(家屋)들은 병란으로 말미암아 산산조각이 되었으니 군량을 얻기가 매우 어렵습니다. 그러니 절하께서는 마땅히 돕고 권장해 주시어서 여러 의사들의 소원을 이루도록 하여야 하겠습니다.

 이 왜적이 혹 연백(延白)을 넘어서 평양(平壤)으로 향하여 간다면, 거느리고 있는 수군(水軍)을 격려하여 의병을 성원하도록 하면 왕성(王城)의 수비도 튼튼하여 적이 침범하기 어려울 것이며, 또한 깊숙이 들어온 적병도 점차로 부서지고 말 것입니다. 그러하면 영공(令公)께서는 평일에 나라에 허락하여 준 마음이 또한 난(難)에 임하는 오늘날에 명백하여질 것입니다.

 호남 의병들은 각 고을마다 군수품(軍需品)이 완비되어 있으므로 일 년은 지탱할 수 있을 것입니다. 그러나 이곳의 의민(義民)들은 충의(忠義)의 마음만 있을 뿐 적은 물품의 도움마저 없으니 근왕(勤王)의 일이 급박하지만 도무지 계책이 없습니다. 어찌하면 좋겠습니까? 할 수 없이 영감께 이 글월을 드리니 살펴주시기를 엎드려 바랍니다.
유월 십칠일에 헌(憲)은 배(拜)합니다.

편지의 내용에서 기병 초기 중봉 의병의 실정을 조금이나마 엿볼 수 있다. 조헌은 "새로 모집한 의사들은 단 한 사람도 무기(軍器)를 갖추지 못했으니 적병과 싸우기가 어렵습니다. 또한 황계(黃溪)로부터 상산(常山)까지의 가옥(家屋)들은 병란으로 말미암아 산산조각이 되었으니 군량을 얻기가 매우 어렵습니다."라고 어려움을 호소했다.

이러한 어려움을 극복하기 위해 가능한 수단을 모두 동원하여 백방으로 노력하였음을 짐작할 수 있다. 의병이 먹을 양식이 확보되지 않는다면 애써 이룬 기병의 꿈도 모두 허사가 될 수밖에 없으니 큰 걱정이 아닐 수 없었다. 이후 충청도 수군절도사 변양걸이 물자를 지원했다는 말은 어디에서도 찾아볼 수 없음을 미루어 볼 때에 그가 조헌의 요청에 응하지 않은 것으로 추정된다. 그럼에도 중봉 의병이 활동할 수 있었던 것은 의병에 가담한 인물들의 헌신적인 노력과 백성들의 도움으로 의병이 활동할 수 있었다.

7월 4일 공주에서 기병제를 지내고 청주성으로 출동할 때까지 20여 일간의 시간도 무기와 군량 확보에 진력한 기간이었다는 것을 알 수 있다.

10. 충청우도에서 순무(巡撫)활동 전개

 공주에서 기의시제(起義時祭)를 지낸 조헌은 의병부대를 나누어 온양, 정산, 홍주 등지를 돌며 충청우도 일대에서 백성들을 위로하고 안정시키는 순무(巡撫)활동을 전개한다. 군사적으로 위력시위(威力示威)라고 할 수 있다. 군대의 위용을 갖춘 중봉 의병이 대오를 갖추고 무력을 과시하여 적에게는 심리적 위협이 되고 백성들에게는 신뢰와 안정을 주는 것이다. 이러한 위력시위는 현대전에서도 작전의 한 형태로 수행하는 전술이다. 조헌 의병장은 이러한 순무(巡撫)활동을 통해서 얻고자 하는 목적이 있었다.

 하나는 민심의 안정이었다. 왜적이 북쪽 변방까지 쳐들어갔고, 임금은 한양을 버리고 의주 국경까지 피난하는 마당에 민심은 극도로 흉흉해지고 사회는 몹시 불안했다. 다행스럽게 충청우도는 왜적의 세력에서 벗어나 있었으나 민심이 불안하기는 온 나라가 마찬가지였다. 비록 정식 군대도 아니고 무기도 보잘것없지만, 관군이 제 역할을 하지 못하는 상황에서 적을 상대로 맞서 싸울 수 있는 의병이 곁에 있다는 것만으로도 백성들에게는 큰 위안이 되었다. 이러한 활동은 반드시 적에게 알려질 것이고, 그들에게 큰 위협이 되어서 함부로 행동할 수 없게 하는 심리적 효과도 얻을 수 있는 것이다. 이러한 순무(巡撫)활동의 전개로 민심은 안정되고 백성들로부터 많은 호응을 받을 수 있었다.

 또 하나는 부족한 무기와 물자를 지원받는 일이었다. 당시 의병은 병력과 물자 등 모든 것을 백성들의 자발적인 지원에 기댈 수밖에 없는 실정이었다. 관군의 지원을 전혀 받지 못하는 상황에서 중봉 의병이 당장 필요로 하는 무기와 물자는 모두 자비가 아니면 백성들의 지원에 의존해야 했다. 조헌이 의병을 조직하고 기의시제를 지냈으나 아직도 지역 내에서 머뭇거리고 있는 것은 부족한 무기와 물자 때문이었다. 이러한 상황에서 중봉 의병의 순무(巡撫)활동은 꼭 필요한 활동이었을 것이다.

조헌 선생이 기병 후에 이와 같이 민심을 안정시키고 무기와 물자획득에 동분서주하면서, 한편으로는 장차 왜적을 토벌하고 임금이 있는 행궁으로 근왕을 갈 준비를 했다. 이를 위해서 왜적의 동향을 끊임없이 파악하고, 관군과 인접 지역의 의병장과도 긴밀한 연락을 취하며 정세를 살피고 있었다.

이 시기에 장차 조헌과 연관 되는 인물이 있다. 승려 영규(靈圭)이다. 영규가 승병을 일으킨 시기는 대체로 중봉 의병과 비슷한 시기로 추정된다. 그는 공주 갑사(甲寺) 청련암(青蓮庵)에 있었다. 기록으로는 조헌과 청주성 전투에서 처음 만난다. 그리고 금산 전투까지 함께하고 공주로 피신해서 순절한다. 영규를 발탁한 것은 여러 설이 있으나 선조수정실록에 공주목사 허욱이 불러서 승병을 모아 조헌을 도우라고 명령한 기록이 있다.

공주 목사는 허욱(許頊, 1584~1618)은 본관이 양천(陽川), 자는 공신(公慎), 호는 부훤(負暄)이며 대사헌 흡(洽)의 손자이다. 임진왜란이 나기 전 해에 공주 목사로 부임하여 중봉 의병의 청주성 전투를 적극 지원했고 다음에 충청도 순찰사(巡察使)가 된다.

선조수정실록 25년(1592년) 8월 1일 자 "승려 영규에게 지중추부사(知中樞府事)를 추증하다"라는 기사에 영규가 승병을 일으킨 과정에 대하여 다음과 같이 기록하고 있다.

> 승려 영규(靈圭)는 당초 공주 산사(山寺)에 있었는데, 목사 허욱(許頊)이 불러 승장(僧將)을 삼았으나 하려 하지 않다가 강권한 뒤에야 응하였다. 일단 무리를 모아 군대를 만들고 나서는 조헌만을 따라 진퇴하였다. 사람됨이 강건하고 키가 보통 사람의 갑절이나 되었으며 지략과 계책이 있고 많은 무리를 잘 부렸다.

영규가 승병을 모아 왜적을 토벌하는데 나섰다. 그가 순절한 후에 당상관인 지중추부사를 추증한 것은 전례에 없던 파격적인 일이었다. 그는 용모가 특출하고 무예가 남달랐고 기록하고 있다. 공주 목사 허욱(許頊)이 그를 불러서 승장을 삼을 정도의 인물이었다.

영규는 승병을 규합하여 군대를 만든 뒤로는 처음부터 마지막 금산 전투에 이르기까지 오직 조헌을 따라 함께 행동했다.

11. 청주성으로 진군

4월 중순에 부산포로 상륙한 왜군이 3개의 대로를 따라 북상했다. 서로(西路)에는 구로다 나가사마(黑田長政)가 이끄는 제3군이 김해-성주-김천-추풍령-황간-보은에 이르는 통로를 따라 공격했다. 청주목(淸州牧)은 제3군의 한양에 이르는 공격로에서 반드시 거쳐야 하는 큰 고을이었다. 왜군이 청주를 점령하고 진천-죽산을 거쳐서 한양으로 진격하면서 병력의 일부를 청주에 주둔시켜 이를 확보하도록 했다.

5월 중순, 조선을 침략한 왜군은 공격부대를 재배치한다. 한양에 도착한 왜군 총대장 우끼다(宇喜多秀家)는 제1군을 평안도 방향으로, 제2군은 함경도 방향으로 북진을 계속하도록 하고, 제3군은 제1군을 제4군은 제2군을 지원하는 새로운 임무를 부여했다.

그리고 6월 3일에 전반적인 부대 지휘체계를 개편한다. 제1, 2, 8군을 제외하고는 도별로 분지(分地)하여 경상도에 모리(毛利輝元), 전라도에 고바야가와(小早川隆景), 충청도에 후쿠시마(福島正則), 경기도에 우키다(宇喜多秀家), 강원도에 모리(毛利吉成), 황해도에 구로다(黑田長政), 평안도에 고니시(小西行長), 함경도에 가토오(加藤淸正)를 배치하여 해당 지역에 군정을 실시하고 현물 납세를 받게 하였다.

조헌은 충청우도에서 청주성이 왜적의 수중에 들어갔다는 소식을 듣게 된다. 이때 중봉 의병은 홍주(洪州-홍성)를 비롯한 온양, 청양 등지에서 무기와 식량을 확보하고 민심을 안정시키는 활동을 전개하고 있었다. 공주 용당에서 출정식(기의시제)을 지낸 이후로 약 보름 남짓한 시간을 지체한 것도 부족한 무기와 식량이 확보하기 위해서였다. 청주성이 함락되었다는 소식을 들은 조헌은, 목적한 근왕에 앞서 청주성을 먼저 공격하기로 하고 의병을 이끌고 기동을 시작한다. 중봉 의병이 형강(荊江-청원 문의 대청 땜 부근의 금강)부근 회덕(懷德)에 도착한 것은 7월 29일이었다.

그때 고경명(高敬命, 1533~1592)이 이끄는 전라도 의병이 금산에서 왜적과 싸우다가 괴멸되고 의병장도 순절했다는 소식을 듣는다. 고경명 의병이 근왕(勤王)을 하기 위해서 전라방어사 곽영(郭嶸)의 관군과 북상 중에 있었다. 이동 중에 계획을 바꿔 전라도에 침입하려는 금산성의 왜적을 먼저 격멸하고자 관군과 협력하에 공격한다. 이 전투 중에 적의 선제공격을 받은 의병진영이 분산되고, 방어사 곽영의 관군마저 사력을 다해 싸우기를 포기하고 후퇴하게 되자, 동요가 일어나서 괴멸되고 말았다. 이것이 지난 7월 10일에 있었던 전투였다.

고경명과는 일찍이 형강(荊江)을 건너 금산의 적을 함께 토벌하기로 약조를 한 바가 있었다. 그의 순절 소식에 조헌은 지난날의 약속을 떠올리며 슬픔을 감추지 못했다. 의병을 이끌고 형강(금강)을 건너며 고경명의 순절을 안타까워하는 추모시를 짓는다.

師渡荊江 有懷高而順
군대가 형강을 건널 때 고이순을 그리워하며

東土貔貅百萬師 동녘 땅 용맹스러운 백만 정병이
如何無術濟艱危 어찌하여 위난을 구제할 수 없단 말인가
荊江有約人河去 형강에서 기약한 사람은 어디로 갔는지
不耐秋風擊楫時 가을바람 노를 치며 혼자 건너가누나

중봉 의병은 회덕에서 문의를 거쳐 청주로 향했다. 이동 중에 중간에서 청주에서 왜적에게 패퇴하고 달아난 청주 방어사 이옥(李沃)을 만났다. 왜군이 청주를 점령하자 방어사 이옥(李沃)과 조방장 윤경기

(尹慶祺)가 지휘하는 관군은 제대로 싸워보지도 못하고 잇달아 무너져 도망쳐 나온 것이다. 그는 500여 명의 관군을 거느리고 있었다. 조헌은 이옥을 나무라며 다시 청주로 진군할 것을 재촉했다.

12. 양산숙이 조헌의 기병 사실을 아뢰다

7월 27일, 조헌이 홍주에서 의병을 이끌고 청주로 향할 무렵이다. 이때 의주(義州) 행궁(行宮)에서는 의병장 김천일(金千鎰, 1537~1593)이 보낸 유생 양산숙(梁山璹)과 곽현(郭賢)이 선조를 알현하고 있었다. 양산숙과 곽현은 김천일의 참모들이다. 수원부사(水原府使)를 지낸 김천일은 5월에 나주에서 기병하여 경기도 지역으로 이동해서 활동하고 있었다. 김천일이 임금에게 의병 활동과 지역 내의 사정을 보고하기 위해서 그들을 의주로 보낸 것이다.

김천일을 비롯한 양산숙, 곽현 등은 모두 조헌과 교분이 있는 사이였다. 김천일이 의병을 이끌고 수원으로 이동할 때 잠시 조헌과 만나 호서지역 의병에 관한 의견을 나눈 바가 있었다. 양산숙은 우계 성혼(成渾)의 제자로 나주에 살았다. 그는 조헌이 함경도 길주 영동역에 유배되었을 때 귀양에서 풀어줘야 한다는 상소를 올리기도 했다.

양산숙과 곽현이 적진을 통과하며 낮에는 숨고 밤에는 길을 달려 어렵게 의주까지 왔다. 그때 두 사람이 황해도(黃海道)와 평안도(平安道) 지방을 지나며 겪은 이야기이다.

가는 곳마다 비록 촌부(村夫) 촌로(村老)라도 반드시 중봉 조헌의 소식을 묻는 것이었다. 조헌이 의병을 일으켰다는 대답을 들고서는 모든 사람이 '이제 조헌이 기병을 했으니 어찌 난을 평정하지 못한다고 걱정하랴' 하고 굳게 믿고 있는 것이었다. 백성들은 조헌(趙憲)이 응당 의병을 일으켜서 왜적을 토벌할 것으로 생각했다고 한다. 등에 도끼를 메고 대궐에 들어가 상소를 한 충신인 조헌이 의병을 일으켰다는 말을 듣고는 서로 탄복하기를 이제 우리들은 살았다고 했다. 이는 양산숙과 곽현이 직접 보고 들은 일들을 기록한 것이다. 그들은 중봉이 일세(一世)에 용납되지 못했는데도, 도리어 무식하고 천한 노예들까지도 그를 잘 알고 있음은 무슨 일인가? 기이하고도 기이하다고 기록했다.

양산숙과 곽현이 선조에게
"김천일(金千鎰)이 의병을 일으켜 전라병사(全羅兵使) 최원(崔遠)과 군사를 모아 수원에 당도했고, 조헌(趙憲)과 고경명(高敬命)도 의병을 일으켜서 적을 토벌하고 있습니다."
라고 아뢰었다. 이에 선조는
"내 부덕(不德)한 죄로 너희들이 산을 넘고 물을 건너 천 리 길의 적중(敵中)을 뚫고 찾아왔으니 부끄러워 무슨 말을 하랴."
라고 위로했다. 또, 양산숙은
"김천일이 거느린 군병 중에 정용(精勇)된 자가 많기는 하나, 반 이상이 유생들로 오로지 충성과 의분으로 일어섰을 뿐 성패는 천운에 맡기고 있습니다."
하고 아뢰니, 왕은 눈물을 흘리며

"충의가 물결치는 곳에 무슨 일인들 성공치 못하겠는가."
라고 말했다. 이어서 곽현이 아뢰기를

"신은 본래 조헌과 우의가 돈독했습니다. 거사한 뒤에 헌(憲)이 말하기를 근자에 천문(天文)을 보니, 우리나라는 멸망의 비운이 없으니 필경에는 왜적이 뜻을 이루지 못하고 물러가리라고 합니다."

그러자 왕이 기쁜 얼굴로 반문했다.

"그것이 조헌의 말이냐?"

이에 곽현이 또, 아뢰기를

"기축년(己丑年, 선조 22년)에 조헌이 북도(北道)에 귀양 가 있으면서 역변(逆變-정여립 사건)이 일어날 것을 미리 알았고 또, 신미년(辛未年逆-왜란 전년)에 나라에 큰 변란이 있을 것이라고 분명히 말한 바가 있으니, 천문을 관찰한 것이 들어맞을 것입니다."
라고 아뢰자, 왕은

"그의 말이 이렇듯 부합되느냐?"

하며 매우 기뻐하였다.

선조는 양산숙에게 공조좌랑(工曹佐郞), 곽현에게는 사축서 사축(司畜署司畜)의 벼슬을 내렸다. 그리고 김천일을 판결사(判決事)로 삼아 창의사(倡義使)라 부르게 하고, 고경명도 초토사(招討使)라 칭하게 하였으며, 영호남 의병장들에게 교서(敎書)를 내렸다.

이 교서는 조헌에 전달되지 않았는데, 8월 15일에 봉상시첨정(奉常寺僉正)을 제수하는 교서에서 선조는 "전에 내린 교서를 받아보았느냐?"라고 하문한 내용이 있다. 이러한 사실들을 살펴보면, 선조가 조헌의 기병을 양산숙 일행에게서 처음 듣게 된 것으로 보인다.

13. 청주성을 탈환하라

청주성에는 방어사 이옥(李沃)이 패퇴하고 물러나자, 공주에서 기병한 영규(靈圭)의 승병만이 적과 외롭게 대치하고 있었다. 7월 그믐날, 조헌이 의병을 이끌고 청주에 도착했다. 당시 청주성에는 왜군 하치스카 이에마사(蜂須賀家政)가 지휘하는 병력이 점령하고 있었다. 청주는 추풍령을 넘어서 한양으로 이어지는 교통의 중심 고을이다. 청주에서 한양으로 가는 길은 두 갈래로 나눠진다. 한 갈래는 청주-진천-죽산-용인-판교로 가거나, 죽산에서 이천-광주를 거쳐 한양에 이른다. 또, 한 갈래는 청주에서 목천-천안을 거쳐 가는 길이다. 청주는 한양과 가깝고, 영남·호남으로도 바로 이어지는 교통의 요지였다. 국토의 중앙에 위치한 청주는 군사적으로 매우 중요했다. 북으로 진출한 왜군에 보급지원의 중간기지 역할과 충청우도와 호남지역 진출에도 용이했다.

아직 왜군은 호서와 호남 두 지방을 점령하지 못하고 있었다. 일본의 최초 출병 목적이 명나라 정복에 있었으나, 점차 군량 확보와 물자의 보급이 가장 큰 문제가 되었다. 이를 위해 조선 8도에 병력을 나누어 배치하고 세금을 거둬들이도록 지시하는 한편, 곡창지대인 호남 공격을 기도하고 있었다. 그만큼 군량 확보가 시급한 상황이었다. 지난 5월부터 창원에 주둔하던 안코쿠치(安国寺惠瓊)에게 전라도 공격을 명령했으나 의병에 의해 저지되어 호남으로 진입하지는 못했다.

전략회의도

　청주성은 석축으로 쌓았고 성루에 오르면 사방이 한눈에 들어왔다. 동·서·남·북으로 4개의 성문이 있는데, 서·남·북 3문은 홍예문(虹霓門-돌을 쌓아 상단이 무지개 모양으로 축조된 문)과 문루(門樓-성문 위에 멀리 보기 위해 지은 집)가 갖추어져 있으나 동문에는 문루가 없었다. 서문 밖에는 성벽을 따라 석교천(石交川-무심천)이 흐르고 있어서 공자(攻者)에게는 불리한 조건이었다. 그러나 하천을 연해서 우거진 숲은 군사들의 은밀한 행동을 가능하게 해주었다.

　청주에 도착한 조헌은 서문 밖에서 영규의 승병부대와 만났다. 의병부대는 성안을 내려다보기에 유리한 사직산(社稷山) 부근의 높은 지형을 점령했다. 적의 사정을 잘 알고 있는 영규로부터 청주성의 상황을 듣고는 곧 공격을 위한 작전회의가 시작되었다. 청주성 전투는 중봉 의병, 영규의 승병, 이옥의 관군이 협력하여 실시된 합동작전이다. 이 전투의 가장 큰 특징은 관군에 의해 주도된 것이 아니라 중봉 의병이 주축이 되어 실시된 작전이라는 것이다. 전투에 참여한 전투력은 대략 중봉 의병이 약 1,600여 명, 승병이 약 600~800명, 이옥의 관군 500명으로 모두 약 3,000명 정도로 추정된다.

이와 같이 다양한 전투력이 서로 합동하여 전투를 수행한다는 것은 결코 쉬운 일은 아닐 것이다. 승장 영규는 공주에서 수백 명의 승려를 규합하여 기병했다. 방어사 이옥은 현직의 장수이다. 이처럼 다양한 조직들은 자칫 갈등과 대립의 요건을 충분히 포함하고 있었다. 공격 준비는 빠르고 차분히 진행되었다.

남문은 청주성의 4개 성문 가운데 가장 규모가 크고 웅장했다. 남문에서 북문에 이르기까지 직선 길이 곧게 뻗어있었다. 성을 방어하는 왜적의 방비는 자연히 남문에 주안을 두었고 석교천이 인접한 서문은 비교적 취약한 부분이 있었다. 하천이 공자에게 장애가 될 수 있었으나, 주변의 무성한 숲은 군사들의 은신에 유리하다.

이러한 조건에서 청주성을 공격하는 전투는 병력을 어떻게 운용하여 수행되었을까?

주장인 조헌 선생은 병법에 해박한 지식을 가지고 있었다. 임진란 전 해에 올린 청참왜사소(請斬倭使疏)의 별지로 올린 영호남비왜지책(嶺湖南備倭之策)은 상세하고 구체적인 조선 방어계획이었다. 왜적이 부산포로 상륙하고 한양을 점령하기까지의 침공작전은 대부분 그의 예견한 바와 같이 그대로 진행되었다.

청주성 전투에 대한 세부적인 기록은 남아있지 않다. 그러나 문헌에 나타난 주요 내용을 기초로 전투의 전반적인 진행 과정을 다음과 같이 구성해 본다.

이번 청주전투에서 공성(攻城)의 주력 지점을 서문(西門)에 두었다는 것은 여러 기록에 있다. 대체로 성을 돌파하기 위한 주력부대는 서문에서 운용하고, 나머지 3개의 성문에는 적을 견제하고 기만하는 작전을 수행할 수 있도록 적정규모의 병력을 운용하는 전술이 구사되었을 것이다. 서문과 남문은 의병과 의승군이 담당하고 북문과 동문은 이옥의 관군을 배치하여 적을 견제시키도록 계획하였다. 조헌 의병장이 서문에서 북채를 잡고 전투를 지휘한다.

의병들의 전투의지는 매우 높았다. 왜적을 토벌하기 위해 스스로 참여한 의병들이기 때문에 적에 대한 복수심으로 가득했다. 무인 출신은 갑옷을 입고 사인(士人) 출신은 각양각색의 복장들이었다. 의병과 승병들은 낫과 도끼, 큰 몽둥이를 들기도 했다. 비록 훈련은 되지 않았으나 모두가 비장한 각오로 전투에 임했다.

관군의 합동부대는 다음날인 8월 1일 새벽을 기해 공격하기로 하였다. 중봉 의병은 이미 병력을 10여 대(隊)의 편대로 조직하여 유능한 무인으로 지휘관으로 임명해 놓았다. 청주성을 공격하기 위해서 다시 3~4개 편대를 하나의 공격 제대로 하는 수 개 제대를 편성하여 지휘체계를 확립하고 제대별로 임무를 부여했다.

8월 초하루 새벽, 용맹을 자랑하는 중봉 의병의 척후대장 임정식이 먼저 출동했다. 그가 30여 명의 척후대를 지휘하여 은밀히 서문 가까이 접근하여 적정을 살피는 활동을 하고 있었다. 의병들은 숲을 이용해 활을 쏠 수 있는 곳까지 접근해 몸을 숨기고 공격 명령을 기다렸다. 서서히 날이 밝아 오자 척후대를 발견한 왜군이 활동하는 의병의 병력이 많지 않음을 탐지하고 수십 명이 성문을 열고 나와 조총을 쏘면서 공격을 감행해 왔다. 의병들이 활을 쏘고 공격하자 반나체의 왜적들이 비명을 지르며 쓰러졌다. 이때 성안에서 수많은 지원군이 쏟아져 나왔다.

이때를 놓치지 않은 조헌 의병장은 북을 울리며 공격을 명령했다. 숲속에서 뛰쳐나온 의병들은 함성과 함께 일제히 성문을 향해 공격을 감행하였다. 독전하는 북소리와 의병들의 함성으로 천지를 진동하며 다른 성문의 의병과 관군들에게도 전달되었다. 이것이 공격 신호가 되어 청주성 일대는 의병들의 함성으로 가득했다. 서문의 의병들은 신속히 성곽으로 접근하며 적을 무찔렀다. 왜적은 조총을 쏘고 칼을 휘두르며 대항해 왔다. 피·아가 맞서는 치열한 접전이 계속되었고, 시간이 갈수록 죽기를 각오하고 공격하는 의병의 기세를 감당하지 못한 왜군이 사체와 부상자를 두고 도망치기 시작했다.

이날 날씨가 무척 더워서 공격하는 의병도 옷을 훌렁 벗고 적을 쫓는 사람도 있었다. 이를 본 조헌이 큰소리로 "가죽 갑옷 위에 옷을 입어라." 하고 외치자, 한순간 의병들이 일제히 웃음꽃을 피우기도 했다고 한다. 드디어 의병의 기세에 왜군은 황겁히 성안으로 도망쳐 문을 닫았다.

왜군이 물러서자 의병은 잠시 공격을 멈추고 사상자들을 수습하기 시작했다. 다행히 피해가 크지는 않았고 일단 병력을 철수시켜 재차 공격할 준비를 갖추도록 지시했다.

　오후가 되자, 조헌은 2차 공격을 명령하였다. 이번 작전은 서문을 공격하면서 아울러 성벽의 약한 부분을 넘어 성안으로 진입하는 좀 더 적극적인 전투를 계획하였다. 이미 접근할 공격지점을 정찰해 두었고 충분한 성공 가능성이 있었다. 성곽 가까이 접근한 의병들은 선두 제대를 앞세워 공격이 재개되었다. 다른 성문에서도 동시에 공격이 재개되었고, 적은 조총과 활을 쏘며 저항해 왔다. 피아의 치열한 전투 끝에 드디어 의병들이 성을 오르기 시작했고, 조헌 의병대장의 독전하는 북소리는 더욱 높아져 갔다. 적의 기세도 만만치 않았으나, 드디어 서문의 문루(門樓)를 확보하자 조헌 의병장이 문루에 올라 북을 치며 전투를 지휘했다.
　그 무렵이었다. 이제 막 의병들이 성안으로 진입하려는 순간이었다. 갑자기 서쪽 하늘에서 검은 구름이 서서히 밀려들기 시작했다. 거센 비바람까지 불기 시작하더니 드디어 비가 내리기 시작한다. 순식간에 거센 비바람과 억센 빗줄기가 몰아쳤다. 군사들은 흠뻑 젖었고 한기(寒氣)에 떨었다. 하늘을 뒤덮은 검은 구름으로 낮이 밤처럼 어두워지더니 앞을 분간할 수 없을 정도였다. 성곽을 오르던 공격부대는 더는 공격이 불가능하게 되었다. 이를 바라보던 조헌이 탄식하기를
　"옛사람의 말에 성공과 실패는 하늘에 달렸다고 하더니 과연 그러하구나."
　하고는 징을 쳐서 군사들을 후퇴시켰다. 원수를 토벌할 절호의 기회를 눈앞에 두고 물러나는 심정이 안타까워 땅을 쳤으나 하늘이 돕지

않으니 어찌할 수가 없었다. 저녁 무렵이 되어서 비는 그쳤으나 이미, 적은 성문을 굳게 닫고 꼼짝도 하지 않았다.

조헌은 관군과 승병의 수장과 참모들과 차후 행동을 논의하였다. 전열을 가다듬어서 내일 새벽에 다시 공격을 재개하기로 하였다. 조헌은 각 부대에 적의 동태를 계속 감시하도록 지시하고, 북문을 담당하는 방어사 이옥(李沃)에게는 특별히 당부를 해서 적이 어둠을 틈타 도주하지 못하도록 매복을 세워 철저히 감시하도록 했다. 성안에는 밤새도록 불빛이 요란하고 깃발들이 무수히 나부꼈다.

8월 2일 새벽, 공격을 재개하기 위한 준비가 한창일 때였다. 적중(敵中)에서 나온 한 여인이 조헌을 찾아와서 고하기를

"왜적의 무리가 이쪽 군대의 상태를 바라보고 크게 놀라 얼굴빛이 변하면서 '이 의병들은 죽음을 무릅쓰고 죽기 직전에도 조금도 꺾이는 기세가 없으니 더불어 싸워서는 안 되겠다.' 하고는 이에 화톳불을 피우고, 깃발을 세워 병졸이 있는 것과 같이 가장하고 시체를 모두 태워 버린 뒤에 이미 진영을 버리고 밤새 도망갔습니다."
라고 성안의 사정을 알려주었다.

이에 혹시 적의 계략이 아닌지 의심하여 서쪽 산으로 사람을 보내 성안을 살피게 하니 적의 움직임이 전혀 없었다. 조헌이 의병을 이끌고 성안으로 진입하였으나 적의 반응은 전혀 없고 쥐 죽은 듯 고요했다. 그 여인의 말대로 이미 적들은 도주한 것이었다. 이러한 상황을 예견하고 이옥(李沃)으로 하여금 북문에 관군을 매복하여 적의 도주를 방해하도록 당부하였으나, 이옥은 이를 두려워하여 시행하지 않음으

로써 적을 도주하게 놓아둔 것이었다. 이를 알게 된 사람들은 이옥을 원망하지 않은 이가 없었다. 이로써 청주성은 의병과 승병 그리고 관군의 합동작전으로 적으로부터 되찾게 되었다.

청주성 탈환도

이때 성안에는 수만 석의 곡식이 있었다. 왜적은 손도 대지 못하고 성을 도망쳤다. 조헌이 방어사 이옥에게 말했다.

"이 곡식을 나누어 어려운 백성들을 구원하고, 소와 말 수백 마리는 각 마을에 나누어주어 농사를 짓는데 대비하도록 하자."

고 말했다. 그러나 이옥은 자기의 전공(戰功)이 없는 것을 부끄러워한 나머지

"이미 순찰사와 의논했는데 여기에 머무를 수가 없다고 결정이 났다. 그러므로 이 곡식을 그대로 두었다가는 왜적이 다시 점거했을 때

밑천으로 삼도록 할 수는 없다."

하고는 곡식을 모두 불사르고 가버렸다. 조헌이 돌아와 보니 거친 쌀 몇 가마니만 남아있을 뿐이었다.

청주성 탈환은 전략적으로 충청과 전라지역으로 진출하려던 적의 거점을 빼앗았고, 전국에서 어렵게 싸우는 의병과 관군의 전투의지를 북돋고 백성들에게는 안도감과 희망을 안겨준 역사에 길이 기억될 승리의 전투였다.

14. 청주전투 승전 후 선조에게 올린 장계

조헌은 그동안 기병한 사실과 활동 상항을 임금께 아뢰지 못했다. 적의 진격에 따라 행궁의 이동은 빈번했고 적진을 뚫고 가는 먼 길을 가는 것도 쉽지 않았다. 선조가 잠시 개성에 머물다가 5월 3일에 다시 평양으로 파천했다. 임진강전투의 패보(敗報)가 전해지고 왜적이 개성까지 진입하자 다시 영변으로의 이동을 결정한다. 6월 15일 평양이 점령되고 6월 22일 국경 부근의 의주(義州)까지 피난했다.

조헌이 전승업(全承業)을 불렀다. 의주 행궁으로 청주성 전투에 대한 장계를 올리려는 것이다. 전승업으로 하여금 의주 행궁을 다녀오는 임무를 맡기면서 종사관 곽현(郭賢), 아들 완도(完堵)를 수행하도록 했다. 행궁이 있는 의주까지는 적중(敵中) 지나야 하는 멀고도 험난한 길이었다. 그리하여 보다 안전하고 빠른 배를 이용하도록 했다.

그런데 이때 청주성 싸움의 결과를 보고한 "청주파적후장계(淸州破敵後狀啓)" 본문이 따로 있었을까? 이 부분에 대한 의문과 그 내용이 궁금하다. 지금 남아있는 것은 청주파적후장계별지(淸州破敵後狀啓別紙)로 그 내용도 청주성 전투에 관한 사항이 아니라 의병과 관군의 갈등, 그리고 관군의 전장에 임하는 실상을 보고하는 내용이다. 이 장계의 별지를 통해서 당시 관군의 실태를 조명해 볼 수 있는 것은 다행이다.

> 청주파적후장계별지(淸州破敵後狀啓別紙)
> (壬辰 八월 初 一일)

신이 듣건대 천하의 형세는 합하면 강하고 흩어지면 약하므로 전쟁을 잘하는 장수는 적은 수의 적을 공격할 때는 일부의 군대로써 하지만, 많은 수의 적을 공격할 때는 반드시 합공(合攻)함으로써 승리를 가져옵니다. 이것이 필연의 이치인가 합니다.

전라의병장(全羅義兵將) 고경명(高敬命)은 순찰사(巡察使) 이광(李洸)이 왜적을 몹시 두려워하여 머뭇거리고 싸우지 않는 것을 보고 크게 노해서 격문(檄文) 가운데에 그 죄상을 모조리 들어서 말하였고, 또 의병을 모집함에 있어서도 관군(官軍)을 많이 모았다 하였으므로 이광(李洸)이 이것으로 원한을 품고 있었습니다.

그리하여 고경명이 금산(錦山)의 왜적과 싸울 때도 (이광은) 도와주지 아니하였으며 방어사(防禦使) 곽영(郭嶸)도 고경명이 이틀 동안 힘을 다하여 싸울 때도 앉아서 보고만 있고 구원하지 아니함으로써 패하여 죽게 되었습니다. 이는 결국 군사(軍師)의 일을 맡은 관헌이 죽인 셈이오니 나라에 군율(軍律)이 있을진대 이광(李洸)과 곽영(郭嶸)의 죄는 모두 목을 베어 죽여야 마땅합니다.

신은 충청도 순찰사 윤선각(尹先覺)과 방어사 이옥(李沃)과는 일찍부터 교분이 있었으므로 청주의 왜적을 쳐부수러 가던 날에 글로써 서로 경계함이 한두 번이 아니었습니다. 윤선각과 이옥에 대해서는 그리 크게 노하지는 않사오나 그 막하(幕下)에 있는 비장(裨將)들이 꾀어서 권하는 말이 심지어는 "의병장이 관찰사와 방어사를 절제(節制)한다"라고 하였습니다.

  그리고 진군(進軍)할 즈음에는 몇 차례나 같이 진군하기를 독촉하였으나 방어사 이옥(李沃)의 비장들은 서로 바라만 보면서 진격하지 않았습니다. 그러므로 신이 북을 치고 진(陣)에 나아가서 몸소 군사들을 독려하지 아니하였더라면 고경명(高敬命)과 같은 죽음을 면할 수가 없었을 것입니다.

  신은 호서(湖西)에서 장수(將帥)는 교만(驕慢)하고 또 군졸은 몹시 게으른 풍습(風習)을 자주 봅니다. 이를 내버려두고 바로잡지 아니하면 비록 천 년 동안 군사를 모집하여도 결단코 회복할 수는 없을 것입니다.

  전하께서 만약 호서와 호남지방을 보전하여 왕가의 곳간으로 만들려고 하신다면 방어사의 비장 가운데에서 몹시 게으른 자를 뽑아 목 베이시고 또, 관찰사로 하여금 일도(一道)의 힘을 합하여 궁한 경지에 빠진 왜적의 기세를 꺾고 시일을 지연시켜서 군사기밀이 새어나가지 않도록 하여 주시면 신은 스스로 행진에 힘을 쓰겠습니다.

15. 기병 후 올린 소(起兵後疏)

  기병후 소(起兵後疏)는 의병을 일으킨 사실을 임금에게 알리는 상소이다. 조헌은 기병한 사실과 활동 상황을 한 번도 임금에게 보고하지는 않았다. 순서로는 청주성 전투 결과인 "청주파적 후 장계"보다 앞서 보고되어야 한다. 그러나 기병한 사실을 보고할 여유가 없어서 청주성 전투 결과를 아뢰는 장계와 같이 늦게 보고한 것으로 보인다. 장계는 8월 1일에 기병후 소는 8월 11일 쓴 것으로 되어있다. 다음은 기병후소 전문이다.

> **기병후소(起兵後疏)**
> 　선조25년(1592) 임진(壬辰) 8월 11일

　북으로 관하(關河)를 바라보며 피눈물로 사배(四拜)하옵고 주상전하께 삼가 말씀 올리나이다. 국운이 불행하여 왜적이 우리나라를 얕보고 침공하여 옴으로써 종묘와 사직은 잿더미가 되었고 성궐(城闕)은 빈터가 되었으며 전하께서 난여(鑾輿)를 타시고 압록강 변까지 파천(播遷)하시니 혈기 있는 사람은 애통해하지 않는 이가 없습니다.

　신이 우광(愚狂-어리석고 광분)하여 일찍이 낭관(郎官-당하관)을 지냈을 뿐이온대 낮은 직위로써 말을 높이 하여 무거운 죄를 범하였으므로 기축년(己丑年) 이후로는 죽은 줄로 알고 있었습니다. 다행스럽게 초택(初擇) 속으로 내쫓으시는 성상의 자애를 입어서 신이 몸소 농사지어 어머니를 봉양하게 하여 주시어 천지와 부모의 은혜가 이에서 더할 수가 없습니다. 신의 도리로는 마땅히 목숨을 버리고 있는 힘을 다하여 성조(聖朝)에 보답해야 된다고 생각하옵니다.

　지난 2월 18일에 신의 처상(妻喪)을 당하고 4월 20일에야 겨우 장사를 지내려고 할 즈음에 왜적의 선봉이 인동(仁同-구미)과 선산(善山) 사이에 침입하여 오니 신의 주거와는 이틀거리밖에 되지 않습니다. 그러므로 신이 청주(淸州) 동면(東面)에 들어가 노모의 피난처를 구하던 중 뜻밖에 적병이 또 보은(報恩)에 침입하고서 청주를 함락하였기 때문에 길이 막혀 한 달이 넘어서야 옥천(沃川)으로 돌아왔습니다.

의리상 향병(鄕兵)을 규합하여 힘을 다해 싸워야만 전하의 행차가 환도(還都)하게 될 것입니다. 그런데 신이 외롭고 천하기 때문에 사람들이 일찍 따르지 않으므로 재차 격서(檄書)를 띄우게 되자 응모하는 사람이 자못 많았습니다. 동시에 왜적이 옥천지방을 넘봄으로 이곳의 방어가 급하여 병정을 모으지 못할 뿐만 아니라 또 순찰사(巡察使)가 관군(官軍)의 응모를 허락지 않으므로 이미 모집한 군사도 도로 해산하고 말았습니다.

신이 북쪽으로 바라보고 통곡한들 어찌할 수가 없어서 몇 사람의 동지와 더불어 역군(役軍) 수백 명을 모집하여 7월 4일에 기(旗)를 세우고 두루 해군(海郡-바다와 인접한 고을)을 돌아다니면서 병정 천 명을 모집하여 북으로 행진하려 하였으나 맨주먹으로 일어났기 때문에 한 치도 안 되는 병기도 가진 사람이 없었습니다.

다행히 의기(義氣) 있는 백성들이 힘을 모아 협조해 주었으므로 간신히 계획을 세워서 활 수십 장(數十張)과 편전(片箭) 수십 부(數十部)를 마련하였으나 이것을 가지고 강한 적병을 방어함은 제 스스로도 역시 불가능한 일임을 알고 있습니다.

그러나 한 달 분의 군량만 얻으면 진군하려고 하였습니다. 주현(州縣)은 이미 양곡이 떨어졌기 때문에 순찰사(巡察使)가 군량 6백 석을 제급(題給)하였으나 현품이 쌓여 있지 않음으로 판출(辦出 변통)하기가 용이하지 않았습니다. 그리하여 열읍(列邑) 유생들의 도움으로 시골 마을에서 약간의 양곡을 얻게 되자 진군을 하였습니다.

이달 8월 1일에 청주(淸州)의 서남쪽에 진군해서 승군(僧軍)과 합세하여 성 밖에서 종일토록 역전(力戰)하고, 한편으로는 방어사(防禦使)의 제군(諸軍)을 독촉하면서 서문 밖까지 바짝 쳐들어가니 탄환이 비 오듯 하여 우리의 의병이 많이 상하고 반면에 왜적도 또한 편전(片

箭)에 많이 상하였습니다. 적병은 화살을 맞으면 곧 옮겨가므로 그 죽은 숫자는 자세히 알 수가 없으나 짐작건대 적의 정예병은 이 싸움에서 다 없어졌으므로 밤에 그 시체를 불태우고 나서 남은 무리를 이끌고 도망쳤습니다. 적을 쫓아가면 힘들이지 않고 이를 잡을 수 있을 줄 믿으나 화살을 너무 많이 써 버린다면 근왕(勤王)의 행진에 참된 성실을 다하지 못할 염려가 있으므로 그만두었습니다.

행군이 온양(溫陽)과 아산(牙山)에 당도하여 각 읍의 군량이 다 모이는 것을 기다려서 회전(回傳)할 수 있는 힘이 생긴 뒤에 군사를 인솔하고 전진한다면 명나라의 군대를 만날 것 같습니다. 그러면 명군과 힘을 합해서 양경(兩京)을 회복하고자 하오나 군졸이 고단하고 힘이 미약하여 왜적의 횡절(橫截)을 입을까 두려우니 신의 고충은 이루 말할 수 없습니다. 그러나 하늘이 조선을 도우신다면 거의 신의 뜻대로 이루어질 것으로 믿습니다.

신이 그윽이 나라의 재화(災禍)로 인한 실패의 까닭을 생각하여 보니 모두 계미년(癸未年) 이후로 신용을 잃음이 많으므로 민심은 믿지를 않고 군사는 투지가 없어 종횡함을 보고서도 한 사람도 나와서 대적하는 자가 없었습니다. 그러므로 중요한 관문(關門)이 함락되고 온 나라가 썩어서 문드러지기에 이르렀습니다. 이제 구업(舊業 지난날의 업적)을 회복하려 하오면 먼젓번의 잘못을 거울삼아 뒷날의 걱정과 근심을 방비해야 하지 않겠습니까?

(이하 내용은 선조 25년 선조수정실록 8월 1일 기사 참조)

상소문은 의병의 기병 과정, 청주성 전투의 진행과 승전, 근왕에 나설 준비, 불공정한 상벌로 인한 폐해, 조정 신료들의 비행과 전투지휘관의 안일하고 소극적인 대응 등 전투 현장에서 일어나고 있는 실상을 소상하게 아뢰는 것이었다. 이러한 폐단을 일벌백계하여 민심을 얻지 못한다면 이 난국을 헤쳐 나갈 수 없다는 것을 간곡히 상소했다. 그리고 자신이 곧 근왕(勤王)을 나서겠다는 뜻도 알렸다. 이것이 임금에게 올릴 수 있는 마지막 충언이 될 줄을 자신은 짐작이나 하였을까.

16. 청주성을 회복하다

중봉조선생청주전장기적비(重峯趙先生淸州戰場紀蹟碑)

선조 25년(1592년) 8월 1일자 조헌의 청주성 전투에 관한 선조수정실록의 기사이다. 실록은 조헌이 의병을 일으킨 과정과 청주성을 왜적으로부터 되찾은 전공과 그리고 그가 상소한 내용을 다음과 같이 기록하고 있다.

제5부 오직 한 번의 죽음이 있을 뿐이다   305

의병장 조헌이 청주성을 회복하였다
(선조수정실록, 선조 25년 8월1일)

의병장조헌(趙憲)이 청주성을 회복하였다.

조헌이 처음에 수십 명의 유생(儒生)과 뜻을 모아 의병을 일으킨 뒤 공주와 청주 사이에 가서 장정을 모으니 응하는 자가 날마다 모여들었다. 그러자 순찰사와 수령이 관군에 불리하다고 여겨 갖가지 방법으로 저지하고 방해하였다. 이에 조헌이 순찰사 윤국형(尹國馨)을 찾아가 거사에 협력해야 한다는 뜻을 극력 말하자 순찰사가 그대로 따랐다. 청양 현감(靑陽縣監) 임순(任純)이 백여 명의 군사로 조헌을 돕자, 국형이 그가 절도(節度-일의 정도)를 어겼다고 하여 옥에 잡아 가두고 죄를 다스리니, 조헌이 또 편지를 보내어 그를 책망하고 바로 우도(右道)로 가서 1천 6백 명을 모집하였다.

공주목사 허욱(許頊)이 의승(義僧) 영규(靈圭)를 얻어 그로 하여금 조헌을 돕게 하니, 조헌이 군사를 합쳐 곧장 청주 서문에 육박하였다. 적이 나와서 싸우다가 패하여 도로 들어가니, 조헌이 군사를 지휘하여 성에 올라갔는데, 갑자기 서북쪽에서부터 소나기가 쏟아져 내려 천지가 캄캄해지고 사졸들이 추워서 떨자, 조헌이 탄식하기를 '옛사람이 성공하고 실패하는 것은 하늘에 달려있다고 말했는데 정말 그런 것인가?' 하고 마침내 맞은편 산봉으로 진을 퇴각시켜 성안을 내려다보았다.

이날 밤 적이 화톳불을 피우고 기(旗)를 세워 군사가 있는 것처럼 위장하고 진영을 비우고 달아났다. 조헌이 성에 들어가니 창고의 곡식이 그대로 있었다. 방어사 이옥(李沃)이 와서 말하기를 이것을 남겨 두어 적이 점거하게 할 수 없다 하고 모두 태워버렸다. 조헌은 군사를 먹일 양식이 없었으므로, 영을 내려 각기 흩어져 취식(就食)한 뒤에 의장

(依裝)을 갖춰 다시 모여 복상하도록 하고는, 상소하기를 국가가 재화로 인한 실패를 당한 것은 계미년 이후로 신임을 잃었기 때문으로 용사들은 원한을 품고 남방의 부유한 백성들은 생업을 잃게 되었습니다. 정언신(鄭彦信)은 대궐에서 내려준 물품을 사사로이 허비하면서 간민(姦民)에게 은혜를 베풀어 환심을 샀으며 문인(文人)으로 임금의 이목(耳目)이 된 자는 임금의 총명을 가리고 비호해 주었습니다. 그리하여 김수(金睟)·이광(李洸)이 자급을 뛰어넘어 승진하는가 하면, 무리(武吏)로서 일을 만들어 공을 바란 자들이 재물을 모아 적의 머리를 사들여 중죄를 면하고 있습니다.

김수(金睟)는 영남에서 잔악한 행동을 하다가 적이 이르자 겁을 먹고 물러났으며, 이광(李洸)은 호남군사를 거느리고 공주(公州)에 이르렀다가 먼저 퇴각하였는데, 이어 근왕병(勤王兵)을 거느리고 진위(振威)에 도착해서는 어물거리며 나가지 않아 삼도(三道)의 군사들을 흩어지게 하여 다시 수습하기 어렵게 만들었습니다. 이는 모두가 간당(姦黨)들이 흔히 하는 짓이지만 국난(國亂)을 아랑곳하지 않고 군대를 패배시킨 큰 죄를 짓고도 아직 목숨을 보존하고 있는데, 근왕하던 신각(申恪)은 주륙을 당했습니다.

국가가 빛나는 업적을 유지할 수 있는 것은 상과 벌을 분명히 하는 것인데 지금은 상과 벌이 이토록 어긋나고 있습니다. 국가가 망하려 하는데도 의리를 다하는 자가 없게 된 것은 진실로 소인을 신용한 화(禍)가 이토록 극도에 이르렀기 때문입니다. 이제 옛날의 기업을 회복시키려고 하면서 상벌을 분명히 하는 방법을 버리고 어떻게 하시겠습니까?

당 현종(唐玄宗)이 거의 천하를 잃을 뻔하였으나 진현례(陳玄禮)의 계책을 잘 활용하여 온정을 끊고 법을 바로잡았기 때문에 민심을 얻게 되어 이광필(李光弼)과 곽자의(郭子儀)가 공을 성취할 수 있었습니다. 그러나 송 고종(宋高宗)은 이강(李綱)과 장준(張浚)의 말을 듣지 않고 왕백언(王伯彦)·황잠선(黃潛善과 진회(秦檜)의 무리를 좌우에서 떠나지 못하게 하였습니다. 그리하여 종택(宗澤)과 악비(岳飛)가 장차 강북을 평정할 기회가 있는데도 갖가지 방법으로 방해하였으며, 심지어는 조서(詔書)를 위조하여 살해하기까지 하였습니다. 이 때문에 효종(孝宗) 같은 현명한 임금도 통일하는 공을 이루지 못했던 것입니다.

지금 유성룡(柳成龍)이 화친을 주장하여 적을 불러들인 것은 진회보다도 심하고, 이산해(李山海)가 현인을 죽이고 나라를 그르친 죄는 이임보(李林甫)와 다름없으며, 김공량(金公諒)이 원한을 쌓고 환심을 산 것은 양국충(楊國忠)과 다름없습니다. 그런데도 아직까지 목숨을 보전하고 있으니, 앞으로 어떻게 민심을 위로하고 사기를 진작시키겠습니까. 바라건대 이 세 사람의 머리를 베어 의순문(義順門) 밖에 매어 달고, 이어 김수와 이광의 머리도 베어 한강 남쪽 언덕에 매여 다소서. 그렇게 하면 이목을 받아 영명한 군주가 떨쳐 일어났다 하여 지사와 세상을 등졌던 사람들이 모두 일어나 적들을 몰아낼 것입니다.

또 신에게 독전(督戰)하는 이름을 빌려주시어 태만한 방어사(防禦使) 비장(裨將)의 목을 베게 하시고, 순찰사로 하여금 한 도의 힘을 합하여 날뛰는 적들의 형세를 꺾어 버리게 한다면 신은 군중에서 스스로 힘을 다하겠습니다. (이하 생략)

17. 통유석도문(通諭釋徒文)

청주성을 회복한 중봉 의병은 여전히 물자 부족의 어려움을 겪고 있었다. 왜적에게서 빼앗은 군량미마저 방어사 이옥이 모두 불태워버렸으니 당장 의병의 식량도 충당해야 했다. 더구나 추석이 지나 이제부터 서서히 추위가 닥쳐올 것이므로 의병들은 겨울옷도 준비해야 했다. 적진을 뚫고 임금이 계신 의주(義州) 행궁까지 먼 길을 의병이 진군하기 위해서는 많은 준비가 필요하다. 조헌은 기병후소(起兵後疏)에서 청주성에서 도주하는 적을 쫓지 않은 것은 근왕을 가기 위해서 화살도 아껴야 했다는 사정을 밝힌 바와 같이 열악했던 물자와 병기의 부족했던 사정을 짐작할 수 있다.

그는 청주성 전투가 끝나고 의주 행궁으로 장계와 상소문을 보낸 후에 두 가지를 계획했던 것으로 보인다. 먼저 많은 의병이 참여하여 좀 더 강력한 힘으로 왜적에 대항할 수 있기를 바랐고 또, 하나는 의주에 파천한 선조 임금을 근왕하는 것이었다. 그는 근왕의 길을 떠나기 위한 준비로 일부 의병들을 집으로 돌려보내서 겨울 준비를 해 오도록 하고, 의주에 이르는 통로를 확보하기 위해 각 고을에 지로문(指路文)을 보낸다.

그리고 각 사찰의 승려들에게 의병에 참여할 것을 권유하는 통유문(通諭文)을 보냈다.

통유석도문(通諭釋徒文)
(八月十日)

호서의병장(湖西義兵將)은 승도(僧徒)들에게 통유(通諭)하노라. 왜적은 방자하고도 악독한 행위로 우리나라를 짓밟고 있다. 인민을 마구 죽이고 집과 재산을 불태워 탕진케 한다. 칠도(七道)와 3도(三都)는 모두가 도륙과 함락을 입었으며 종묘와 사직은 다 더럽힘을 받았다. 또한 크고 이름난 사찰까지도 불태운 바 되었다.

이제 충의(忠義)의 선비들만이 분기하여 왜적과 싸우려는 생각을 할 뿐만 아니라 노복과 같은 천인들까지도 마음 아프게 여기어 저들을 죽이려고 꾀하고 있다. 그런데 너희들만이 무슨 마음으로 하늘을 같이한 사람으로서 방황만 하고 있느냐? 더구나 너희들은 놀고먹는 무리들로 우리의 사민(士民)과 농민(農民)을 의지하여 살았으며 나라의 은혜도 많이 받아왔다. 그러므로 이같이 위급한 때에 너희들도 마땅히 그 공의 만분의 일이라도 보답해야 할 것이다.

요즈음 들으니 연기(燕岐)의 승도들은 분기하여 왜적을 죽이고 이미 장군(將軍)이란 이름을 떨쳤으며, 갑사(甲寺)의 화상(和尙)은 적의 소굴을 드나들며 또한 의승(義僧)이란 이름을 얻고 있다. 그런데 어찌 다른 절에서는 이 소문을 듣고도 감격하지 않느냐?

만일 모든 사찰 가운데 중생을 구제할 마음이 있는 자들은 서로서로 알리고 이끌어 의리와 위세로서 千名 百名이 단합하여 흉도들을 섬멸한다면 어찌 연기와 공주의 승려만이 의성(義聲)을 드높일 것이겠는가? 옛날 김윤후(金允侯)의 공도 또한 그리 장하였다고 볼 수는 없을 것이다.

오직 원하노니, 너희들은 각자 의기를 격려하여 이 통문이 이르는 대로 부름에 응해주고 구름처럼 모여야 할 것이다. 어떻게 하겠느냐?

청주성 전투에 영규의 승병이 함께 참여해서 활약했다. 그러나 조헌의 판단은 승려들의 참여가 저조하다고 생각한 것 같다. 수백 명으로 기병한 영규의 승병이 얼마나 더 세력을 키웠는지는 알 수 없다. 이 통문으로는 많은 승병이 아니었다는 추측을 가능하게 한다. 각 사찰의 승려들에게 충의의 선비들이 나섰고 노복과 천인들까지도 왜적을 죽이려고 나서는데 어찌 방황만 하고 있느냐"고 나무라며 나라의 은혜에 보답할 것을 회유하였다.

조헌은 장계와 상소문, 통유석도문 외에도 세 가지의 포문을 발표한다. 조선인으로서 일본의 앞잡이가 되어 만행을 일삼는 자들에게 보내는 고유본국인위왜소로자문(告諭本國人爲倭所擄者文), 조선을 침범한 왜적의 무리를 꾸짖고 잘못을 뉘우치게 하려는 고유일본종행사졸등문(告諭日本從行士卒等文), 왜사로 온 현소(玄蘇)의 죄를 꾸짖는 유일본승현소문(諭日本僧玄蘇文)이다. 이는 조선 선비의 기개와 의지를 천명함으로서 적에게 두려움을 느끼게 하여 무자비한 살육을 삼가고 염전 의식을 일깨우려는 일종의 심리전으로 생각된다.

18. 의주 행재소로 북상을 준비하다

조헌이 기병한 목적은 근왕에 있었다. 기병 후 물자와 무기 등을 확보하기 위해 충청우도 지역에서 활동하고 있을 때 청주성이 왜적에게 함락되었다는 소식을 듣고 출전한 것이다.

중봉 의병은 청주성을 회복한 뒤에도 여전히 물자 부족에 허덕이고 있었다. 그는 기병후소(起兵後疏)에서 청주성에서 도망하는 적을 쫓지 않은 이유를 "적을 쫓아가면 힘들이지 않고 이를 잡을 수 있을 줄 믿으나 화살을 너무 많이 써 버린다면 근왕(勤王)의 행진에 참된 성실을 다하지 못할 염려가 있으므로 그만두었습니다."라고 병기와 물자 부족의 어려움을 토로했다. 더구나 청주성에 왜적이 도망할 때 놓고 간 많은 곡식을 방어사 이옥(李沃)이 모두 불태웠으니 당장 의병들을 먹일 식량도 문제였다. 이제 추석도 지나서 날씨가 쌀쌀해지는데, 의병들의 겨울 준비도 해야 했다. 조헌은 마침내 군사의 일부를 집으로 보내 겨울옷을 준비하여 다시 모여 임금께 충성을 다하자고 결의했다. 이때 의병 중에서 독자인 사람과 부모를 봉양하지 않으면 안 될 처지에 있는 의병은 집으로 돌아가도록 조치하였다.

이렇게 해서 다시 모인 의병이 1천 명이 넘었다. 조헌은 최초 계획대로 이 병력을 이끌고 임금이 피난한 의주(義州) 행재소로 근왕을 나서기로 하였다. 청주에서 의주는 거리가 멀 뿐만 아니라 대부분 지역이 왜적에 의해 점령되었다.

중봉은 이에 대한 준비로 진출로 상에 있는 30개 고을에 보낼 지로문(指路文)을 작성했다. 지로문은 머리말에 각 고을에서 미리 준비할 일과 근왕군을 이끌고 지날 때 해야 할 일 등을 알리는 내용이었다. 이 고을 연결하면 조헌이 계획한 북상 통로를 알 수 있다. 그는 수원－남양－안산－인천－부평－김포－통진－강화－교동－연안－배천－평산－해주－신천－안악－은율·장연－삼화·강서·함종·영유－숙천－안주－박천·가산－정주－곽산·선천－철산－의주 등지의 고을에 근왕시지로문(勤王時指路文)을 보낸다. 충청도에서 경기도와 황해도를 거쳐 평안도 의주에 이르는 서해로 가는 길을 택한 것이다.

지로문에는 각 고을에서 적정을 살피고 향병을 모집하여 우리 군대가 오는 것을 기다렸다가 서로 합력하여 적을 공격하여 통로를 확보할 것. 그리고 군량의 협력과 뿔뿔이 흩어진 백성들을 추위가 오기 전에 모아야 하는 일도 함께 일렀다.

조헌이 청주성 전투 후에 의병을 이끌고 아산까지 북상했었다. 이때 지로문이 어디까지 전해졌는지는 정확히 알 수 없다. 다음은 근왕시지로문(勤王時指路文)의 머리말에 해당되는 부분을 소개한다.

근왕시지로문(勤王時指路文)

충청도의병장 전 제독관(提督官) 조헌(趙憲)은 결사대 3천 명을 소집하여 8월 초1일 사시(巳時)에 승장(僧將) 영규(靈圭)가 인솔하는 승군과 더불어 합세하여 청주에 주둔하고 있는 왜적을 포위했다. 한편 방어사 이옥(李沃)등이 인솔하는 연기(燕岐), 문의(文義), 청주(淸州) 등의 곳에서 군병의 지원을 재촉하면서 온종일 힘껏 싸웠다. 왜적의 살상자는 심히 많았다. 적의 세력은 궁(窮)하고 어려워 죽치고 들어 있었다. 적병은 시체를 불태워 버리고 어두운 밤을 이용해서 도망쳤다. 나는 군사를 이끌고 연기로 향했다.

바야흐로 아산(牙山)과 직산(稷山) 사이로부터 날짜를 정하여 북쪽으로 정벌함으로써, 왜적을 모조리 섬멸하여 단 한 놈도 제 나라에 돌려보내지 않으려고 한다. 경기와 황해도의 여러 읍(邑)의 관리와 백성들은 적의 세력을 세밀히 살피고, 향병을 많이 모집해서 공격할 만한 것은 이를 공격하여 도로(道路)를 통하고, 공격할 수 없는 것은 모든 전략을 세웠다가 우리의 군대가 오는 것을 기다려서 힘을 합하여 공격하려고 한다.

그리하여 나는 이달 안으로 임금께서 옛 서울로 환궁(還宮)하시게 하려는 의도를 기약하며 별도로 이웃 군(郡)에 알아듣도록 타일렀다. 그리고 각 군(各郡)은 군량(軍糧)을 서로 도와서 추위가 오기 전에 일을 잃고 사방으로 도망가 흩어진 우리의 백성을 다시 안집 안전하게 모이게 할 일도 또한 마땅히 알아야 한다.

조헌이 의병을 이끌고 드디어 근왕(勤王)을 가기 위한 북상 길에 올랐다. 청주성을 회복한 조헌 의병장이 전승업(全承業)과 곽현(郭賢)과 아들 완도(完堵)를 시켜 임금께 보고하는 장계와 상소를 의주 행궁으로 올려 보내고, 자신은 의병을 이끌고 근왕을 나선 것이다. 순찰사 윤선각(尹先覺)은 마음이 불안했다. 조헌이 의주 행궁에 이르면 자신의 떳떳하지 못한 비행들이 임금께 알려질까 두려웠다.

순찰사 윤선각 곁에는 안세헌(安世獻)이란 간신배가 있었다. 안세헌은 일찍이 조헌이 공주에서 의병을 모을 때 순찰사 윤선각을 이간질해서 천여 명이나 모인 의병들을 모두 흩어지게 만든 간교한 자였다. 그가 순찰사에게 이렇게 말했다.

"전모(全某)가 가져가는 조헌의 상소에는 영공(令公)을 비방한 글이 많다고 들리니, 이 상소가 만약 행재소에 도달하게 되면 공은 반드시 무거운 견책을 받게 될 것입니다."

라고 말했다. 이 말을 들은 순찰사는 심복 부하를 시켜 수군을 단속한다는 핑계로 소(疏)를 가져가는 일행을 막고 강을 건너지 못하게 하였다. 전승업이 그 까닭을 짐작하고 상소를 보여주며 헐뜯는 말이 없다는 것을 확인한 후에야 배 타는 것을 허락했다. 이로 인하여 기일이 지체되어 늦게 당진에 도달하게 되었고, 일행이 의주로 갈 배를 수소문하는데 또, 시일이 걸렸다.

이때 의병을 이끌고 북상을 시작한 조헌은 온양에 도착했다. 조헌은 잠시 온양에서 군량을 모으는 일에 매달렸다. 최소한 한 달은 먹을 수 있는 군량이 필요했다. 장차 거쳐 가야 할 고을들은 왜적이 점령하고 있어서 군량의 조달이 불확실했다. 다행히 온양 일대는 왜적의 세력에서 벗어나 있어 군량을 모으는 일이 비교적 자유로웠다.

　순찰사 윤선각이 급히 온양에 있는 조헌에게 사람을 보냈다. 그의 막하에 장덕익(張德益)이란 자를 보내 조헌을 설득하여 근왕 가는 일을 중지시키려는 것이다. 그가 조헌의 근왕을 막을 마땅한 구실이 없었다. 윤선각은 장덕익을 통해 자신에 뜻을 이렇게 전했다.

　"나는 처음에는 공(公)과 사이가 좋았었다. 그러나 지금은 소인배들이 나와 공(公) 사이에 틈이 벌어지게 했다. 그리하여 나도 역시 깨닫고 이제는 뉘우치고 있다. 또한 서원(西原, 청주) 전투에서 이미 공의 충용함을 알았으니 이제 공과 더불어 생사를 함께할 것을 맹세하노니, 원컨대 고인(古人-옛 친구, 중봉을 말함)은 이 조그만 혐의를 풀고 큰 공을 이룰 것을 기약하자. 이제 들자니 금산(錦山)의 왜적이 스스로 뽐내어 전투에서 패한 자들을 불러다 죄를 들추어 꾸짖은 뒤에 다시 더욱 창궐(猖獗)하여 장차 침략이 있을 것이라 한다.

　충청·전라의 형세가 이러하면 국가는 다시 중흥할 수 있는 희망이 없을 것이니, 어찌 안심하고 북쪽으로 올라갈 수 있겠는가? 함께 금산의 왜적을 치는 것만 못할 것이니, 뒤에 힘을 합쳐 상감의 환난을 구하는 것이 늦지 않을 것이다."

　순찰사 윤선각의 뜻에 조헌은 일단 일리는 있다고 생각했다. 그러나 애초부터 기병의 목적이 근왕(勤王)에 있었고, 부대가 온양까지 올라온 지금 다시 군사를 돌린다는 것은 쉽지 않았다. 조헌은 휘하의 부장(副將)들과 이 문제를 논의하게 하였다.

부장들은 한결같이 의병장에게 간(諫)하기를

"두 분 장군께서 서로 화합하여야 능히 일을 해낼 수 있을 것입니다. 지금 순찰사와 틈이 벌어져 있으면 일이 장차 불리하게 될 것입니다. 또한 국가의 대부분이 적에게 점거되고 단지 충청·전라도만 그래도 온전한데, 이것마저 잃게 되면 나라가 없는 것입니다. 먼저 금산과 무주 등지의 왜적을 섬멸한 뒤에 병사를 이끌고 서쪽으로 올라가는 것이 올바른 계책일 것입니다."

라고 순찰사의 요청대로 금산의 왜적을 먼저 섬멸할 것을 건의했다. 조헌이 쉽게 결심하지 못하자 병사들까지 나서서 번갈아 권유하니 조헌 의병장은 순찰사의 말대로 금산의 왜적을 먼저 섬멸한 후에 근왕을 가기로 결심했다.

19. 의리를 배반한 순찰사

조헌이 순찰사의 말을 믿고 근왕을 가던 군사를 되돌려 다시 공주로 내려왔다. 공주에 도착한 조헌은 순찰사 윤선각과 금산의 왜적을 토벌할 계획을 논의하려고 했다. 순찰사를 만난 조헌이 이렇게 말했다.

"공(公)이 사람을 보내어 함께 힘을 합쳐 금산의 적을 토벌하고자 했으니, 우선 관군은 관군대로 진군할 준비를 하고, 의병은 현재 그 수가 적으니 더 모집할 수 있도록 하고 군량과 병기 등을 확보할 수 있도록 협조해 주기 바랍니다."

라고, 금산의 왜적을 공격할 준비를 할 수 있도록 지원해 줄 것을 상의했다. 그러나 윤선각은 관군이 불리하다는 핑계로 이를 거절하고는 약속을 깨버렸다. 애초부터 그는 조헌의 근왕을 저지할 목적이었을 뿐, 애초부터 금산의 왜적을 공격할 생각이 없었던 것이었다.

그뿐만이 아니었다. 더 나아가 의병으로 나아간 가족들을 핍박하고 겨울 준비를 위해 귀가시킨 의병들을 잡아 가두기까지 했다. 결국은 의병들이 동요하고 하나둘 흩어지기 시작했으니 참으로 한심한 노릇이었다.

당시의 상황을 선조수정실록은 이렇게 기록하고 있다.

"조헌이 다시 군사를 모집하여 북쪽으로 향하여 온양(溫陽)에 이르자, 윤국형(尹國馨)이 막하의 장덕익(張德益)을 시켜 조헌을 설득하기를 '서원(西原)의 전투에서 이미 공의 충용을 알았으니, 이제는 공과 사생(死生)을 함께 할 것을 맹세한다. 그런데 금산(錦山)의 적이 고 초토(高招討-고경명)가 전투에서 패한 뒤로 더욱 창궐하여 앞으로 호서(湖西)·호남(湖南)을 침범할 형세가 있다. 만약 그렇게 된다면 국가에서는 다시 중흥할 희망이 없어질 것이며, 공을 따르는 사졸들도 자신의 집을 생각하게 될 것이니 어떻게 안심하고 북쪽으로 갈 수 있겠는가? 차라리 작전을 변경하여 금산의 적을 토벌한 뒤에 힘을 합해 근왕(勤王)하는 것이 더 좋겠다.'라고 하였다.

이에 조헌의 장사들도 조헌을 설득하기를 '순찰사와 조화를 이루어 먼저 금산의 적을 토벌하는 계교가 잘못된 것이 아니다.'라고 했으므로 조헌이 다시 공주(公州)로 되돌아갔다.

그러나 순찰사의 의도는 단지 그들이 북쪽으로 가는 것을 막는 데 있었을 뿐이었고, 또 그의 군대를 저지 시킴으로써 의병들의 마음이 점차 분산될 것을 계산한 것이었다. 그리하여 조헌의 휘하에는 단지 7백 의사(義士)만 남게 되었다. 그러나 이들은 당초부터 생사를 같이하기로 맹세하였기 때문에 처음부터 끝까지 떠나지 않고 마침내 영규(靈圭)와 함께 금산(錦山)으로 달려갔다."

선조수정실록은 순찰사 윤선각의 행태를 사실 그대로 자세히 기록하고 있다. 충청도를 다스리는 관찰사요, 군사를 거느리고 이를 수호해야 할 위치에 있는 관리가 전쟁 속에서도 이처럼 자신의 보신과 영달에만 눈이 멀어 있으니, 당시에 이러한 자들이 어찌 윤선각 한 사람뿐이었겠는가.

이제 조헌의 휘하에는 7백 명의 의사만이 남았다. 관군의 핍박 속에서도 조헌을 따르는 칠백 명의 의병은 함께 죽음을 각오한 결사대였다. 그들은 일시적 감정이나 우연한 분위기에서 선택한 것이 아니라 조헌의 나라를 걱정하는 지극한 충성심과 부하를 사랑하고 아끼는 마음에 감동한 결과라는 사실을 알 수 있다. 선조수정실록에 이를 이렇게 기록되어 있다.

"조헌이 군사를 일으킨 지 몇 개월 동안 군사들에게 벌을 가하지 않았지만, 군사들은 모두 명령을 받들어 각자가 힘써 전투하였으며, 이르는 곳마다 엄숙하고 정돈이 되어 문란하지 않았다. 당초에 그가 의병을 일으켰다는 소식을 듣고 원근에서 따르고 모였는데, 관가에 의해 가족이 구금되어도 오히려 조헌을 사모하여 차마 떠나지 못했다."

실록의 기록에서 의병들을 매질하지 않아도 엄정한 군기를 세웠고,

관군에 의해 가족이 구금되는 모진 핍박에도 오히려 조헌을 사모하여 차마 그를 떠나지 못했다는 말이 우리의 가슴을 울린다. 시대를 떠나서 군사를 지휘하는 모든 지휘관이 갖추어야 할 중요한 덕목이 아닐 수 없다.

20. 1차 금산 전투와 고경명 의병의 와해

순찰사의 핍박에도 끝까지 조헌을 따르겠다는 의병들의 충성심은 감동적이었다. 조헌은 탄식하며 기필코 금산의 왜적을 섬멸하리라 다짐했다. 비록 순찰사 윤선각(尹先覺)이 약속은 지키지 않았으나 그가 내세웠던 호서와 호남을 위협하는 금산의 왜적을 토벌하는 것이 근왕을 하는 일보다 우선이라는 판단에는 동감했다. 그러나 중봉 의병의 전투력은 왜적에 비해서 상대적으로 월등하게 열세했다.

조헌은 전라도 순찰사 권율(權慄)에게 급사를 보내 금산성을 함께 협공할 것을 제의한다. 공격 날짜를 8월 18일로 정하였다. 이로써 중봉 의병은 큰 힘을 얻게 된 것이다. 청주전투를 같이 치른 승병장 영규에게도 금산성 공격계획을 알렸다.

이때 금산을 중심으로 무주 등지에 배치되었던 왜군이 호남 진출을 준비하고 있었다. 지난 6월 군량 조달을 위해서 곡창지대인 호남지방으로 진출하기 위한 교두보로 먼저 금산을 공략했다. 고바야가와(小早川隆景)가 지휘하는 제6군의 예하 병력이 금산, 무주 등지에 포진시키고 호남지역으로 공격할 기회를 엿보고 있었다.

금산지역의 왜군은 전란 초인 지난 4월에 제6군으로 편성되어 경상도 지역으로 상륙하여 2개 제대로 분리하여 활동했다. 일부는 김천과 선산지역에 일부는 창원지역에 배치되어 모리(毛利輝元)의 제7군과 함께 부산에서 한양에 이르는 서로(西路) 확보에 일익을 담당했었다. 주장인 고바야가와는 한양까지 진군했다가 5월 중순 분지(分地)계획에 따라 전라도를 담당하게 된 것이다.

고바야가와는 창원에 있던 승장(僧将) 안코쿠치(安國寺惠瓊)에게 전라도로 진격을 명령했다. 이에 안코쿠치는 5월 23일 함안-의령-함양을 거쳐 남원-전주로 진격하려고 했다. 그러나 의령에서 곽재우 의병에 전진이 저지되자, 6월 초에 성주(星州)로 북상하여 김천에서 지례를 거쳐 부항령(釜項嶺)을 넘어 무주로 침입했다.

이와 때를 같이 하여 고바야가와는 한양에서 충주로 남하하여 조령(鳥嶺) 금산을 점령하고 진을 쳤다. 왜군은 7월 초에 진안(鎭安)으로 진출했고 전주로 침입하려고 했다. 이에 김제 군수 정담(鄭湛)과 나주 판관 이복남(李福男)이 웅치(熊峙)에 진을 치고, 전 만호(萬戶) 황박(黃璞)의 지원을 받으며, 적과 치열한 전투를 벌였으나 적의 공격을 저지하지 못하였다. 이 전투에서 김제 군수 정담이 전사하고 왜적은 전주성(全州城) 밖까지 진출하였으나 더는 진격하지 못하고 무주로 철수한다.

한편, 웅치전투가 치열하게 전개되고 있을 때 금산(錦山)에서 전주(全州)에 이르는 길목에 위치한 이치(梨峙)에서 남원 수성장 권율(權慄)과 동복 현감 황진(黃進)이 전주로 진출하려는 왜군과 치열한 접전을 벌이고 있었다. 이 전투에서 피해를 입은 왜군은 진산으로 일단 철수한다. 진산으로 철수한 왜군은 조선군 대부대가 공격을 준비 중이라는 정보를 입수하고 즉시 금산성으로 철수하여 방어 태세로 전환하였다.

　이때 전라방어사 곽영(郭嶸)의 관군과 고경명의 의병부대가 연산(連山)에서 진산(珍山)으로 이동하고 있었다. 이들은 선조의 파천(播遷)소식을 듣고 6월 27일 근왕을 위해 북상 중에 금산, 무주 일대를 점령한 왜적을 전황을 듣고 7월 9일 금산성을 먼저 공격한다.

　그러나 전날 이치전투에서 피해를 입은 왜적은 조총을 쏘아 공격을 저지하며 적극적인 전투를 회피했다. 날이 저물어 공격을 멈춘 관군과 고경명의 의병부대는 성밖에 머물고 있었다. 다음 날 아침 갑자기 들이닥친 왜적의 기습에 놀란 의병부대가 분산되었다. 곽영의 관군마저 전투를 포기하고 후퇴하자 고경명의 의병은 급속히 와해 되고 의병장도 전사하고 말았다.

21. 금산성 공격을 준비하는 중봉 의병

　추석이 눈앞에 다가왔다. 그러나 전 국토가 왜적에 짓밟히고, 임금은 의주(義州) 변방으로 파천했고, 나라의 운명이 백척간두에 놓여있다. 유일하게 보전된 곳은 호남과 호서의 일부이다. 한창 추수를 거둘 이 시기에 조선의 최대 곡창지대인 호남마저 적의 수중에 들어간다면, 그 곡식은 모두 왜적의 군량이 될 것이며, 우리 백성들은 굶주려야 할 것이고 또, 전쟁이 언제까지 지속될지 가늠조차 할 수 없는 것이다. 호남의 방어는 그만큼 시급하고 긴요했다.

　이처럼 긴박한 상황에서 조헌은 한시도 머뭇거리거나 자신의 안위를 돌볼 때가 아니라고 생각했다. 금산성을 점령하고 있는 왜적의 전투력과 위세로 보아서 매우 어려운 전투라는 것을 조헌이 모를 리가 없다. 왜적은 지난번 청주전투에서 중봉 의병에 패한 원한에 이를 갈고 때를 기다리고 있다는 소문도 들었다. 성리학을 숭상하는 선비의 가문에서 태어나서 많은 책을 읽은 그에게 충절(忠節)과 의리(義理)는 정신적 기반이었다. 불의를 보고 참지 못하는 그의 성품은 무도한 왜적의 만행을 절대로 용서할 수 없었다. 다행히 전라도 관군과 협공을 약속했고, 승장 영규도 군사를 거느리고 참전할 뜻을 전해왔다. 이제 군사를 추슬러 금산으로 진격할 일만 남았다. 금산의 왜적을 토벌하고자 하는 그의 전투의지는 확고했고 성패는 오로지 하늘에 맡겨야 한다.

다만, 홀로 남겨질 계모가 걱정되었다. 그는 출정에 앞서 아들 완기(完基)를 불렀다. 23살인 그는 외모와 기질까지 아버지를 그대로 닮았다. 아버지는 아들 완기에게 이렇게 말하였다.

'네 형제들 가운데 큰일을 감당할 만 한 놈은 완도(完堵)뿐인데, 전날에 청주전투의 첩서(捷書)를 가지고 용만 행재소(龍彎行在所-의주 행궁)로 가서 돌아올 기약이 묘연하다. 우리 부자가 함께 죽으면 네 할머니는 누구를 의지하겠느냐? 그러니 너는 집으로 돌아가서 할머니를 봉양하거라.'

하고 아들에게 계모 봉양을 당부하며 출전을 만류하였다. 이에 아들 완기가 울며 말하기를

"아버지는 충신이 되는데, 아들은 충신의 아들 노릇도 하지 말라는 말씀입니까."

라고 분부를 따를 수 없다며 끝내 아버지를 따라 출정하였다.

  8월 15일, 조정에서 선조 임금이 조헌에게 봉상시 첨정(奉常寺僉正)에 제수하는 교지를 내린다. 이때 선조는 아직 조헌이 청주성을 회복했다는 소식을 보고 받지 못했다. 청주성 전투가 끝나고 청주파적후장계(淸州破敵後狀啓)와 기병후소(起兵後疏)를 작성하여 전승업(全承業), 곽현(郭賢)과 아들 완도(完堵)를 의주 행궁으로 출발시켰으나 아직 행궁에 이르지는 못한 것이다. 그러므로 교서의 내용이 조헌의 승전 소식을 까마득히 모르고 작성되었다는 것을 알 수 있다.
  조헌이 의병을 일으켰다는 소식을 들은 선조는 어떤 생각을 하였을까. 선조에게 조헌은 끊임없이 아픈 곳을 건드리는 불편하고 미운 존재였다. 일찍이 그가 교서관 정자(校書館正字)로 있을 때는 불공에 쓸 향을 올리라는 인순황후의 명을 거절하고 논향축소(論香祝疏)를 올려 삭직되었다. 또, 논시폐소(論時弊疏)를 지부상소(持斧上疏)한 일로 인하여 함경도 길주로 유배를 보내기도 하였다. 임금이 직접 조헌의 상소를 불사르기도 하였으며, 왜적의 침입을 예견하고 이에 대비할 것을 주장하는 다섯 번에 걸친 상소를 거들떠보지도 않았다. 선조는 조헌을 요괴(妖怪)라고 내쳤고 대신들은 미친놈이라고 했다. 결국은 그가 예견하고 상소한 대로 왜적이 침범하여 나라의 운명이 풍전등화의 위기에 놓였다. 이때 조헌은 임금을 위하여 분연히 일어나 의병을 일으키고 목숨을 걸고 나라를 구하는 일에 앞장선 것이다. 이때 선조가 봉상시첨정에 제수한다는 교서를 내렸다.

22. 조헌에게 내린 선조의 교서

선조는 교서(敎書)에서 조헌에게 봉상시첨정(奉常寺僉正)이란 벼슬을 제수한다는 내용과 더불어 나라를 이 지경까지 이르게 한 자신을 통절하게 반성하고, 의병을 일으킨 조헌에게 당부하는 말을 담았다.

> 배봉상시첨정교서(拜奉常寺僉正敎書)
> 이호민 제진(李好閔 製進)

왕이 이렇듯 말씀하시기를 오직 내가 명석(明晳)하지 못하여 사물을 통찰하고 말을 알아듣지를 능하게 하지 못하여 진언(進言)하는 사람이 혹 말하기를 국가의 위태로움이 아침·저녁으로 박두(迫頭)하였다고 하였으나 내 비록 그 말을 옳게 여기기는 하였으나 진실되게 깨닫지 못하였다. 크게 근심하기는 백성들의 마음이 흩어져 도적들에 의한 외모(外侮 외부로부터 받는 모멸)가 있을 것만을 걱정하고 성(城)의 축대(築臺)를 높이 수축(修築)하고 호(濠)를 깊이 파며 병기를 예리하게 정비하면 넉넉히 백성을 보위하고 국가를 편안하게 하리라 이르고 백성의 힘을 다하여 이를 도모하였더니 어찌 부지런히 성지(城池)를 수축(修築)하고 군기(軍器)를 마련한 것이 모두 왜적들에게 자(資)함이 되어 원망이 유독 나에게로 돌아올 것을 의식하였으랴! 그리하여 종묘와 사직이 폐허가 되고 백성들이 왜적에게 짓밟히고 으깨어짐에 이르게 하였으되 그것을 능히 방어하지 못하였으니 모든 잘못은 오로지 내게 있는지라.

비록 오늘날 천백 가지 신맛을 맛보되 내 죄업으로 받아들이고 감히 고생스러움을 말하지 못하니 내 정회(情懷)가 비감(悲感)하구나! 그러나 천지 조종(祖宗)의 신령(神靈)이 음우(陰佑-뒤에서 도움)하심을 힘입어 인심이 옛날의 수도를 생각하여 백성들이 나를 버리지 않았다. 여러 곳에서 충성(忠誠)과 의(義)로 많은 무리를 규합하여 곳곳에서 왜적을 토멸(討滅)하는데 네 이름도 또한 그 가운데 있었으니 비록 포로를 잡고 전공을 알리는 글을 받아 보지는 못하였으나 내가 심히 너의 충의를 아름답게 여겼노라. 벌써 너를 봉상시첨정(奉常寺僉正) 벼슬을 제수하였는데 너는 그것을 아느냐?

지난번 호남(湖南) 유사(儒士) 양산숙(梁山璹)이 의병장(義兵將) 김천일(金千鎰)에게서 왔다가 돌아가는 길에 한 서간(書簡)을 붙여 보냈는데 그것이 도착하였는지? 이것은 호남의 선비와 백성들을 널리 타이르는 것이요, 오로지 네게만 깨우쳐 보여주는 바는 아니다. 그러나 이 글에 이른 바를 너는 여러 부로(父老)들과 더불어 돌려보아라. 나의 괴로운 뜻을 대략 다 기록하였으니 너는 아마도 나의 개과(改過)하려는 뜻을 용납하고 충분심(忠憤心-충의로 생기는 분한 마음)을 더욱 면려(勉勵-스스로 애써 노력하고 힘씀)하며 오직 옛 대로 회복하는데 힘쓸 지어다.

근래에 호중(湖中) 소식을 듣지 못한지가 오래되어 내 마음이 답답하여 이에 최원(崔遠) 군중(軍中)에 너 헌(憲)에게 신유(申諭-밝혀 말하다)하노니 본도(本道)의 적세(賊勢)와 본도(本道)에 왜적이 몇 군데 둔취(屯聚-여러 사람이 한곳에 모여 있음)하였으며, 그들의 수효는 얼마나 되고, 그들의 사기는 전일에 비하여 어떠하며, 너 헌(憲)과 같이 창의 독포(倡義督捕)하는 자가 또 누구이고, 왜적을 참획(斬獲)함이 얼마나 되며, 우도(右道)의 군현(郡縣)들은 예와 같이 안도(安

堵)하고 있는 지 여부를 아울러 탐문하라.

지난번에 요동총병관(遼東摠兵官) 조승훈(祖承訓)이 군세(軍勢)를 빛내고 돌아온 뒤로 명나라에서는 병부시랑(兵部侍郞) 한 사람을 차출 파견하여 광녕(廣寧), 요동지방의 도부총병(都副摠兵) 등을 독솔(督率)하고 병마(兵馬) 칠십여 만과 양곡을 조운(漕運)하여 수륙으로 병진하여 왕에 유택(留宅)한 왜적을 소탕케 하였으며, 이달 십일일에는 유격장군(遊擊將軍) 장기공(張奇功)으로 선봉 일천을 거느리고 강을 건넜으며, 십오일에는 강석(江浙) 유격장군(遊擊將軍) 심유경(沈惟敬)으로 포수(砲手) 일천육백 명을 거느리고 도강하여 바야흐로 진격하여 토적(討賊)할 것을 도모하고 있으니 계절은 가을이라 하늘은 맑고 길은 건조하니 정녕 적을 움켜잡을 달이요, 말은 살찌고 활은 억세니 실로 왜적을 도륙할 기회라.

명나라 원군이 계속 답지(遝至)하고 백신(百神)이 크게 쫓으며 음우(陰佑)하고 철마(鐵馬)가 대정(大定)·청천(淸川)에 뻗어있고, 가함(舸艦)이 산동(山東)과 강절(江浙)에 연이어 있으며 미처 날뛰던 도적놈들의 쌓인 악독(惡毒)에 하늘도 놈들의 목을 베는 데 가담하였고 우리나라의 의병들이 경기(京畿), 황해(黃海)지방에 많이 있으면서 서로가 계속하여 왜적의 목을 베어 승리를 알리는 소식이 끊이지 않으며 사람마다 대의를 발분(發憤)하여 적개(賊愾)의 살기가 등등하니 이것은 실로 국가 중흥의 기회라. 너 헌(憲)은 정성과 충의에 더욱 힘써 게으름이 없게 하라. 인(仁)으로 외로운 무리를 규합하고 의(義)로 군사들의 용맹을 고무하며 기회를 살펴 진격하여 만전의 승리를 획득한다면 그 위대하지 않겠는가?

본도(本道)의 크고 작은 전투에서 사망한 장지현(張智賢)등 이하, 몸을 던져 왜적을 토멸하던 승(僧) 처일(處一)과 정억만(鄭億萬) 같은 무리는 모두 은상(恩賞)을 가하였으니 너는 내 뜻을 돈독하게 일깨워 기묘한 계책을 많이 써서 혹은 후미 공격하며 밤에 기습을 하여 한 척의 수레도 되돌아가지 못하게 하여 일로(一路)를 깨끗하게 소탕하고 남(南)으로 오는 군대와 협조하여 도성에 진격하여 조종조(祖宗朝) 능침(陵寢)의 송백(松柏)이 뿌리가 뽑히지 않고 난리에 흩어져 숨은 노인이나 어린 것이 미처 죽음에 이르지 않게 한다면 오늘의 으뜸가는 공이 네가 아니고 그 누구이겠는가?

　작록(爵祿)과 상훈(賞勳)은 내 손에 있으니 산하(山河)를 가리키며 맹세 하노라. 도성을 버리고 파월(播越)한지 이미 오래 되었으며 왜적을 무찌르고 회복하는데 이르지 못하였으니 드높은 가을 하늘 찬 이슬 찬 서리에 종묘와 사직이 표령(飄零-신세가 딱하게 되어 떠돌아다님) 한 것이 민망스럽고, 멀리 떨어진 국경지방 강기슭에 의지한 장전(帳殿-임금이 앉도록 임시로 꾸민 자리)이 으스스한 가을바람에 을씨년스럽다. 고향을 그리워함은 귀천이 다를 바 없어 돌아가고 싶은 생각은 날로 마음속에 간절하여 너희들이 달려와서 내가 탄 수레를 맞아 줄 것을 고개 들고 기다린다. 내 말은 궁진(窮盡-다하여 없어짐)하여 눈물이 먼저 떨어지니 너는 자량(自量-스스로 헤아림)하여 일을 하라.

　참으로 슬픈 일이다. 아! 조정에는 부끄럽게도 묘책이 없어서 사태의 해결책을 초야에 묻힌 신하들에게 기대하고, 나라가 어지러워 흔들릴 때 충성된 신하를 알아볼 수 있다 하였으니 공은 오늘날과 같은 시기에 드러낼 수 있겠다. 그런고로 이에 교시(敎示) 하노니 마땅히 알지어다.

만력(萬曆) 20년 팔월십오일

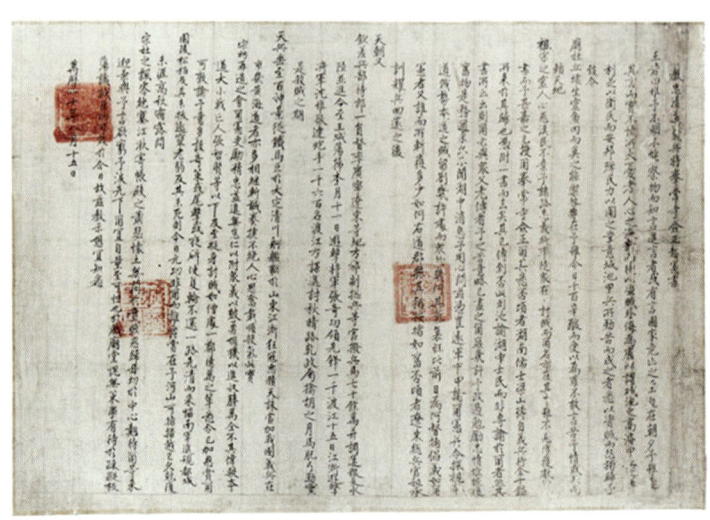

봉상시첨정교서(奉常寺僉正敎書)

선조의 교서는 통절한 반성으로부터 시작되었다. 선조는

"오직 내가 명석(明晳)하지 못하여 사물을 통찰하고 말을 알아듣지를 능하게 하지 못하여 진언(進言)하는 사람이 혹 말하기를 국가의 위태로움이 아침·저녁으로 박두(迫頭)하였다고 하였으나 내 비록 그 말을 옳게 여기기는 하였으나 진실하게 깨닫지 못하였다."

라는 대목에서 조헌이 왜란이 일어나기 5년 전부터 올린 상소를 떠올리게 한다. 그리고는

"종묘와 사직이 폐허가 되고 백성들이 왜적에게 짓밟히고 으깨어짐에 이르게 하였으되 그것을 능히 방어하지 못하였으니 모든 잘못은 오로지 내게 있는 지라, 비록 오늘날 천백 가지 신맛을 맛보되 내 죄업으로 받아들이고 감히 고생스러움을 말하지 못하니 내 정회(情懷)가 비

감(悲感)하구나!"

라는 자신의 비참한 심정을 교서에 그대로 적었다. 이 교서를 통해서 당시 나라가 처했던 위급한 상황과 선조 임금의 심정을 헤아려 볼 수 있을 것이다.

안타깝게도 조헌은 이 교서를 받아보기도 전에 금산 전투가 시작되어 장렬하게 순절하고 말았다.

23. 금산으로 향하는 중봉 의병

8월 15일, 임금의 교지가 내려오는 사실을 전혀 모르는 조헌은 남은 700명의 의병을 이끌고 공주를 출발하여 금산으로 향한다. 의병들은 출발에 앞서 어려운 국난을 극복하는 데 목숨을 걸고 왜적을 섬멸할 것을 굳게 맹세하였다. 조헌은 의병을 일으킨 뒤에 의병들을 자식과 같이 아끼고 보살폈다. 군사들은 매질하거나 형벌을 행사하지 않아도 항상 엄숙하고 정연했다. 의병들은 조헌을 부모와 같이 받들고 따랐다. 7백 명 의병들의 비장한 각오가 있었기에 순찰사의 핍박에도 불구하고 조헌을 따라서 목숨을 건 전투에 나선 것이다. 의(義) 자가 펄럭이는 깃발을 앞세우고 중봉 의병은 금산의 왜적을 무찌르기 위해 당당한 모습으로 행군했다.

조헌이 의병을 이끌고 유성에 도착했을 때, 영규가 수백 명의 승병을 인솔하여 미리 와서 기다리고 있었다. 그때 조헌의 막료 한 사람이 그에게 말하기를

"금산의 적은 매우 정예하여 우리의 오합지중(烏合之衆)인 의병으

로 당할 수가 있겠습니까? 사태를 봐가며 결정하는 것이 좋을까 하옵니다."
라고 했다. 이에 조헌은 그 말이 합당한 것을 시인하면서 눈물을 흘리며 말하기를

"그대의 말이 진정으로 옳기는 하오만, 생각건대 지금 군부(君父)가 어디에 계시는가. 감히 일각(一刻)을 헛되이 보내면서 성패의 이익만을 따지고, 눈앞에 원수들이 기고만장한 꼴을 눈 뜨고 볼 수 있으리오. 임금이 욕을 당하면 신하는 목숨을 다 한다(主辱臣死)고 하지 않았소. 나에게는 오직 한 번의 죽음이 있을 따름이외다. 그대가 나의 심정을 이해하여 주기 바라오."

이러한 말에 감동한 막료들은 그의 충성심에 공감하고 죽기로 싸울 것을 다짐했다. 유성에서 있었던 작전회의에서 영규가 의견을 말하기를

"전라 순찰사가 수만의 군대를 이끌고 북상하려고 소승에게 선봉되기를 청한 바 있사온데, 아직 공격기일을 확실하게 약속받지 않은 것이 걱정이 되옵니다."
라고 하자, 조헌은 자기의 심정을 다시 말하고, 이미 제의한 날짜를 스스로 어길 수는 없다고 했다. 영규는 부장들에게 주장의 결의가 이처럼 반석 같으니, 주장만 보낼 수는 없다고 하며 거느린 수백 명의 승병이 조헌 의병과 금산으로 향하였다.

이때 금산 전투에 참여한 의병과 승병의 정확한 규모는 얼마나 되었을까? 조헌 선생이 이끄는 의병이 700명이었다는 사실에 대해서는 모든 사료가 명확히 지적하고 있다. 그러나 영규가 이끄는 승병의 규모

는 선조수정실록 선조 25년(壬辰年) 8월 1일 자 "의병장 조헌과 의승 영규가 금산의 적을 공격했으나 이기지 못하고 전사하다."라는 기록에 "'조공(趙公)을 혼자 죽게 할 수는 없다.' 하고 이에 거느린 승려 수백 명과 진(陣)을 합하여 함께 떠나면서 문첩(文牒)을 계속 보내어 관군이 이어 진군하도록 재촉하였다"라고, 승병의 규모가 3~4백 명이었음을 기록하고 있다. 또한 조헌 선생의 문집 "중봉집(重峯集)"에도 "영규가 승병 3백 인을 거느리고 선생을 따랐다"라고 기록하고 있다. 이러한 사료에 근거하여 금산 전투에 참전한 병력 규모는 의병과 승병을 합하여 1,000명에서 1,100명 정도로 판단할 수 있다.

중봉 의병이 금산지역에서 치른 세부적인 전투 상황에 대한 기록은 발견되지 않았다. 조헌 선생은 병법에 대한 깊은 식견을 가지고 있었다. 그의 상소문 중에 "영호남비왜지책"에서 그의 전략과 전술적 측면의 혜안과 식견이 잘 나타나 있다.

중봉 의병이 금산지역에서 치른 세부적인 전투 상황은 여러 기록의 조각을 모으면 전술적 활동의 개략적인 추정이 가능하다. 이러한 전제하에 전개되는 금산 전투에 대한 부분에는 개인적 견해가 일부 포함되었음을 미리 밝혀둔다.

유성을 출발한 중봉 의병과 영규의 승병은 갑천(甲川)을 따라서 가수원 방향으로 행군한다. 행군 간에 적의 매복이나 기습에 대비하여 본대 앞으로 척후대를 보냈다. 척후대장 임정식(任廷式)은 척후병을 지휘하여 행군로 상의 중요지점을 정탐하며 본대를 보호하였다. 임정식은 조헌 선생의 문인으로 무과에 급제하여 훈련원 봉사(訓鍊院奉事)를 지낸 무인이다. 일찍이 왜적을 섬멸하지 않으면 돌아오지 않겠다는 각오로 조헌을 따랐으며, 보은 수리치 전투에서도 혁혁한 공을 세운 바가 있었다.

가수원에서 흑석리를 지나 산적리 고개를 하나 넘으면 금산군 복수면 지량리가 나온다. 이 길이 금산으로 가는 가장 단거리가 될 것이다. 지량리로 넘어가는 고개에 도착한 조헌은 일단 이곳에서 하룻밤을 머물기로 한다. 이 산의 정상이 331고지인데 산의 이름이 "조중봉"이다. 중봉 조헌 선생이 의병을 이끌고 이곳에서 머물렀다 하여 붙여진 이름이라고 전해온다.

24. 연곤평과 와여평을 점령하라

331고지 일대에 숙영지를 편성한 조헌은 의병들이 충분한 휴식을 취하도록 조치했다. 이때 정탐을 나간 임정식이 별장(別將) 이산겸(李山謙)을 안내해 왔다. 이산겸은 조헌의 스승 중에 한 분인 토정(土亭) 이지함(李之菡)의 아들이다. 이산겸은 금산에서 왜적에게 패퇴하여 수백 명의 군사와 철수하는 중에 조헌 선생께서 의병을 이끌고 금산으로 향한다는 말을 듣고 찾아온 것이라고 했다. 그리고 말하기를
"왜적이 을묘년(乙卯年) 호남지방에서의 패전과 청주전투에서의 패전을 복수하겠다고 벼르고 있으며, 지금 금산에 둔거(屯拠)하고 있는 왜적은 모두 정예(精銳)일 뿐만 아니라 그 수효 또한 수만이 됩니다. 어찌 정규군도 아닌 병력으로 이를 맞아 싸우려고 합니까. 마땅히

군세(軍勢)를 살펴서 적을 가벼이 상대하지 마십시오."
라고 진군을 말렸다. 그러나 이미 전라도 순찰사와의 약속이 있었고, 조헌의 결심 또한 흔들리지 않았다.

조헌은 막료와 영규를 불러 이틀 후로 약속된 금산성 공격계획을 논의하였다. 내일 다시 행군을 시작해서 금산성 인근으로 진출해서 적정을 탐지하고 전투준비를 갖추기로 했다. 지량리에 들어서면 유등천을 따라 남으로 행군하다가 곡남리 인근에서 금성산을 넘어 금산성(錦山城) 가까이 진출한 다음에 전라도 관군과 연락이 되면 적을 협공하려는 것이었다. 조헌이 이끄는 의병과 영규의 승병은 각각 분산하여 집결지를 점령하며, 중봉 의병은 금성산 아래 연곤평(延昆坪) 부근에 진을 치고, 영규의 승병은 10리 정도 떨어진 와여평(瓦余坪-왜뿔)에 진을 치도록 결정하였다.

8월 17일, 조헌은 전라도 순찰사 권율(權慄)의 전갈을 애타게 기다리고 있었다. 이미, 금산의 적을 공격하기로 약속한 날짜가 8월 18일로 내일이다. 그런데 전라도 관군의 진군(進軍) 상황을 전혀 알 수가 없었다. 관군의 위치는 중봉 의병이 금산성에 가까이 접근하는 시기 판단에 중요한 요소였다. 조헌은 약정한 공격 일자에 맞춰 군사를 전개할 수밖에 없었고, 그 판단의 기저에는 권율에 대한 확고한 믿음이 있었을 것이다.

지량리 331고지 능선에서 의병부대가 출발한 것은 오후가 되었을 것이다. 해가 질 무렵을 이용하여 중봉 의병은 금산성 10리 밖의 연곤평을 점령하고, 승병은 와여평(왜뿔)으로 전개하였다. 두 의병부대 간은 약 십 리 정도 거리가 있었고, 적이 있는 금산성으로부터 와여평은 약 5km 정도로 중봉의병이 위치한 연곤평과 비슷한 거리였다. 당시 부대 배치 의도를 정확히 알 수는 없으나 분산과 집중이라는 전술 개념과 일치하는 면이 있다.

첫째, 금산성 공격 목적에 적합한 배치라고 할 수 있다. 조헌 의병과 영규 승병이 북과 서쪽 방향에서 공격하고 권율의 전라도 관군이 도착하면 남쪽에서 공격하는 공성 작전의 전투배치 형태라고 할 수 있다.
둘째, 의병과 승병은 상하관계가 아닌 별개의 조직으로 보인다. 지휘체계가 다른 두 집단이 각각의 점령지로 분산하는 것은 지극히 당연하다고 판단된다.
셋째, 분산은 적에게 병력의 규모를 과장하고 주의를 분산시켜 기만하는 효과를 얻을 수 있고, 금산성 공격작전에 유리한 위치를 확보하는 효과를 기대할 수 있다.

이러한 두 의병군(義兵軍)이 점령한 위치가 다르다는 것은 승병의 싸움터에 대한 새로운 과제를 던져주고 있다.
음력 8월 17일 밤, 흐린 날씨에 달빛은 구름에 가려 어둠은 짙었다. 협공을 약속한 전라도 관군의 소식은 오지 않았다. 애타게 기다리는 조헌의 심정과는 달리, 권율은 조헌에게 공격 날짜를 연기하자는 서신을 보내고 당연히 당도했을 것으로 여겼다. 그러나 이를 모르는 조헌의 기다리는 시간은 애타게 흐르고, 어느덧 밤은 깊어 새벽으로 향하고 있었다.

25. 장부는 오직 한 번의 죽음이 있을 뿐이다

적들은 낮부터 의병과 승병의 움직임을 탐지한 것으로 보인다. 정규군도 아니고 무기도 보잘 것 없을뿐더러 병력의 규모도 크지 않은 의병과 승병의 임전 상태를 적이 탐지한 것이다. 더구나 후속부대도 보이지 않는다는 것은 적으로 하여금 선제공격을 감행할 자신감을 주었을 것이다. 왜적들은 조총으로 무장한 정규군이다. 그날 밤, 적은 어둠을 이용해서 은밀하게 의병을 포위하기 시작한다.

당시 왜군의 전투부대를 3~4진으로 편성하여 계속해서 압박을 가하는 전법을 기본으로 했다. 제1진은 기병(騎兵)으로 기치(旗幟-깃발)를 가지고 적진에서 2개 제대로 분열하여 적을 포위할 태세를 갖추면, 총병(銃兵)으로 편성된 제2진이 적의 정면으로 진출하여 조총을 쏘면서 돌격을 감행하고, 그 뒤로 궁병(弓兵)이 진격하고, 최후로 장검을 가진 제4진이 백병전(白兵戰)을 벌이는 것을 기본으로 삼는 전법을 사용했다.

8월 18일, 날이 밝기도 전에 드디어 적의 기습적인 선제공격이 시작되었다. 왜적은 중봉 의병과 거리를 두고 있는 영규의 승병 진영에도 동시에 공격을 감행했다. 예기치 못한 적의 기습공격에 놀랐으나 조헌은 침착했다. 그리고 의병들에게 엄하게 명했다.

'오늘은 오직 단 한 번의 죽음이 있을 뿐이다. 죽고 살고 앞으로 진격하고 물러남에 있어서 의(義) 자에 부끄러움이 없도록 하라(今日只有一死死生進退毋愧義字).'

군사들은 이러한 의병장의 명령을 최후의 순간까지 어기지 않았다. 적은 3개 제대로 편성해서 교대로 공격하기 시작했다. 첫 기습공격에서는 전투준비가 제대로 갖춰지지 않은 상황에서 잠시 당황했다. 그러나 의병들의 침착한 대응으로 곧 안정을 찾으며 적과 치열한 전투가 벌어졌다. 조금도 두려워하지 않았고, 용감하게 저항하는 의병들의 강한 기세에 놀란 왜적들은 오래 견디질 못하고 일단 물러섰다.

금산 혈전 순절도

첫 교전이 끝나자 이어서 적의 제2진이 숨 돌릴 틈도 없이 공격을 가해왔다. 조총으로 무장한 병력도 섞여 있었다. 이에 재빠른 궁수들의 응수에 적은 쉽게 접근하지 못했다. 조헌은 북을 치며 독전을 계속했다. 그러나 죽기를 각오하고 싸워도 전투력의 열세를 극복하기는 어려웠다. 군사들의 피해는 늘어가고 상황은 점점 어려운 상황으로 전개되어 갔다.

형세가 위급함을 느낀 척후장 임정식(任廷式)이 말을 몰아 앞으로 돌진했다. 놀란 왜적들이 주춤하는 사이에 의병들은 일제히 함성을 지르며 적을 향해 공격을 감행했다. 혼자서 여러 명의 왜적을 격파한 임정식이 결국은 적에게 포위되었다. 임정식은 이를 돌파하기 위해 끝까지 온 힘을 다해 용감하게 싸웠으나 끝내 적의 칼날에 전사하고 말았다. 적의 기세는 주춤하고 잠시 소강상태에 들어갔다.

적의 세 번째 공격이 이어졌다. 상대적으로 열세한 전투력이었으나 죽기를 각오한 의병들의 분전은 놀랍고 눈물겨웠다.

사인 이우(李瑀)는 적과 격투 끝에 적을 죽이는 찰나에 날아 들어온 화살에 맞아 죽었다. 김절(金節)은 마상에서 홍의(紅衣)를 입은 적장을 죽였으나 그 칼에 맞아 죽고, 만호 변계온(邊繼溫)은 한칼에 적 10여명을 쓸어버리면서 적진 깊숙이 들어가서 죽었다. 전 온양 현감 양응춘(楊應春)은 말을 타고 마상의 적과 치열한 육박전을 벌였으며, 봉사 곽자방(郭自防)은 육모 몽둥이로 적을 때려죽였다. 무인 김헌(金獻)은 마상의 적에 창을 빼앗아 그의 목을 잘라 죽였으며, 부장 김인남(金仁男)은 적의 말을 빼앗아 타고 용감히 싸웠으나 결국 장렬하게 죽었다.

무인 이양립(李養立)은 완력이 장사인지라 칼이 부러지면 맨주먹으로 적을 때려죽였고, 무인 정원복(鄭元福)은 화살로 수명을 쏘아 죽이고 화살이 다 하자 적의 화살을 되쏘기도 하였다. 부장 강인서(姜仁恕)는 먼저 적의 말을 베고 이어서 적장의 목을 베었다.

무인 박봉서(朴鳳瑞)는 군사를 호령하면서 3명의 적을 한꺼번에 죽였고, 사인 김희철(金希哲)은 도망치는 적을 한칼로 베어 죽였고, 부장 이인현(李仁賢)은 크게 소리치기를 '이인현이 여기 있다,' 하니 적이 두려워 물러나자 좌로 베고 우로 찔러 죽였다. 황삼양(黃三讓)은 크게 노하여 철편(鐵鞭)으로 적을 풀잎같이 쓸어버리며 적중에 깊이 들어가 칼이 부러질 때까지 적을 죽였으나 결국에 죽임을 당하고 말았다.

또, 부장 박춘년(朴春年)은 맨 먼저 성벽에 올라 적을 베어 죽였고, 사인 한기(韓琦)는 군사 3명을 좌우에 거느리고 사람과 말을 모조리 베었으며, 부장 박찬(朴贊)은 적의 창을 빼앗아 죽이면서 하루 종일 용전분투하다가 죽음을 당하였다.

한편, 사인 박사진(朴士振), 복응길(卜應吉), 신경일(申慶一), 서응시(徐應時), 윤여익(尹汝翼), 김성원(金聲遠), 박혼(朴渾), 조경남(趙慶男), 고명조(高明祖) 등은 조헌 선생의 문하생으로 일보도 물러서지 않고 적과 싸우다가 죽었다.

조헌을 따라 참전한 아들 완기(完基)가 앞으로 나섰다. 이대로는 적을 섬멸할 수도 없고 부친의 목숨도 위태로웠다. 그는 대장처럼 의관(衣冠)을 화려하게 차려입고 말을 몰아 선두에 나섰다. 자신이 의병대장인 것처럼 꾸며서 적을 유인하고 아버지를 보호하려는 계책이었다. 완기가 말을 달려 적과 대적하자 적들은 그를 의병대장으로 오인하고 일제히 집중하여 공격을 감행해 왔다. 의병들은 이 기회를 이용해서 적의 배후를 공격하기 시작했다. 적에 싸여 용전분투하던 완기가 더는 버티지 못하고 결국은 적의 칼날에 쓰러지고 만다. 완기를 의병대장으로 오인한 적은 쓰러진 완기에게로 벌 떼 같이 달려들었다. 그리고 완기의 시신을 갈기갈기 찢고 짓이기기 시작했다. 시신은 순식간에 사방으로 흩어지고 흔적도 없이 사라져 버렸다. 이때 그의 나이가 23살로 꽃다운 청춘이었다.

"인명은 하늘에 달린 것이다. 용기를 잃지 말고 원수의 왜적들을 한 놈도 살려두지 마라."

전투를 독려하는 의병장의 함성이 어지러웠다. 온종일 적과 혈투를 벌이며 진퇴하기를 세 번이었다. 화살도 다 해갔다. 왜적도 큰 피해를 입었으나 우세한 병력으로 기세를 높여 갔다. 이제 의병장의 장막 안에까지 적이 돌입할 위기에 닥쳤다. 이제는 막하의 부장들이 조헌 선생에게 피할 것을 간청하기에 이르렀다.

"선생님, 어서 이 자리를 피해 목숨을 보전하시어 후일을 도모하시옵소서!"

조헌은 부장들의 간청에 미소를 띠며 말안장을 풀면서 이렇게 말했다.

"여기가 내가 순절(殉節)할 땅이다. 장부(丈夫)는 오직 한 번의 죽음이 있을 뿐, 전쟁에 임하여 구차하게 이를 모면하려 해서는 안 된다."

하고는 말안장을 내려놓았다. 그리고 또, 말하기를

"너희들이 나를 후퇴하도록 하려 하나, 나는 여기서 죽을 것이니, 너희들의 진퇴는 각자가 임의대로 결정하도록 하라."

이에 휘하의 부하들이 모두 선생의 뜻에 감동하여 죽기를 맹세하고 진격하니, 맨주먹으로 싸우면서도 누구 하나 대열(隊列)을 이탈하지 않았다.

이제는 적의 칼날이 의병장을 위협하기에 이르렀다. 조헌 곁에는 전 만호(萬戶) 변계온(邊繼溫)이 그림자처럼 따라다녔다. 조헌이 소리치기를 강위구(姜渭龜)는 어디 있느냐고 물었다. 강위구는 가산을 정리하여 23세의 아들 봉령(鳳翎)과 선생을 따라 의병에 참여했다. 강위구가 자기를 부르는 소리를 듣고

"위구 부자(父子)가 선생을 따라 죽을 것이로되, 죽더라도 의(義)에

부끄럼이 없도록 하겠습니다."

하고 큰 소리로 대답했다. 조헌 선생에게 위험이 닥쳐오자 부장(副將)들과 의병들이 그를 빙 둘러쳐 보호하면서 울부짖었다. 이제 최후의 순간이 눈앞에 다가오는 듯했다. 의병들은 화살도 떨어졌고, 왜적은 사방에서 개미 떼 같이 몰려들었다. 군사들을 정돈하여 싸우던 김성진(金聲振), 김성원(金聲遠), 김형진(金亨鎭), 김절(金節), 권격(權格) 등 막료들이 선생 가까이 모여들었다. 조헌 선생은 의관을 바로 하고 이렇게 말했다.

"사나이가 한 번 죽는 것은 당연한데, 죽으려면 그 죽을 시기와 장소를 얻어야 한다."

이에 김성진이 오열하며 대답하기를

"사나이가 그 임금이 몽진(蒙塵-난리를 피해 피난함)하는데, 이때를 당하여 저 더러운 적들을 일소하여 대가(大駕-임금의 수레)를 보호하지 못하고 이 몸이 먼저 죽음에 이르렀으니, 죽는 것은 두려운 바가 없으나 할 일을 다하지 못함이 한스럽습니다."

라고 대답했다. 이에 선생이 말하기를

"나는 의병을 일으킬 때부터 오늘이 있을 것을 알았다. 담담하게 의(義)에 나아가 죽자."

그렇게 말할 때 왜적의 무리가 닥쳤다. 선생은 칼을 들어 한 놈의 적이라도 더 죽이려고 일어섰다. 의병들이 선생을 가운데 두고 둥그렇게 벽을 치며 적과 맞붙어 싸웠다. 적과 어우러져 치열한 접전 속에 피가 튀고 의병들은 오른팔이 잘려 나가면 왼팔로 싸웠다. 거센 적을 물리치면 또, 다른 적이 공격해 왔다. 선생이 왜적과 맞붙어 싸우며 의병을 호령할 때 왜적의 칼날이 선생의 신체를 파고들었고 선혈이 튀었다.

저놈들이 우리 선생을 죽였다! 의병들이 분기하여 왜적을 향해 돌진하며 울부짖었다.

아! 분하고 원통하다. 경세제민(経世済民)을 꿈꾸고 의(義)로운 세상을 위해 목숨을 걸었던 절세의 위인이 한낱 왜놈의 칼날에 희생되다니, 원통하고 분하다.

26. 아! 중봉 선생이시여!

조헌 선생이 순절하자 무인(武人) 박봉서(朴鳳瑞)가 시신을 끌어안고 어찌할 줄을 모르고 통곡했다. 통곡하는 박봉서에게도 왜적의 칼날이 번득였다. 이때 조여관(趙汝寬)이 칼을 들고 의병들에게 호령했다.

"주장은 이미 순절했다. 감히 흩어져 도망가는 자는 내가 참수하리라."

하고 소리치며 전투를 독려하던 그도 적탄에 쓰러졌다.

그리고 마지막 한 명의 의병까지도 전장을 이탈하지 않고 끝까지 용감하게 싸우다가 장렬하게 전사했다.

새벽부터 시작된 생사를 건 치열한 전투는 어둠이 내리면서 끝이 났다. 세 배가 넘는 정예 왜군과 일천 명의 의병은 시작부터 어려운 상대였다. 그러나 아무리 강한 왜적도 목숨을 내놓고 죽기로 싸우는 의병 앞에서는 엄청난 희생을 치르지 않으면 안 되었다.

날이 밝아 싸움터에 들어가 보니 "의(義)"자 깃발 아래 부장(副將)

과 의병들이 선생을 덮고 둥그렇게 누워서 죽어있었다. 이 전투에서 의병들은 단 한 사람도 전장을 이탈하지 않았고 주장을 따라 끝까지 싸우다 죽었다. 그렇게 조헌(趙憲) 선생과 칠백 명의 의로운 넋은 나라를 구하기 위해서 한마음 한뜻으로 금산 연곤평에서 연기처럼 사라져 갔으니, 이때 선생의 나이 49세였다.

세상에 어느 하나 귀하지 않은 목숨이 있던가. 나라를 위해 장렬하고도 아름답게 숨져간 의로운 넋 앞에서 말을 잃고 숙연할 따름이다. 연곤평 너른 뜰에는 땅을 치며 흐느끼는 사람들의 통곡만이 하늘과 땅을 울리고 있었다.

중봉 조헌 선생과 그의 의병들은 충의(忠義)를 위해 기꺼이 죽음을 선택했고, 그의 아들 완기는 효(孝)를 위해 아버지를 따라 죽었다. 동서고금(東西古今)의 전사(戰史)에 7백 명의 군사가 한 사람도 전장을 이탈하지 않고 한날한시에 지휘관과 함께 전사(戰死)한 전례는 없었다. 그것도 정규군(正規軍)도 아닌 의병(義兵)이 주장(主將)을 따라 고귀한 생명을 바쳐 죽음을 선택한 그 숭고한 정신은 과연 어디에서 나왔을까?

이때 순절한 의사 중에는

이광륜(李光輪)은 의병 수백 명을 인솔하여 참전했다가 순절하였다.

노응환(盧應皖) 3형제는 함께 출전하여 응탁(應晫)과 형제는 순절하였고, 응호(應皓)는 격서를 전하러 갔다가 죽음을 모면하였다.

유걸(庚傑)은 아들 명지(明智), 명리(明里)와 참전하였다가 3부자가 함께 순절했다.

한응성(韓應聖)은 가동 수십 명을 거느리고 선생에게 달려와 참전하였다가 순절하였다.

정민수(鄭民秀)는 의병 105 명을 모집하여 선생에게로 달려와 참전하였다가 순절했다.

강위구(姜渭龜)는 선생의 창의(倡義) 격문을 보고 가산을 기울여 장사들을 모집하고, 아들 봉령과 참전하였다가 부자가 함께 순절하였다. 그 뒤 부인 김 씨와 자부(子婦) 문 씨가 초혼(招魂)하여 장사한 후 부자의 무덤 앞에서 스스로 목숨을 끊었다. 때마침 무지개가 3일간이나 하늘에 걸쳐 있었다고 한다.

그 외에도 조헌 선생을 지원하기 위해서 각지에서 금산으로 달려오다가 도착하기도 전에 순절한 의사들도 많았다.

이환(李丸)은 의병 100여 명을 이끌고 금산으로 달려오다가 사현(沙峴)에서 왜적을 만나 분투하다 순절했다.

공기우(孔奇禹)는 가동과 마을 장정을 영솔하고 선생에게로 달려오다가 금산에 못미처 왜적과 조우하여 분전하다가 순절하였다.

손승경(孫承憬)은 의병과 가동 수십 명을 거느리고 선생에게로 달려오다가 양성현(陽城縣)에서 왜적에 포위되어 역전타가 순절하였다.

이 외에도 형제와 가족들이 함께 참전한 사람이 많았다.

왜적의 피해는 더욱 커서 3일 동안 산더미 같은 시체를 운반하였으나 다 거두지 못하고 거둔 시체만 쌓아서 불태우고 도망쳤다. 결국 고

바야가와는 전라도 점령계획을 포기하고 북상하여 개성으로 이동한다. 선조 25년 8월 1일 자 선조수정실록에는 "금산에 주둔하던 적이 도망가다"라는 기사의 일부이다.

> 금산(錦山)에 주둔했던 적이 밤에 도망하였다. 적이 비록 조헌 등의 군사를 패배시키기는 하였지만, 다친 군사가 매우 많았고 관군이 잇따라 이르러 피폐한 때를 이용하여 공격할까 의심하고서 무주(茂朱)와 옥천(沃川)에 주둔했던 군사들을 거두어 군영을 태워버리고 밤에 도망하였다. 그리하여 호남이 완전하게 되었는데, 사람들은 조헌 등의 공이 장수양(張睢陽)에 비교할 만하다고 하였다.

27. 위대한 역사의 흔적 금산 칠백의총(七百義塚)

전투가 끝난 다음 날 날이 밝아 아우 범(範)이 싸움터에 들어가 중봉의 시신을 찾으니 "義"자 깃발 아래에 부장과 병사들이 선생을 가운데 두고 둥글게 모여 서로 겹쳐서 죽어있고, 선생은 두 눈을 부릅뜨고 수염은 헝클어져 성낸 기운이 꼭 산 사람 같았다.

사람들이 여기 연곤평(延昆坪) 뜰에서 전사한 700의병의 의로운 시신을 모아서 하나의 무덤을 만드니 이곳이 민족의 성역 칠백의총(七百義塚)이다.

중봉 선생이 패했다는 소식이 알려지자 그를 따라 전사(戰死)한 집에서 누구도 사사로운 원한을 갖지 않았고, 오직 조헌(趙憲) 선생의 죽음만을 슬퍼하였으며, 다행히 전열(戰列)에 끼이지 못해 죽음을 면

칠백의총(七百義塚)

한 사람들도 함께 죽지 못함을 한스럽게 생각하였다. 호남의 여러 고을의 백성들은 조헌(趙憲) 선생을 애도하여 소찬(素餐) 들기를 수개월 동안 하였다고 한다.

아! 슬프고 원통하다. 세상에 이와 같이 용감하고 의로운 사람들이 또 있었던가. 금산성 연곤평에서 왜적과 싸우다 숨져간 중봉 조헌 선생과 그의 칠백 의병들이여! 그 위대하고 빛나는 얼은 영원무궁 후손들의 가슴과 가슴으로 이어지리라.

1603년(선조 36)에 호남과 호서지방 유사(儒士)들이 무덤 앞에 세운 "중봉조선생일군순의비(重峯趙先生一軍殉義碑)는 좌의정 윤근수(尹根壽)가 글을 짓고 김현성(金玄成)이 글을 썼다.

비문에는 "여기가 조헌 선생이 나라를 위하여 목숨을 바친 곳이며 부하 여러 동지들의 유체가 묻힌 곳이다"라고 시작되어 왜란의 예견과 상소한 내용과 왜적의 침범이 있은 후의 활동 등을 상세히 기록하고 있다. 선생의 제자 박정량(朴廷亮)이 전쟁터에 달려가 통곡하며 그 유골들을 모아 하나의 무덤을 만들었고 금산지방이 백성들이 해마다 제사를 그치지 않았다. 그리고 비(碑)를 세운 뜻을 밝혀두었는데, 후세의 사람들이 이 사실을 증명하지 못할 것을 염려하여 사실의 개략을 적어 천만년 후대에 이르도록 비석을 세웠다고 기록하고 있다.

순의 비는 일제강점기에 항일 유적이라 하여 일본인 경찰서장에 의해 파괴되었으나 해방이 되자 금산군민이 땅에서 조각들을 파내서 복원하여 칠백의총 경내에 다시 세워져 있다.

중봉조선생일군순의비(重峯趙先生一軍殉義碑)

1656년(인조 14)에 세운 선생의 신도비(神道碑)는 청운(靑雲) 김상헌(金尙憲)이 글을 짓고 동춘당(同春堂) 송준길(宋浚吉)이 글씨를 썼다. 김상헌은 비문 첫머리에

"국가에서 인재를 양성한 지 200년, 선조 때에 이르러 충효(忠孝)와 절의(節義)와 학문(學問)을 겸비하신 선비가 한 분 계시니 바로 중봉

조선생(重峯趙先生) 헌(憲)이시다."
라는 말로 시작된다. 그리고 결미에 다음과 같은 시(詩)를 남겼다.

    하나님이 사람에게 착한 마음을 점지하실 적에
    중화(中華)라 하여 풍성하게 주지 않고
    오랑캐라 하여 인색하게 주지 않았도다
    선생이 이를 받으사
    효도로써 아들의 법(法)을 삼으시고
    충성으로써 신하의 법(法)을 삼으셨다.
    이 마음을 다 같이 가진 자가
    누구인들 감복하지 않으리오
    일이 만(萬) 가지로 다르고
    이치(理致)가 한 가지가 아니어서
    산머리의 구름은 쉽게 걷히건만 임금의 총명은 오히려 흐려졌고
    사나운 고기도 길들일 수 있건만
    간사한 마음들은 고쳐지기 어려웠네
    임진(壬辰) 계사(癸巳) 그 무렵에 천지가 번복되자
    선생의 한 몸으로 지극한 인간상(人間像)을 혼자서 도맡았다
    왜사(倭使)의 목을 베라고 위태로운 말을 하니
    위·아래 모두가 얼굴빛을 잃었었고
    피나는 울음으로 군중에게 맹세하니
    의리 있는 군사가 구름처럼 모여섰다
    상당(上堂)에서 전투할 때 왜놈들 넋 잃었네
    승리한 보고 듣자 온 조정이 기뻐했고

두 번째로 금산(錦山)싸움 화살처럼 다가갔다
군사는 용감해서 적을 많이 죽였는데
하늘은 어찌하여 악한 자를 두둔하나
구름은 해를 가리고
군사는 화살이 덜어졌네
부자(父子)가 크게 고함치니
하늘도 따라 울고
산악(山岳)도 쪼개진 것 같았도다
선생의 돌아가심을
남들은 그 몸이 애석타 하지만
선생의 돌아가심을
나는 나라를 위해 애석타 하리오
옛날의 전횡(田橫)은
함께 죽은 이가 오백인(五百人) 이었는데
이제 순절한 의사는
칠백인(七百人) 이시니
아름답도다 선생이시어
만고에 길이 빛나로다
다만 비석에 쓴 글이
거필(巨筆)이 아니어서 부끄럽구료

연보(年譜)

- 1544년(중종 39년 甲辰) 6월 28일 사시(巳時)에 김포현 서쪽 감정리(坎井里)에서 출생.
- 1548년(명종 3년 戊申 5세) 김포 임정에서 글을 읽다가 고관의 행차 소리에 아이들이 모두 구경하러 나갔으나 홀로 의연히 앉아 책을 읽었다. 고관이 장차 큰 학자가 될 것을 예언하다.
- 1551년(명종 6년 辛亥 8세) 부모를 섬기는 예를 알아 부모의 명이 있으면 반드시 꿇어앉아서 대하고 모든 일을 공경으로 대하였으며 밭농사를 부지런히 도왔다.
- 1553년(명종 8년 癸丑 10세) 어머니 차 씨(車氏)부인의 상을 당하여 슬프게 사모하는 모습이 어른 같았다.
- 1555년(명종 10년 乙卯 12세) 김황(金滉)에게서 시서(詩書)를 수학하였다.
  학문을 좋아하여 한겨울에도 다 떨어진 옷과 신으로

추위를 참고 글방을 다녔다. 밤낮으로 손에서 책을 떼지 않았고 밭두렁에 막대기로 서가를 만들어 농사일을 하면서도 쉬지 않고 공부하였다.

- 1559년(명종 14년 己未 16세) 경서와 시서에 몰두하여 침식을 잃다. 참을 알고 실천함에 옛 성현과 같이하고, 늘 격앙하여 말하기를 "하늘이 남자를 낸 뜻이 어찌 우연이리오(天生男子之意 豈偶然哉)"라 하였다.

  요순탕무(堯舜湯武)가 아니면 말하지 아니하고 공맹정주(公孟程朱)가 아니면 배우지 아니하였다.

- 1561년(명종 16년 辛酉 18세) 영월 신씨(寧越辛氏) 신세성(辛世誠)의 딸과 혼인하였다.

- 1563년(명종 18년 癸亥 20세) 양천강(陽川江)을 건널 때 큰바람을 만나 배 안의 사람들이 사색이 되었으나 선생은 홀로 앉아 태연하게 웃으며 "죽고 사는 것은 천명인데 도망치며 울부짖는다 해서 면할 수 있을 것인가"라 하였다. 김후재(金厚載)란 선비가 감탄하여 정중히 인사하고 돌아갔다.

- 1565년(명종 20년 乙丑 22세) 성균관(成均館)에 유학하였다.

  성균관 유생들과 더불어 승 보우(普雨)의 잘못을 상소로 논하여 대궐 문 앞에 엎드려 기다렸으나 임금의 비답이 없었다. 다른 유생들과 달리 선생은 처음부터 끝까지 바르게 앉아 자리를 뜨지 않았다.

- 1566년(명종 21년 丙寅 23세) 온성도호부(穩城都護府) 훈도(訓

導)에 임명되다.

- 1567년(명종 22년 丁卯 24세) 가을에 감시(監試)와 동당삼장(東堂三場)에 모두 합격하다.

    11월에 병과(丙科) 제9인으로 급제(及第)하다. 교서관 부정자(校書館副正字)가 되다.

- 1568년(선조 원년 戊辰 25세) 정주목 교수(定州牧敎授)에 임명되다. 선생이 교육에 힘을 기울인 지 3년 만에 사풍(士風)이 크게 변하였다.

- 1570년(선조 3년 庚午 27세) 파주목 교수(坡州牧敎授)로 전근 되다. 우계(牛溪) 성혼(成渾)에게 학문을 청하다. 우계는 선생을 외우(畏友)라 하였으나 선생은 끝내 스승으로 섬기다.

- 1571년(선조 4년 辛未 28세) 홍주목 교수(洪州牧敎授)에 임명되다. 토정(土亭) 이지함(李之菡)을 찾아가 가르침을 청하다. 토정은 선생의 학문에 놀라 "그대의 덕기는 내가 가르칠만한 사람이 아니다"라고 사양하다. 토정의 권유로 성혼(成渾), 이이(李珥)를 스승으로 섬기고 구봉 송익필(龜峯 宋翼弼)과 고청서기(孤靑徐起)를 찾아뵈다.

- 1572년(선조 5년 壬申 29세) 교서관 정자(校書館正字)에 임명되다. 6월 궁중 불사(佛寺) 및 자수궁(慈壽宮), 성숙청(星宿廳)에 향을 바치는 것을 반대 하는 소(疏)를 올렸다가 삭직되다. 이지함과 부여의 강사(江沙)에서 노닐고

두류산(頭流山)으로 서기를 찾아 몇 달 동안 학문을 닦고 돌아왔다.

다시 안면도를 구경하다.

- 1573년(선조 6년 癸酉 30세) 교서관 저작(校書館著作)에 승직되었다.

  다시 향실의 직무를 맡게 되어 또, 봉향을 못하겠다는 상소(論香祝疏)를 하니 왕이 진노하여 중죄로 다스리려 했다. 양사(兩司: 司憲府, 司諫院)와 홍문관(弘文館)의 공경 대신들의 구원으로 벌을 면하였다.

  이로부터 선생의 곧은 말이 세상에 떨쳐 위로는 조신(朝臣)으로부터 백성에 이르기까지 사귀기를 원하였다.

- 1574년(선조 7년 甲戌 31세) 5월 질정관(質正官)으로서 성절사(聖節使) 박희립(朴希立)과 명 (明)나라에 가다.

  8월 4일 명나라 서울에 이르러 8월 9일 대명전(大明殿)에 들어가고 17일에 황극전(皇極殿)에서 성절하례식(聖節賀禮式)에 참석하다. 예부에 글을 올려 성묘의 위차 (位次)를 질문하니 예부 제공(諸公)이 왕복 논란하며 감탄하고 칭찬하기를 마지 아니하였다.

  11월에 조정에 돌아와 팔조소(八條疏)을 올리다.

- 1575년(선조 8년 乙亥 32세) 교서관 박사(校書館博士), 호조좌랑(戶曹佐郎), 예조좌랑(禮曹佐郎), 성균관 전적(成均館典籍), 사헌부 감찰(司憲府監察)을 거쳐 12월에 통진현감 (通津縣監)에 제수 되다.

주자대전어류(朱子大全語類)를 유희춘(柳希春)과 더불어 교진(校進)하다.

- 1577년(선조 10년 丁丑 34세) 겨울에 부평(富平)에 도배(徒配)되다. 통진 현감이 되어 스스로 검소하고 폐단을 없애기 힘써 선정을 베풀어 백성이 편안하게 되었다. 권세를 믿고 횡행하는 내노(內奴 궁노비)의 작폐를 장으로 다스리다 죽게 되어 귀양 가게 되었다.

- 1578년(선조 11년 戊寅 35세) 정월 24일 부친상을 당하다. 본가가 배소(配所) 몇 십리 밖에 안되었으나 죄인의 몸이어서 집에 갈 수 없어 아침·저녁으로 곡을 하니 듣는 이 모두가 감동하여 눈물을 흘렸다.

  이지함(李之菡) 찾아와 조상하였다.

- 1580년(선조 13년 庚辰 37세) 봄에 상복을 벗다. 4월에 귀양살이에서 풀리다.

  윤4월에 보령을 찾아 돌아가신 이지함(李之菡)을 제사 지내고, 명곡서당(鳴谷書堂)에서 몇 개월간 강학하고 돌아오다.

  가을에 해주 석담(石潭)으로 율곡(栗谷) 선생을 찾아뵙고 몇 달 동안 강학하다. 돌아올 때 율곡이 호연정(浩然亭)까지 나와 시를 지어 배웅하고, 황해도 관찰사 이해 수(李海壽)도 전송하러 나왔다.

- 1581년(선조 14년 辛巳 38세) 봄에 공조좌랑(工曹佐郎)에 임명되었다가 얼마 안 되어 전라도사(全羅都事)로 부임하다.

소(疏)를 올려 연산조의 공안(貢案) 혁파와 이이(李珥)의 외롭고 위태함을 논하니 임금의 비답은 있었으나 받아들여 쓰여지지는 않았다.

송강이 전라도관찰사(全羅道觀察使)가 되어도 경계에 이르자 친교를 맺고 있던 이발(李潑), 김우옹(金宇顒)이 그를 비방하는 말을 듣고 그날로 떠나려 하였다. 이에 정철이 성혼과 이이에 청을 넣어 두 분의 권유로 다시 전주로 돌아갔다. 그 뒤 갈수록 두 분의 정의가 두터워졌고, 선생이 정철에게 "내가 처음에는 타인으로 인하여 공을 잃을 뻔했다"고 하였다.

- 1582년(선조 15년 壬午 39세) 임기가 만료되어 종묘령(宗廟令)에 전임되다.

  8월에 보은현감(報恩縣監)이 되다. 선생이 계모를 모시기 위해서 외직을 청하였기 때문이다.

  부임해서 상소를 올려 민간의 질고(疾苦) 및 내수외양지책(內修外攘之策), 노산군(魯山君)의 후사를 세우고 사육신(死六臣)을 정표(旌表)할 것, 왕자(王子) 제택(第宅)의 사치를 금할 것을 청하다.(이 소는 전하지 않음)

- 1583년(선조 16년 癸未 40세) 보은현감(報恩縣監)에 다시 임명되다. 가을에 경차관(敬差官) 이산보(李山甫)가 호서지방의 민심을 살피고 돌아와 임금에게 좌도에는 보은현감 조헌의 백성 다스림이 제일이라고 아뢰었다.

거울에 사간원정언(司諫院正言) 송순(宋諄) 등이 사감을 품고 선생의 파직을 계청 하였으나 임금이 "이와 같은 사람은 쉽게 얻을 수 없다"라고 논계 7일 동안에 끝내 윤허하지 않았다.

- 1584년(선조 17년 甲申 41세) 정월에 이이(李珥)의 죽음을 듣고 우위(虞位)를 베풀고 곡(哭)하다. 또, 만시(輓詩)를 짓다. 겨울에 다시 대간(臺諫)들의 모함을 받아 파직되다. 서울을 피하여 옥천(沃川) 안읍(安邑) 밤티(栗峙) 산속으로 옮겨 후율정사(後栗精舍)를 짓고 세상을 등지고 강론(講論)하다.

- 1585년(선조 18년 乙酉 42세) 이발(李潑)과 절교하다.
  당론(黨論)이 극심해져 정여립(鄭汝立)이 이이(李珥), 성혼(成渾)을 모함하고 이발에 동조하니 선생이 이를 만류하였으나 듣지 않아 교제를 끊었다.

- 1586년(선조 19년 丙戌 43세) 공주목 교수 겸 제독속독교관(公州牧教授兼提督屬教官)에 임명되다.
  10월에 만언소(萬言疏)를 올려 시폐(時弊)와 성혼, 이이의 충현(忠賢)을 간곡히 진언하였다.

- 1587년(선조 20년 丁亥 44세)
  여름, 간사한 무리가 나라를 그르침과 정여립의 흉패함을 논하는 만언소를 현도상소(縣道上疏)하였으나 관찰사가 이를 받지 않다, 이에 짧은 소를 지어 6월에서 9월까지 다섯 차례를 올렸으나 이를 모두 받지 않았다. 이에 선생은 문묘(文廟)에 글을 지어 고별하고 옥천으로 돌아와 문을 닫고 강학으로 일생을 마치려고 하였다.

11월, 왜국이 사신을 보내오다. 선생이 왜사(倭使)를 배척하여 끊을 것을 청하는 소(疏)를 올렸으나 관찰사가 이를 올리지 않았다.

12월, 다시 소(疏) 지어 대궐 문 앞에 나아가 이전의 소와 함께 2소(二疏)를 지어 올리다. 이 소에서 왜국 사신의 척절(折絶)과 이산해(李山海)의 오국(誤國)을 논한 바 왕이 크게 노하여 소를 불태워 버리게 하여 어쩔 수 없이 옥천으로 돌아오다.

돌아오는 길에 서기(徐起)를 방문하니 그의 직소를 잘못이라고 꾸짖었으나 소장(疏狀)을 읽고는 의관을 바로하고 재배(再拜)한 후 "공(公)의 이 소(疏)에 의지하여 우리나라는 장차 화(禍)를 면할 수 있을 것이다"라 하였다.

- 1588년(선조 21년 戊子 45세) 김포 선영(先塋)에 성묘하고 돌아오다.
- 1589년(선조 22년 己丑 46세)

    4월, 지부상소(持斧上疏)하여 시폐(時弊)를 극론하다. 이로 인하여 함경도 길주 영동역(嶺東驛)에 정배(定配)되다. 이때 북방에 여역(癘疫)이 유행하여 선생의 아우 전(典)이 유배길에 따라갔다가 병에 걸려 죽었다. 귀양 땅에서 소(疏)를 올려 왜국에 통신사(通信使)를 보내지 말 것을 청하다.

11월 4일에 귀양살이에서 풀리다.

10월에 정여립(鄭汝立) 모반사건이 발각되니 호남 유생들이 계(啓)를 올려 선견지명이 있다하여 특명이 내리다.

또, 상소하여 통신사의 파견을 중지할 것을 요청하였으나 보고되지 못했다.

선생이 아직 돌아오기 전에 임금이 이조판서 홍성민(洪聖民)에게 선생의 서용(敍用)을 명하니 성균관 전적(成均館典籍)에 천거하였다가 퇴짜를 맞고 다시 예조정랑(禮曹正郎)에 천거하니 임금이 노하여 그 직을 면하게 하였다. 선생이 돌아오는 길에 이 사실을 알고 대궐 앞에서 거적을 깔고 죄를 기다리며 3일 동안 물러가지 않으니 성안 사람들이 그 충의(忠義)에 감탄하였다.

청절왜사소 3소를 지어 올리다.

- 1590년(선조 23년 庚寅 47세)

봄에 이발(李潑)의 어머니 윤씨(尹氏)를 길에서 뵈다. 선생은 처음에 이발과 극진한 사이였으나 그 후 절교하였는데 이발 형제가 역모에 연루되어 이미 죽었고, 어머니 윤씨가 잡혀감에 선생은 옥천에서 술과 옷을 가지고 중간에서 윤씨 부인을 맞이하고 술잔을 권하며 털옷을 주어 위로한 뒤 서로 통곡하며 이별하였다.

또, 이발의 첩에게도 옷을 주었다.

고운사(孤雲寺)에서 노닐다.

여름에 금천사(金泉寺)에서 강학하다.

12월, 영남지방을 노닐 때에 정몽주(鄭夢周)의 유상(遺像)과 박팽년(朴彭年)의 사당(祠堂)에 글을 지어 제사하고, 관찰사 홍성민(洪聖民)과 수일간 강론하고 돌아오다.

• 1591년(선조 24년 辛卯 48세)

정월에 영남(嶺南)에서 돌아오다.

3월, 지부상소(持斧上疏)하여 왜사(倭使)의 목을 참(斬)할 것을 청하였으나 비답이 없었다. 이때 선생이 승정원(承政院) 문밖에서 3일을 기다렸으나 비답이 없자 주춧돌에 이마를 받아 피가 얼굴에 흐르니 보는 사람들의 의논이 엇갈렸다. 선생은 "명년에 산곡(山谷)으로 피난 갈 때에 반드시 내 말을 생각하리라" 하였다. 그리고 명나라에 보내는 글 의진주변황조표(疑進奏變皇朝表), 대마도, 일본 유민(日本遺民)에 보내는 글, 일본 사신 현소(玄蘇)를 목 베일 죄목, 영·호남의 왜적방비책(倭賊防備策)을 지어 올렸으나 보고되지 않았다.

선생은 나라 일이 어쩔 수 없음에 통곡하고 옥천으로 돌아와 하늘을 보며 탄식으로 보냈다.

윤3월, 박로(朴輅) 전승업(全承業) 등 문인과 서정천

하류에서 노닐다 선생은 "내가 왜국 사신의 목을 베어 명나라에 아룀으로써 뒷날의 책망을 면하고자 하였으나 조정 신하들이 내말을 듣지 않았다. 늦여름이나 초가을에 반드시 유구(琉球)에 고변이 있을 것이고 우리나라의 화(禍)도 언제 닥쳐올지 모르니 제군은 이런 때에 어찌 피를 찍어 상소함으로서 임금을 깨닫게 하지 못하는가?"하며 눈물을 흘렸다.

4월, 아들 완도(完堵)를 시켜 평안관찰사 권징(權徵)과 연안부사 신각(申恪)에게 글을 보내 호를 파고 성(城)을 수축하여 수전(守戰)에 방비를 권하다. 권징은 웃으며 "설사 왜적이 쳐들어온다 하여도 양서(황해도와 평안도)에 까지 미칠 수가 있겠는가?" 하였으나 신각은 선생의 말을 믿고 방어의 대책을 세워 뒷날 왜병을 물 리 칠 수 있었다.

7월, 금산(錦山)으로 남창 김현성(南窓 金玄成)을 방문하다.

이때 박정노(朴廷老)가 선생을 쫓아 영벽루(暎碧樓)에 올랐는데 저녁나절에 갑자기 붉은 기운이 동방(東方)에서 일어나 북(北)·서(西)·서남(西南) 간에 세 갈래로 나뉘면서 땅을 비추었다. 선생은 이를 보고 박정노에게 "풍신수길(豐臣秀吉)의 군대가 이미 출동하여 명년에 크게 침입하기를 이 기운과 같을 것이다"라고 예언하다.

다음날, 김현성과 관찰사에게 급히 방어의 계책을 세우라 하였으나 관찰사 이광(李洸)은 장계를 올리지 않았다.

겨울에 대둔산(大屯山)에 들어가 산곡을 헤매며 높은 산에 올라 먼 데를 보며 나라 일을 탄식하였다. 하루는 네 명의 중과 식사를 하며 "명년에는 반드시 왜란이 있을 것이며 나는 의병을 일으켜 임금을 모실 것이니 이 밥을 같이 먹는 사람은 함께 나와서 나라를 돕자"고 하였다. 다음 해에 선생이 의병을 일으키자 그 중 두 사람은 선생을 따라 죽었고, 한 사람은 이미 죽었으며, 한 사람은 병으로 참전치 못하여 같이 죽지 못함을 한탄하였다.

11월, 공암(孔岩)으로 서기(徐起)를 조상하다.

- 1592년(선조 25년 壬辰 49세)

2월 28일, 부인 신(辛)씨가 죽다.

3월, 김포 선영(先塋)을 찾아 장차 변란이 일어날 것이므로 영원히 물러간다는 뜻의 제문을 지어 고유(告由)하다.

4월 20일, 부인 신씨를 집 뒤에 장사 지낼 때 천고(天鼓)가 울리니 모두 돌아가 피난 준비를 권하다.

왜군이 침입하니 어머니를 청주면(青州面) 선유동(仙遊洞) 피난시키고 오다.

5월 3일, 청주에서 문인들과 격문(檄文)을 띄우다.

5월 하순 문인들과 향병 수백 인을 모아 보은 차령(車嶺)에서 왜군을 만나 선생이 선봉으로 싸워 물리치다. 이후로 왜군은 이 길을 사용하지 못했다.

6월, 문인들과 공주에서 격문을 보내니 의병이 구름같이 모여들어 며칠 사이에 1,000여 명이 되었다. 충청 순찰사 윤선각(尹先覺)이 안세헌의 꾐에 빠져 의병을 탄압하니 모두 해산되고 말았다.

이에 호우(湖右)로 가서 의병을 모집하니 1,600여 명이 모여들었다.

7월 4일, 웅진 용당(熊津 龍堂)에서 제사 지내고 군사를 위로하며 출정식을 하다.

8월 1일, 청주에서 왜적을 격파하고 성(城)을 회복하였다.

청주성의 왜적을 격파 후, 전승업(全承業)과 아들 완도(完堵)를 행재소로 보내다.

이어서 행재소로 근왕하기 위해 의병을 이끌고 아산에 도착하다. 순찰사가 사람을 보내 먼저 금산의 적을 함께 칠 것을 제안하다. 선생은 의병을 회군하여 공주로 왔으나 순찰사가 약속을 배반하고 의병을 탄압하여 모두 흩어지고 끝까지 선생을 따르려는 의병 700명만 남았다.

8월 15일, 행조에서 선생에게 교지를 내려 봉사시첨정(奉常寺僉正)에 제수하다.

8월 16일, 전라도 순찰사 권율(權慄)과 금산의 적을 치기 위해 공주를 출발하다.

유성에서 영규의 승병과 합진하여 금산으로 향하다.

8월 17일, 금산성 10리 앞까지 진출하였으나, 권율이 일정의 연기를 통보한 것을 받지 못하고 적의 기습으로 전투가 시작되었다.

8월 18일, 중과부적으로 적의 기세를 이기지 못하고 선생과 700의사가 모두 순절하다.

순절 후 연표(殉節後年表)

- 1592년(선조 25년 壬辰 49세) 순절하신 다음 날 아우 범(範)이 시신을 거두어 4일 후 안읍(安邑) 도리동(道里洞)에 장사지내다.

  12일에 **가선대부(嘉善大夫) 이조참판(吏曹參判) 겸(兼) 동지경연춘추관(同知經筵春秋館) 의금부사(義禁府事)**에 증직되다.

- 1603년(선조 36년 癸卯) 호남·호서의 유생과 선비가 금산의 순절한 곳에 순의비(殉義碑)를 세우다.

- 1604년(선조 37년 甲辰) 선무원종공신(宣武原從功臣) 일등(一等)으로 공신록(功臣錄)에 오르다.

  자헌대부(資憲大夫) 이조판서(吏曹判書) 겸 홍문관대제학(弘文館大提學) 예문관대제학(藝文館大提學) 지경연(知經筵) 성균관(成均館) 춘추관(春秋館) 의금부사(義禁府事) 세자좌빈객(世子左賓客)에 증직되다.

12월에 예조좌랑(禮曹佐郎) 윤광계(尹光啟)를 보내 치제(致祭)하다.

홍문관 교리(弘文館校理) 성진선(成晉善)을 특별히 보내 묘(墓)를 지킬 5가(五家)를 주어 밭 오결(五結)을 감조케 하고 또 복호(復戶)를 명하다.

- 1609년(광해군 원년 己酉) 명을 내려 **정려(旌閭)**하다.
- 1613년(광해 5년 癸丑) 기보(畿輔)의 선비들이 **김포에 유허비(遺墟碑)**를 세우다.
- 1615년(광해군 7년 乙卯) 아들 완기(完基)의 효자문(孝子門)을 정표(旌表)하다.
- 1636년(인조 14년 丙子) 10월 21일에 선생의 **묘소를 옥천군 안남면 미산(薇山)에 이장**하다.
- 1649년(인조 27년 己丑) **시호(諡號)를 내려 문열(文烈)**이라 하다.
- 1653년(효종 4년 癸巳) 7월 17일에 예조좌랑(禮曹佐郎) 정동엽(鄭東燁)을 금산에 보내어 종용사(從容祠) 의단에 치제하다.
- 1656년(효종 7년 丙申) **신도비(神道碑)를 세우다.**
- 1663년(현종 4년 癸卯) 예조 관리(禮曹官吏)를 보내 치제하다.
- 1665년(현종 6년 乙巳) 5월 7일에 예조좌랑(禮曹佐郎) 류송제(柳松齊)를 보내어 묘소(墓所)에 치제하다.
- 1670년(현종 11년 庚戌) 4월 10일에 사인(舍人) 이훤(李蕙)을 보내어 의단(義壇)에 치제하다.

- 1671년(현종 12년 辛亥) 5월에 예관 김총을 보내어 의단(義壇)에 치제하다.
- 1673년(현종 14년 癸丑) **완기(完基)에게 사헌부(司憲府) 지평(持平)**을 증직하다.
- 1684년(숙종 10년 甲子) 7월 17일 장령(掌令) 권달(權怛)을 보내어 의단(義壇)에 치제하다.
- 1671년(숙종 25년 己卯) 근신(近信)을 보내 의단에 치제하다.
- 1710년(숙종 36년 庚寅) 청주(淸州)의 유생들이 **청주 싸움터에 유허비(遺墟碑)를 세우다.**
- 1712년(숙종 38년 壬辰) 5월 15일에 부사직(副司直) 김시섭(金始爕)을 보내어 의단에 치제하다.
- 1717년(숙종 43년 丁酉) 3월 16일 예조정랑(禮曹正郞) 김윤해(金潤海)를 보내어 묘소(墓所)에 치제하다.

  7월 17일에 다시 예관(禮官)을 보내어 치제하다.
- 1718년(숙종 44년 戊戌) 5월 7일에 예관(禮官)을 보내어 치제하다.
- 1734년(영조 10년 甲寅) 6월 18일에 자손은 적손(嫡孫)이나 지손(支孫)을 가리지 않고 녹용(錄用)케 하다.

  7월 16일 조헌의 표충사를 중수하고 편액을 걸 것을 명하다

  7월 19일 부수찬(副修撰) 유건기(劉健基)를 특별히 보내어 종용사 및 의총에 치제하다.

  9월 15일 우저서원에 근시(近侍)를 보내 치제를 명하다.

  9월 25일 **의정부(議政府) 영의정(領議政)**을 증직하다.

- 1740(숙종 16년 庚申) 7월 18일 선생의 5세손 혁을 불러 하문하고 문집(文集) 간행(刊行)을 명하다.
- 1795년(정조 19년 己丑) 문열공 조헌 사당에 제사를 명하다.
- 1797년(정조 21년 辛亥) 승지를 우저서원에 보내 치제하다.
- 1857년(철종 8년 庚戌) 김포 조헌의 서원에 편액을 하사하다.
- 1883년(고종 20년 癸未) 11월 21일 관학유생(館學儒生) 및 팔도(八道) 유생(儒生)의 상소(上疏)에 따라 **문묘(文廟)에 배향(配享)하다**.
- 1971년 4월 13일 순절지(殉節地)가 성역화(聖域化) 되다.

■ 참고문헌

- 『趙憲全書(重峯集)』, 최영희, 탐구당
- 『朝鮮王朝實錄(중봉 조헌편)』, 김포문화원
- 『壬辰倭亂史』, 국방부 전사편찬위원회, 1987년
- 『壬辰倭亂史』, 이형석 한국자치신문사, 1974년
- 『重峯詩譯註』, 변형석, 중봉조헌선생기념사업회
- 『은봉야사별록』, 이상익, 최영성, 아세아문화사
- 『壬亂 義兵將 重峯 趙憲』, 李錫麟, 옥천군
- 『조천일기』, 최진욱 외 5인, 동아시아비교문화연구회, 서해문집
- 『불멸의 重峯 趙憲』, 이하준, 김포문화원
- 『重峯 趙憲과 그의 時代』, 이하준, 공간미디어
- 『지당에 비 뿌리고』, 조종영, 북랩
- 배천조씨 대동세보(白川趙氏大同世譜)
- 『仁峰 全承業 先生 遺稿』, 옥천전씨송정공파종회
- 『고암선생유고』, 옥천군, 옥천문화원
- 『重峯 趙憲 栗原九曲歌地誌』, 옥천문화원
- 『沃川의 漢詩』, 옥천향토사연구회
- 『淸州地域壬亂史硏究』, 임진란정신문화선양회
- 『重峯 趙憲의 민족사적 위상』, 이동준 논저(2014.10.25.)
- 『重峯 趙憲 先生의 改革思想의 實學的 特性』, 金仁奎 논저
- 『중봉 조헌의 의리사상』, 吳錫源 논저(2004.9.4.)

- 『중봉 조헌의 경세론』, 김문준 논저(2019.4.27.)
- 重峯 趙憲 先生이 後栗精舍에서 읊은 栗原九曲 詩의 새로운 吟味 琴基 논저(2004.9.13.)
- 사진자료 : 국가유산청 칠백의총 관리소 제공

중봉重峯 조헌趙憲
義에 살고 義에 죽다

2024년 11월 20일 인쇄
2024년 11월 25일 발행

지은이 | 조종영
펴낸이 | 강신용
펴낸곳 | 문경출판사
주　　소 | 34623 대전광역시 동구 태전로 70-9 (삼성동)
전　　화 | (042) 221-9668~9, 254-9668
팩　　스 | (042) 256-6096
E-mail | mun9668@hanmail.net
등록번호 | 제 사 113

··
ⓒ 조종영. 2024.

ISBN 978-89-7846-862-6　03810

정가 20,000원

* 무단 복제 복사를 금함
* 잘못된 책은 교환해드립니다.